臺靜農先生學術藝文編年考釋

羅聯添自署

臺灣學生書局印行

臺靜農先生學術藝文編年考釋　上冊

羅聯添著

序言

一

自清儒章實齋提出年譜「頗有助知人論世之學」後，近代梁啓超、胡適等承流接響繼續提倡。梁氏認爲年譜「效用宏大」。胡適復強調「年譜是中國傳記一大進化，王懋竑《朱子年譜》、錢德洪《王陽明先生年譜》是中國最高等的傳記。」（詳參《胡適年譜長編》第二冊，頁四三三，四六七）。臺先生早年求學北大，受梁、胡等影響，甚重視此種傳記體例。民國二十五年任教廈門大學，編撰《中國文學史方法論》有專章講授〈年譜的研究〉，戰時入川任教白沙女師院，嘗撰《梁啓超學術簡表》及《王國維簡譜》（見《輯存遺稿》），由此可見臺先生治學是由譜學入手。卅七年筆者入學臺大中文系，承戴靜山師指導，以《柳子厚年譜》爲題，撰寫畢業論文，臺先生曾加鼓勵，完成後送請教正，認爲內容紮實，不託空言。後遂受聘爲中文系助教。七十九年臺先生逝世後，兩岸有多種臺先生傳記出版，然多偏於一端，難免不足之憾。本編以學術藝文爲主，亦兼及經歷事蹟，旨在全面呈現臺先生一生情況，突顯其學術、詩文、書藝等獨特之造詣。俾讀者藉此具體深刻了解臺先生各方面成就之所在。

二

臺先生早年在家鄉小學畢業後，即赴漢口求學，之後從漢口至北京，入學北大，受名師指導，與衆多朋輩同學交往。在時勢潮流激盪下，參加左派文學團體，認識魯迅，受其影響，寫作鄉土小說，名揚一時。又認識張大千。觀其書畫作品。因啟功之介，進入恭王府翠錦園受王孫畫家溥心畬接待，後又參觀其畫展。與學術、藝文界名人接觸、交往，出席各種聚會活動，不僅見聞增廣，眼界胸襟亦爲之開展。

臺先生在北京從事小說寫作，出版《地之子》、《建塔者》等小說集，是其一生創作重要時期，於學術研究較少措意，論文發表亦甚少。然在陳援庵（垣）諸名師指導下，奠定堅實學術基礎。此期因友人引介，參加左派團體活動，遭受三次牢獄之災，心中鬱結，歷久不散，是其平生一大憾事。

抗戰軍興，入川居江津白沙鎮，先後任職編譯館、執教女師院，開始學術研究，寫作論文，並致力臨摹名家書畫。由作家逐漸蛻變爲學者、書藝專家，爲其一生重要關鍵轉型期。此期最特殊者，爲與中國共產黨創始人之一——陳獨秀認識，結爲忘年交。陳時已脫離共黨，輾轉到白沙以寫稿賣文維生，與編譯館約定撰寫《識字教本》（臺灣出版改名爲《文字新詮》），二、三年間，稿酬支領，文稿無數次校改，均臺先生一手爲之經辦。今存陳致臺先生百餘封書函，即可知二人交往之密切。

戰後來臺任教臺大中文系，寓臺北市龍坡里溫州街「歇腳盦」（後改名「龍坡丈室」）四十餘年。從事教學、研究、撰寫論文、散文，餘暇寫字、作畫，偶而雕刻印章。學術藝文作品結集出版者有《靜農論文集》、《龍坡雜文》、《臺靜農文集》、《臺靜農詩集》等多種。各體書法（篆、隸、行、草等）數量之多，難以數計。編集問世者有《靜農書藝集》、《續集》、《法書集》、《臺靜農書畫紀念集》等六、七種。繪畫（主要爲梅畫）結集出版題爲《靜農墨戲集》。印蛻百餘方，散見於各書畫集。（集目見附錄）。在臺數十年，凡所論作，幾無一不精，書法大家、學者、散文作家、篆刻家集於一身，眞可謂「不廢江河萬古流」。是爲臺先生一生最重要、成就最卓越的階段。此期認識文教界、學術、藝文界人物非常衆多，其中與張目寒、張大千、莊尙嚴等交誼尤爲深厚。摩耶精舍、洞天山堂、歇腳盦（龍坡丈室）常是聚會飲宴、談藝論文之所。精舍、山堂主人先後去世，臺大舊識同事亦多凋零，自難免有落寞之感，曾作〈傷逝〉一文，抒其哀思。

要而言之，臺先生從早年到晚年，從故鄉到北京，之後入川輾轉來臺灣，數十年交往人物有左派、右派、中間派，儘管立場不同，觀點有異，但相處無忤，情誼不減，平和尊重，休休有容，是其爲人處事獨特之處，亦其人生修爲最高境界。

三

臺先生體格魁偉，相貌堂堂，或謂其具有「帝王相」（夏明釗《臺靜農評傳》語）。其一生看似平凡，實多姿采，且頗富傳奇性。「處事忠」、「侍親孝」，但不形之於外。正式場合不善言詞，閒談卻極風趣，隨興出口之言，往往寄託妙諦。晚年遊美歸來，或問其觀感，隨口回應「大而無當，看不到和尚，也看不到土地廟。」聞者意會，不禁莞爾。又在臺灣初期，佳釀難得。老友兒子奉父命攜二瓶清酒初次來見，收下後，責老友「敷衍塞責了事」。姪輩聞言只感風趣，不覺尷尬。妙語隨機自然而出，眞到化境。臺益堅稱臺先生「家居生活不拘形式」，「不說客套話」，「親情隱於不言中」，「忘我而不忘關切友人」，此數語實足表現其爲人「眞實不虛」。

臺先生善飲，酒量佳，朋輩尊爲「酒聖」。酒興至老不衰，罹病住院，猶攜瓶酒以隨，蓋老友病理學家葉曙教授曾告以飲酒無妨。退休前後有一段時日，習慣於黃昏時以炒花生米下酒，自嘲「喝花酒」。有客來訪，持盃共飲，盡歡而散，無則獨酌，自得其樂，嘗引清人詩云「酒懷難遣是黃昏」以自解。友朋或門生故舊能飲者，常趁機不請自往，同酌「花酒」。從容自然，毫無拘束。

臺先生早年迭遭牢獄之災，中年飽受流離之苦，在臺數十年生活算是較爲安定，然不免有若干憾事。臺先生擬撰寫《中國文學史》，準備工作幾達三十年。在臺大中文系講授此課程，亦達二十年，民國四十年代，應教育部之請，撰寫《中國文學史》一書，作爲大學教本之用。約四十三年簽約後，經六、七年整理撰寫，四十九年前後完稿，分送中文系所助教，研究生校閱，準備如約交稿出版。由於本系某教師有意講授此課，遂爭先出書販售，臺先生不願多事，而編譯館（由教部移轉）又以逾期爲由函催交稿，遂趁機解約，退還預支稿酬。文稿因收而藏之，課亦停授，改由一心爭取某教師擔任。臺先生表面似若無其事，實則對某人作風，甚不以爲然。一部傑出《中國文學史》未能問世，門生後輩固有「金劍沉埋」之憾，臺先生個人自有莫可奈何之感。第二件憾事亦一大苦事。臺先生數十年來爲人題籤、寫字，無論識與不識，向來有求必應，時長日久，求者實在太多，不勝其煩，題書籤尤感煩膩。嘗云：「有如老牛破車，不勝其辛苦。」並引顏之推語「爲人役使，便覺爲累。」因而爲文登報申明「從七十四年始，謝絕這一差使（指題書籤）。」一生最後一件憾事，爲七十八年（即臺先生逝世前一年）被迫遷離「歇腳盦」，有函致老友李霽野云：「四十二年老窩，一旦被迫『掃地出門』，爲之喪氣。」門人故舊往訪，亦稱有被「掃地出門」之感。情緒不佳，身受影響，不久病發住院，不到一年逝世。

臺先生從不說教，亦極少演講。教人治學，只略示門徑，終使人領悟到治學大門路。即無門之門是爲大門，無路之路是爲大路，「無門無路」即「大門大路」。

臺先生人生最後一年，有二事足以追思紀念。一爲捐贈國寶，七十九年夏（約六、七月）在臺大醫院病榻吩咐家人將珍藏五件倪元璐書畫眞跡捐贈故宮博物院。又經家人要求同意捐贈自作六件書法精品與故宮。其二爲病中猶表現充沛生命力與堅毅信心。題舊作梅畫詩句云：「千年老榦屈如鐵，一夜東風都作花。」讀之無不感佩。

四

臺先生學術藝文作品淵源與所受影響，據論者評述，概略歸納如下：

書學石門、元璐。

畫出揚州八怪（梅畫受金冬心影響尤深）。

舊體詩冷峻風格，來自明末遺民詩。

治學方法源於陳援庵、胡適之。

雜文、小說深受魯迅影響。

以下逐項列述其創發成就與特點。

五

臺先生書法源自家學。隸書初學華山碑、鄧石如，行楷臨摹顏魯公。抗戰入川，始見倪元璐書法影本，心折其格調生新。來臺後，以寫倪書自遣，晚年行草不限於一家，分隸則偏好石門摩崖。自稱喜大小篆，以不通六書，「不敢碰」，楷書則無興趣。前者自謙，後者應是眞實。北京書法家啟功評臺先生書法特點：「錯節盤根，玉質金相。隸書開擴，草書頓挫，行書蒼勁，一點一劃實是表達情感藝術語言。」鄭騫稱其「隸書端凝而流動，出入魯峻、衡方諸碑。草書奔逸，酷似倪鴻寶。」張大千更讚揚：「三百年來得倪書神髓者，靜農一人而已。」王靜芝以爲「取唐宋人之長，融倪元璐之踦正相生，乃能蒼潤遒勁，姿態橫生，氣味逸雅，實出元璐之上。」汪中稱臺先生書法「渾厚而拙勁」，「狂草似張旭，龍蛇起伏」，「篆法上追秦漢」，「隸書石門摩崖，取徑老蒼」，「字體勁健，筆劃似錐畫沙，自然搖曳。」蔣勳稱「石門隸書，頑強剛硬，氣象遼濶。」江兆申從行草用筆論「提頓之美，發揮盡致。」「隸書筆法脈絡貫通，生氣磅礴。」

按各家所論小異大同。約而言之，行草奔逸遒勁流動，蒼潤頓挫，爲其特色。石門分隸則以開擴、勁健，氣象遼濶，爲其主要特徵。臺益堅爲文稱臺先生受陳獨秀評沈尹默書法「字外無字」一語影響，書藝特重表達個人思想、感情、襟懷。「自出新意」是追求「字外之字」的境界，此與前引啓功所謂「表達情感藝術語言」旨意相合。臺先生《書藝集》自序云：「教學讀書之餘，每感鬱結，意不能靜，惟弄毫墨以自排遣。」可見臺先生是以寫字（指行草）遣悶，一如太史公作《史記》以抒鬱結。此種抒鬱結行草書體，即形成臺先生書法獨特風格。至隸書應分二方面觀察，一爲華山、衡方體，一爲石門摩崖體。前者莊重齊整，多用於碑、誌、序、記等，如〈剛伯亭獻辭〉〈張大千八秩壽序〉、〈董作賓墓誌銘〉、〈李濟之紀念碑〉等均屬之。後者縱橫放逸，多書以自賞或應求書以贈人。臺先生有二幅最得意行草書法，一爲張大千新居書匾「摩耶精舍」四字，自認寫得「很神」，大千亦以爲傑出。次爲八十二歲時書寫丈二長大字鮑明遠飛白書勢，無錯字、無歪行，一氣呵成，不僅以字佳愜意，引放翁所謂：「老子尚堪絕大漠」語，亦以高齡有此腕力自豪。

六

臺先生繪畫，最擅長畫梅，亦兼長蘭、竹、松、石、葡萄、花卉等。今流傳《靜農墨戲集》，大部份爲畫梅之作。張大千認爲梅畫「只有冬心最堪比擬。」江兆申復詳釋之，謂「靜農與冬心相同者，是將其眞實性情豐富筆墨，將物的形象加以涵融陶冶，使作品具有弦外音、形外似。」莊嚴嘗見其較早年代墨梅長卷，稱其「筆法精絕，平生僅見。」汪中認爲梅畫特色在「瘦勁，曲折如虬龍。」莊申從其畫梅技法，歸納爲三種：第一種，以濃墨淡墨畫寒梅一枝或兩枝。第二種，以渴筆畫梅一枝。第三種，以濕筆淡墨先畫梅榦，再以濃墨或淡墨配以新枝。」又分析其構圖特徵：早期多是孤枝或雙枝，花朵零散不多。晚年所畫墨梅、紅梅，花朵繁茂，由孤枝少花改爲繁華茂枝，認爲是臺先生畫梅——晚年變法。啟功將梅花與雜卉合而論之，以爲「枝榦穿插，花葉掩映，各得其所。」王靜芝則合梅蘭評述，認爲「筆墨生動，極盡雅致，當由讀書萬卷，故筆墨之間，自然流露書卷氣。」見解獨特，發所未發。

案：據《靜農墨戲集》考察，其中有臨摩遯夫梅畫。遯夫，羅聘字。是知臺先生畫梅不僅學金農（冬心，三七七—四二九）一家，亦受羅聘（六一四—六七三）等人影響。揚州畫派—所謂「揚州八怪」，特色在格調新奇，臺先生於書畫耽悅新奇。其他畫作，竹、蘭、松、石、花卉等，觀其風格，似亦受揚州畫派影響。

七

臺先生對中國古典文學研究有獨詣，論者謂其論著文字簡雅、思考深邃、論斷創新。〈天問新箋〉、〈離騷析疑〉、〈兩漢樂舞考〉、〈論唐代士風與文學〉等論文，創發新見，啓迪後學，迄今仍不斷爲學人稱引，於中國文學傳承、發揚，厥功甚偉。

或就單篇分而論之，蔣勳評述〈由唐入宋的關鍵人物楊凝式〉文云：「從史的角度，抓住唐代美學過渡到宋朝四大家的關鍵。楊凝式在五代亂世中，個人生命藉書法完成，臺先生在行文中有痛入心髓的體會。」大陸學者陳友冰評介臺先生《靜農論文集》中四篇論著：（一）〈論兩漢散文的演變〉：「在臺灣古代文學研究中，第一次以史的視角，去探討文學發展與時代思潮的關係。」（二）〈論唐代士風與文學〉：「從文化學視野探討唐代的士人、士風與科舉宮廷的關係。對臺灣古典文學研究，注重世風和民俗傳統的形成，起了導向作用……其研究結論也帶有開啓性，多爲後人引申論述。如作者分析唐代士人不重操守的原因有二：一是六朝遺風，二是與開設進士科有關。……文士傾向於利祿的追求，……結果必然導致朋黨。……故有唐一代文士，往往皆有朋黨的關係。……這樣就把唐代文人的思想、政治、生活，從初唐到中唐，貫串成一條完整的脈絡。」（三）〈論碑傳文與傳奇文〉：「以韓柳等帶有傳奇色彩的碑傳爲例，論述古文與傳奇小說的關係，爲後來學者研究古文尤其是唐人小說，開啓了一條嶄新的思路。」（陳著《唐代文學史研究》頁二五四・二六四）。（四）〈佛教故實與中國小說〉：「以唐傳奇中習見的地獄、劍俠、高僧爲例，揭示小乘佛教對中國古典小說思想和結構上的影響，開啓了一個新的研究方向和研究方式。」（同前・頁二八〇）

案：上列五篇，除陳氏所論（一）（三）兩篇外，餘均收入《靜農論文集》。臺先生學術論文近五十篇，《論文集》自選二十五篇，僅總數之半。取捨謹嚴，所選者皆自認有新見，有重要觀點，足資啓發，可供參考者。就二十五篇論題觀察，從先秦楚辭到今代書畫題記，上下縱貫二千多年。從論題質量觀察，文學篇數最多，論書學、石刻居次，論社會習俗四篇爲最少。文學論題包括楚辭校箋、漢代樂舞、文學思想、詩集版本、歌謠、語文、小說、傳奇、戲曲、諸宮調等。此可見研究範圍廣泛，非同一般專家學者，拘守一門，專精一項。書學論題包括簡書、帛書、石刻、隸體，此不僅見臺先生精於書藝，於書學理論亦多所發明。文學、書學之外亦兼及社會民俗，拓展眼界，於學者研究文學，起引導作用。

《論文集》中有三篇最受重視，即〈天問新箋〉、〈讀騷析疑〉、〈兩漢樂舞考〉。前二篇積累數十年功力，先後於六十一年、六十五年整理完成出版。〈天問新箋〉全文六、七萬言，解〈天問〉含義不取屈原呵壁之辭。其文意所以不次，實由於錯簡，本篇酌予更動，以復其原貌。箋注慎取舊說，參稽近著，並利用甲骨文史料，以相發明。其中糾正王逸注十餘處，指出錯簡所在，考辨史實，廣徵博引，創發精深。如釋「鴟龜曳銜，鯀何聽焉。」二句意在稱美鯀治水之聖智，非前人所謂責其不聽帝命。釋「湯謀易旅」，「湯」讀「蕩」，「兆謀」之意，「易」謂「輕易」，謂少康始謀滅澆，人衆甚少，非謂湯王欲變易夏衆。諸如此類，皆見解獨特，發所未發。〈讀騷析疑〉全文四萬餘字，分〈離騷〉、〈九歌〉、〈九章〉三部分考辨，得百零二條。權衡衆注，引証增補，創發實多。「離騷」二字解題八百餘字，徵引新舊詮釋典籍達二十種。辨「屈原生年，寧可存疑，不能誤信王逸之說。」釋「夫爲靈脩之故」，「故」訓「意」爲楚語。釋「夕餐秋菊之落英」爲「自喻芳潔」，以「落」爲「始」，非作者本意。釋「懷椒糈而要之」，「要」讀「就」，「造往」之意。釋「邅吾道夫崑崙兮」，「崑崙」爲《山海經》神話之崑崙，用爲登天故實，以寓其抑塞。諸如此類，精義紛陳，不勝列舉。手此一篇，讀騷可以無疑。〈兩漢樂舞考〉全文近五萬言，七章十七節，結構規模宏闊。初稿始作於抗戰期間，卅五年十月來臺，翌年五月寫成定稿，三年後刊於臺大《文史哲學報》第一期。臺先生自謙「殊少新義，鈎玄燭隱，愧未能也。」其實論述兩漢雅樂，樂舞之風尚、郊廟樂舞、讌樂、相和歌等之起源與流播，至爲詳備。其中指出今之民間戲劇，即源於漢樂府之「優戲」。尤爲新穎之見。

《論文集》外，其他若干論著亦多卓見，啓人深思。如前列陳友冰所舉〈論碑傳文與傳奇文〉，主要創見是提出碑傳文、傳奇文同源異流之說，兩者同源於史傳文，不僅只是指出韓柳古文與傳奇小說關係。又〈祓除與王羲之蘭亭序〉，論證「祓除」乃源於周代之巫祭。〈蘭亭序〉不入《文選》，乃由於「翰藻」不足，非宋人所謂「管弦絲竹」，詞意衍複；「天朗氣清」，時令不合，於義爲病；老莊思想亦與編者歧異等。凡此皆前所未發，一新耳目。

《中國文學史稿》積數十年研究成果，又經數年審慎斟酌撰寫而成。內容豐贍，精義迭出，其中大部分論文已登載期刊雜誌，茲概略述其內容特點：

特點之一，提出中國文學史觀，認爲語文是兩大主流，亦即以雅俗觀念說明中國歷代文學的發展與演變。雅俗兩者相互影響、吸收、融化，使文學生命如源源活水，不至於枯竭。臺先生著有〈中國文學由語文分離形成兩大主流〉一文，雖未編入中國文學史稿，然應看作《史稿》之緒論。

特點之二，各朝代各體文學傳承、發展、演變，加以深入探討分析，如〈論兩漢散文的演變〉一文，揭出策士文、史傳文、文士文、批論文四基點，分析前後傳承關鍵所在，串聯成爲一線。讀者由點而線，一目了然。又如〈女眞族統治下的漢語文學—諸宮調〉，認爲諸宮調體製上承唐宋詞曲、融會創新，爲北曲支派，彈詞祖先。諸宮調之承先啓後，顯現金代文學之價値。

特點之三，注重時代思潮的演變對文學的影響。如〈魏晉文學的時代思潮〉及〈魏晉文學的發展〉各章節中，揭示魏曹操名法政治思想影響於文學（詩歌），便是「清峻」（簡練明快）與「通侻」（自由抒寫）風格。影響於散文方面，則爲校練明理的議論文。王粲、趙嘏等議論文多「推析盡致」，意尚新奇，文必深刻，不作鋪張門面之語。再變爲何晏、王弼合儒道爲一的新思想體系。三變爲嵇康、阮籍崇尚老莊玄學藉以逃避現實。魏晉之際，佛教興起與老莊玄學相輔相吸，合流形成清談之風。此風影響於文學，則是過分講求體製之美，忽略內在思想表現。傾向形式主義發展的結果，遂使兩晉多綺靡之篇章，沿至齊梁，此風更盛，流弊尤大。

特點之四，論各家及各體詩文風格，或含英咀華，簡括其要點；或去蕪存菁，提挈前人論說，三言兩語點出其大旨。如稱左傳敘事特點是「繁而能簡，簡而能賅。」「復能充分運用口語」。論庾信〈哀江南賦〉價值是「承前啓後，特色是寫實，在以綺麗刻畫爲工的時代，開闢新路。」論李白着重其「五言古詩，流露悲憤諷刺，」「清眞自然風格，不僅有起廢之功，亦爲後人開自由抒寫道路。」不贊同將李白寫成風流才子，浪漫文人。（《中國文學史稿》缺李白一節，見載於《文學雜誌》，標題〈關於李白〉，署名白簡，詳參本編四十七年）。論柳宗元認爲「學力與韓愈實相伯仲，風格不相襲。」引韓愈評柳文語「閎深雅健，似司馬子長。」「汎濫停蓄，爲深博無涯涘。」論王維、孟浩然兩家詩風淵源與特色，認爲「受道釋兩家影響，反映於文學的共同傾向，即『契心自然，嚮往閒適。』王維受陶詩影響，以極少筆墨寫出無盡理趣，莊重閒雅，渾然天成。孟詩淵源於謝靈運山水詩之作，經營布置，多是靈運法度，但能入能出，不爲所拘。『氣象清遠』、『采秀內映』，自成面目。」（節要）類此卓見，書中多有，難以盡舉。

另外，臺先生在學術上有一重大貢獻，即主編《百種詩話類編》（三巨冊，二二〇〇頁），是書編輯開始於民國四十八年。先設計類目，再輯錄、分類、後標點、校正、付印、校閱、總訂正，至六十三年出版，先後歷時十六年，爲臺先生退休前所完成之巨大工程。百種詩話資料冗雜，此編分別類聚，不僅省翻檢之勞，亦有助於考證。分前後兩編，前編以作家爲主，姓氏筆劃爲序。後篇包括詩論，歷代詩評論、體製、作法、品藻、辨正、論文、雜記等八類。設計精細，體例完善，開創編輯詩話新模式，可作爲整理古籍資料之典範。又本書雖爲集體工作成果，然策劃，發凡起例，指導工作之進行，乃至總校閱訂正，皆出於臺先生之心力。自序稱：「分類亦大不易，往往幾經斟酌，猶難得其當。」即此一端可見主編此書之費心勞神。

八

臺先生新舊體詩總八十一首。舊體詩七十五首。七十八年手鈔《龍坡丈室詩稿》六十九首，包括〈白沙草〉卅五首；〈龍坡草〉卅四首。前者抗戰期間入川在白沙作，後者來臺後作。另六首入川前作，《龍坡丈室詩稿》鈔本未收，僅見於六十四年鈔本（四十五首）付與林文月教授收存者。新詩六首散見於早年出版各期刊雜誌。許禮平編《臺靜農詩集》，除收影印三種舊體詩鈔本，合計七十五首，重加排印外，亦搜集六首新詩排印於舊體詩之後。新詩〈獄中見落花〉，舊詩〈無題〉二首及〈甲子春日〉共四首，論者多認爲詩旨遙深，意有所託。臺先生白沙女師院同事舒蕪（方管筆名）論臺詩風格，稱臺先生愛讀《明四百家遺民詩》，其「冷冽」詩境，乃受明代遺民詩影響。葉嘉瑩評論臺詩，認爲《白沙草》「不免有意爲詩之作」；《龍坡草》「全是純任感情自然湧現，一片神行之作。」

九

臺先生雜文百餘篇，按時代可分三類。第一類魯（迅）體雜文，民國十年代至卅年代中期在北京、白沙兩地所作，含有諷刺意味，約二十餘篇，大多收入《臺靜農文集》。第二類來臺後作，共卅五篇，晚年自行審訂結爲《龍坡雜文》集。即自序所謂「憂樂歌哭於斯者四十餘年」作品。亦即近代李弘一法師所謂「悲欣交集」之作。內容大抵可分記人敘事兩部分。「繁而能簡，簡而能賅」，「充分運用口語」，文字靈活生動，兼具《左傳》筆調及太史公寫作風神。論者謂《龍坡雜文》「鱗爪見風雅」，「平凡有味」，尚稱允當。至或謂「人生實難，大道多歧」爲主題所在，甚而指爲「無字天書」、「千面英雄」，似未免過甚其解。第三類爲簡鍊典雅文言作品，多屬序跋題記等文章，散見於各家詩、畫集，計有五六十篇（目錄參見本編附錄），迄今未爲之編集，讀者亦多不知。就美學鑑賞論，此類雜文，應爲格調最高作品。如書藝集自序僅四百零六字，敘一生學書寫字經過，其雅潔難以增損更動一字。又如大千居士八秩華誕壽序，僅六百零二字，行文散句雜駢偶，雅健閎深，不僅呈現大千畫藝「整齊百家，集其大成」之獨特成就，亦見中國歷代畫學之演變，實爲一精要畫學史。

十

臺先生早年以寫作小說，受魯迅推重，譽滿京華。出版小說集《地之子》、《建塔者》，風行一時。臺先生自認爲寫作深受魯迅影響。小說取材自鄉土，被視爲鄉土寫實作家。論者亦認爲其小說題材與其早年回鄉收集民歌，深入民間有關。用平實筆法開掘底蘊，充滿犀利批判與人道關懷。臺北《聯合文學》專刊推重臺先生爲「新文學史上重要燃燈人。」至爲確當。

十一

臺先生民國十七年在北京參加「圓臺印社」，從名家學治印，謙稱「四十年終不成氣候，也就『洗手』了。」其實治印乃興趣所在，至老不休，終成爲治印高手，篆刻名家。慕名求者甚多。除自刻自用四十三方外，爲應海內外學界朋輩之請，刻印致贈見於著錄者共五十一方。其中贈張大千九方，爲數最多。贈胡適五方，居次。爲溥心畬、楊聯陞各刻印章四方以贈，居三。其餘刻一至三方印章以贈者有毛子水、陳世驤、莊嚴、董作賓、錢思亮、孔德成、英千里、陳省身、葉曙、羅家倫等。印章字體除少數隸、楷外，多爲篆體，其中較特殊者，乃爲大千居士所刻梵文天成體。所刻以姓名爲多，亦有不少成語辭句，如「身處艱難氣如虹」、「爲君長年」、「義熙甲子」、「天行健者」，其中具諧趣者有爲毛子水所刻篆體「大患爲有書」，及自用所刻篆體「者回折了草鞋錢」（用以鈐蓋書法）等印章。

臺先生對於大千居士「別時容易」及「曾經我眼即我有」二方印章，有精確解釋。前者高陽以爲是讓售古畫時鈐蓋，表示由大風堂賣出。臺先生不以爲然，認爲大千受佛教影響很深，乃寄託「沒有什麼難捨之念」。後者，認爲有二層含意，一表示見畫過目不忘；二是臨摹精心，畫爲其所有。臺先生於大千居士，深知其人其藝，此種詮釋自是最精到。

十二

臺先生在書法題記、序跋中，不少詩、書、畫零散評論，雖未成系統，但從中不難看出對美學鑑賞之獨到見解。如評王荊公七絕云「渾然天成，遺情世外，悲壯之情皆寓於閒淡之中。」論戴靜山詩云：「敦厚溫柔，儒家之詩也。」評鄭因百詩云：「精深雋雅」，「自作注釋，開詩家新例」，『不用他人作鄭箋』。讀汪中《儒城雜詩》後記有：「不唐不宋，竟上逼柴桑。」之語，皆精言粹語，抉發幽微。評張、溥兩大畫家作品；前者云：「始以石公風格，力挽頹風，大筆如椽，元氣淋漓，整齊百家，集其大成。」「手闢鴻濛，以與造物者游；籠天地於形內，挫萬物於筆端。諔詭瓌異，變化無方。」後者云：「高才健筆，瀟灑天眞，以詩人之襟懷，發山川之靈秀。」文字典雅堂皇，眞可謂大手筆，配大傑構。此外又提出「書法立體理論」，認爲「字有大小、精細、疏密、濃淡，變化參差錯落，多種姿態構成立體畫面。」將書法比作立體畫，卓見獨到，前所未發。諸如此類，多不勝舉，倘加以蒐集整理，化零星爲整體。提供參考，必有可觀。

十三

本書對臺先生若干事蹟，作品年月不明或記載不合事實者，皆予以考辨，定其是非。茲舉數例，提要如下：

（一）臺先生由啟功陪同進北京恭王府、入翠錦園見溥心畬一節，先考定認識啟功年月，再斷定見溥時間，約在民國廿二年春。

（二）卅七年五月臺大中文系主任喬大壯回滬，旋自沉於河。據臺先生詩文記載，喬氏係於七月初赴蘇州自沉於梅村河。糾正一般所謂投上海蘇州河之誤。

（三）臺先生來臺後所作贈莊嚴巨幅梅畫，據莊氏題記，推定梅畫係來臺後卅六年間作。

（四）〈檗庵屬題白石老人畫辛夷〉詩，原注：「乙酉除夕前一日」，乙酉爲卅四年。據鄭因百五十九年庚戌作〈題陳檗庵所藏齊白石畫辛夷〉詩，斷定乙酉爲己酉（「己酉除夕前一日」，農曆五十八年十二月二十八日，國曆五十九年二月四日）之誤。

（五）篆刻「大患爲有書」一方，推定係應毛子水之請而刻，時約在四十八年前後。

（六）倪元璐眞跡五件，囑家人捐贈故宮，時在七十九年八月下旬，自寫書法六件，係應家人之請求，同意捐贈故宮，時在臺先生逝世（十一月九日）之後，十一月底。二者捐贈不同時，不容混淆，或謂臺先生逝世後，二者皆家屬遵遺囑捐贈，與事實不合，不能不辨。

附記

本書之完成，有賴邱琇環女士、夏明釗先生之協助。

邱琇環女士臺大中文研究所畢業，曾任中山大學中文系講師。《靜農論文集》二十五篇摘要及魯迅日記、書信與臺先生有關部分均由邱女士撰寫、鈔錄，盡心盡力，費時數月，無償協助，特此致謝。

夏明釗先生，任安徽省社科院文學所研究員，《小說》及部分《雜文》摘要，均由夏先生撰寫，另又提供其大著《臺靜農評傳》手稿作參考，盛意可感。

又蘇州大學羅時進教授，在其留日期間代爲影印有關資料，亦併此致謝。

本書之完成，有賴邱琇環女士、夏明釗先生之協助。

再記

完稿後，老友阮廷瑜教授、女弟蕭麗華教授、謝佩芬教授，不辭辛勞，審閱全書，糾謬數十處。其功不可沒，其情尤可感。又台大中文系同事老友龍宇純、杜其容、張以仁等教授，亦多所指正，謹此致謝。女弟紀秋薌女士，服務於台大教務處，嫻於操作電腦，除糾正衍文誤字，拾遺補缺外，復使用電腦技術，一一修訂。本書得以減少錯誤，順利完成，其功實大，特識於此，以表謝意。

丁亥夏月，九十六年六月
羅聯添再記於台北市溫州街
永嘉樓寓所

凡例

一、臺先生學術及藝文作品包括論文、雜文、小說、新詩、舊體詩、書、畫、印蛻等八類。

二、著作提其內容大要；書、畫錄其款識、題記。皆先考證撰作年月，再闡釋撰作背景暨有關人、事。凡考釋文字，一律用仿宋字體（細明體），總千餘則。每則起頭加案字，以資區別。

三、本書以考釋學術藝文爲主，生平事蹟亦酌予採錄，並加考釋，按年編入。

四、本書結構分三部分：（一）重要時事，（二）學術藝文，（三）有關人事。以學術藝文爲主體，時事按年月穿插其中，有關人事殿其後。

五、本書分八節，一至六節按年月列述事蹟、著作內容及書畫款識、題記。第七節錄百年追思與紀念各種活動節目。第八節爲附錄。一至七各節標題後分列若干項目，表示各節內容包含此等項目，編年文中並未列明。附錄分四項：二、三項分類後編年。稱「類目編年」，俾便於未來「辨章學術，考鏡源流。」

六、有關人事係指與臺先生交往密切人物事蹟。包括陳獨秀、魯迅、胡適、溥心畬、張大千、莊嚴等。

七、著作（小說、雜文等類）提要之後，節錄各家評論。其中夏明釗評論，未曾刊印，於其篇末括號註明《手稿》，以資識別。

八、學術論著以《靜農論文集》爲主。論文集未收，散見各期刊雜誌者，均一一尋檢。考其作年，抉其要點，按年編入。

九、雜文以《龍坡雜文》、《臺靜農文集》、《回憶臺靜農》（實即文集續編）等爲據。其中有屬於論文性質者，類目中均移入學術類。學術論著及文言序、跋、題記等雜文，文集或未收。論文如〈論傳奇文與碑傳文〉，題記如〈張大千九歌圖手卷題記〉、〈溥心畬山水長卷題記〉、〈戴靜山梅園詩存序〉、〈汪雨盦儒城雜詩讀後小記〉等，本編一一檢出（共約五六十篇），考其作年，提其大要，按年編入。

十、本書編年以國曆爲準。干支節日均換算爲國曆年月。如「乙丑中秋節後」，乙丑爲七十四年，中秋節爲九月二十九日。其後當在九月三十日或十月初。

十一、本書引文中或附注「遺存資料」，乃指臺大圖書館收藏臺先生遺存之零星資料（書函、文稿、札記等），未編輯成書者。

十二、著作編年以寫作完成年月次其先後。作年無可考者，則以刊印日期爲據。

十三、書法、繪畫、印蛻以已結集出版者爲主。如《靜農書藝集》、《靜農書藝續集》、《臺靜農法書集》（一）（二）、《靜農墨戲集》、《臺靜農書畫紀念集》等（詳見附錄二之（六））。散見於其他書畫刊物，及私藏知見者亦酌予採錄。

十四、學術藝文作品繫年除註明原出處刊物卷期外，亦標出其收入各作品集。

十五、書畫年月無可考者，概列入附錄一，「書畫疑年」。

十六、附錄六種。其二〈學術論著暨藝文作品類目編年〉分六項。單篇作品或收入多種單行本詩文集、書畫冊，此以符號代表書冊名。如〈夜宴圖與韓熙載〉原刊《純文學》一卷一期，收入《龍坡雜文》，亦收入《臺靜農散文集》，分別以○、□號代表，餘類推。

十七、本書引書、篇名多用簡稱，全名見附錄四參考書目。

十八、本書之末附編《臺靜農別集》。

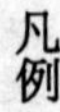

目錄

上冊

七、三度繫獄

肆、始經喪亂到半山草堂——華髮江鄉住九年（民國二十六年八月，一九三七——卅五年七月，一九四六）……………………二三五

包含要目

一、抗戰軍興，始經喪亂
二、北京南下，西上入川
三、寓居江津縣白沙柳馬岡
四、任職編譯館
五、與陳獨秀交往
六、移家黑石山，居半山草堂
七、轉任女師院教職，寓白蒼山
八、學術與書藝
九、白沙詩草

目錄　下冊

臺北市溫州街18巷6號
歇腳盦外觀(一九八六年)

臺先生寓歇腳盦（龍坡丈室）四十多年

臺靜農

靜農

歇腳盦

靜者

龍坡丈室

簽名暨自書齋名

臺先生自刻用印（采自臺靜農書藝集）

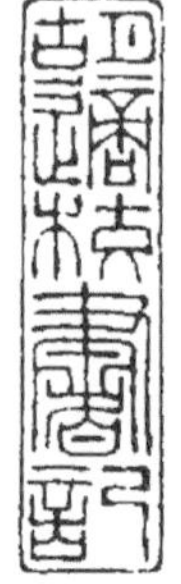

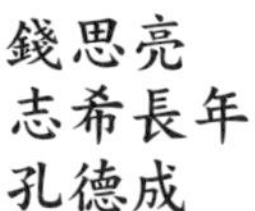

蓮生長壽
董作賓
蔣穀孫審定真迹
英千里

錢思亮
志希長年
孔德成

胡適的書
胡適校書記
胡適手校
胡適

為海內外教授學者治印
（采自臺大教職員書畫集）

陳印受頤
葉曙

陳省身印
我生之初歲在辛丑（戴君仁）
義熙甲子（溥心畬）

毛準（毛子水）
大患為有書（毛準）
陳世驤

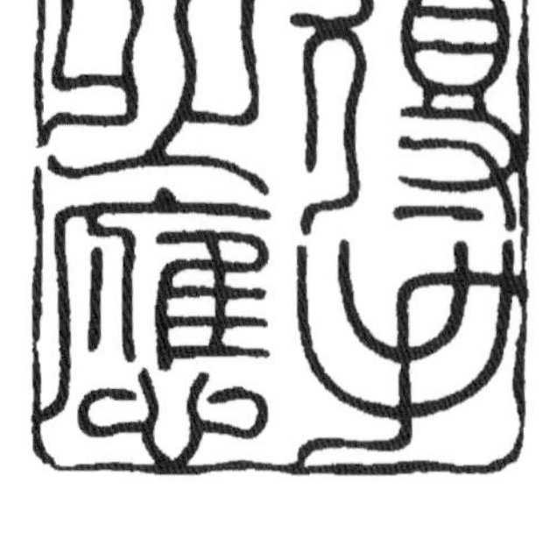

三千大千（梵文天成體）　髯公長樂　環華盦
大千長年　得心應手　還我讀書眼
以介眉壽

為張大千篆刻石印（采自大風堂印輯）

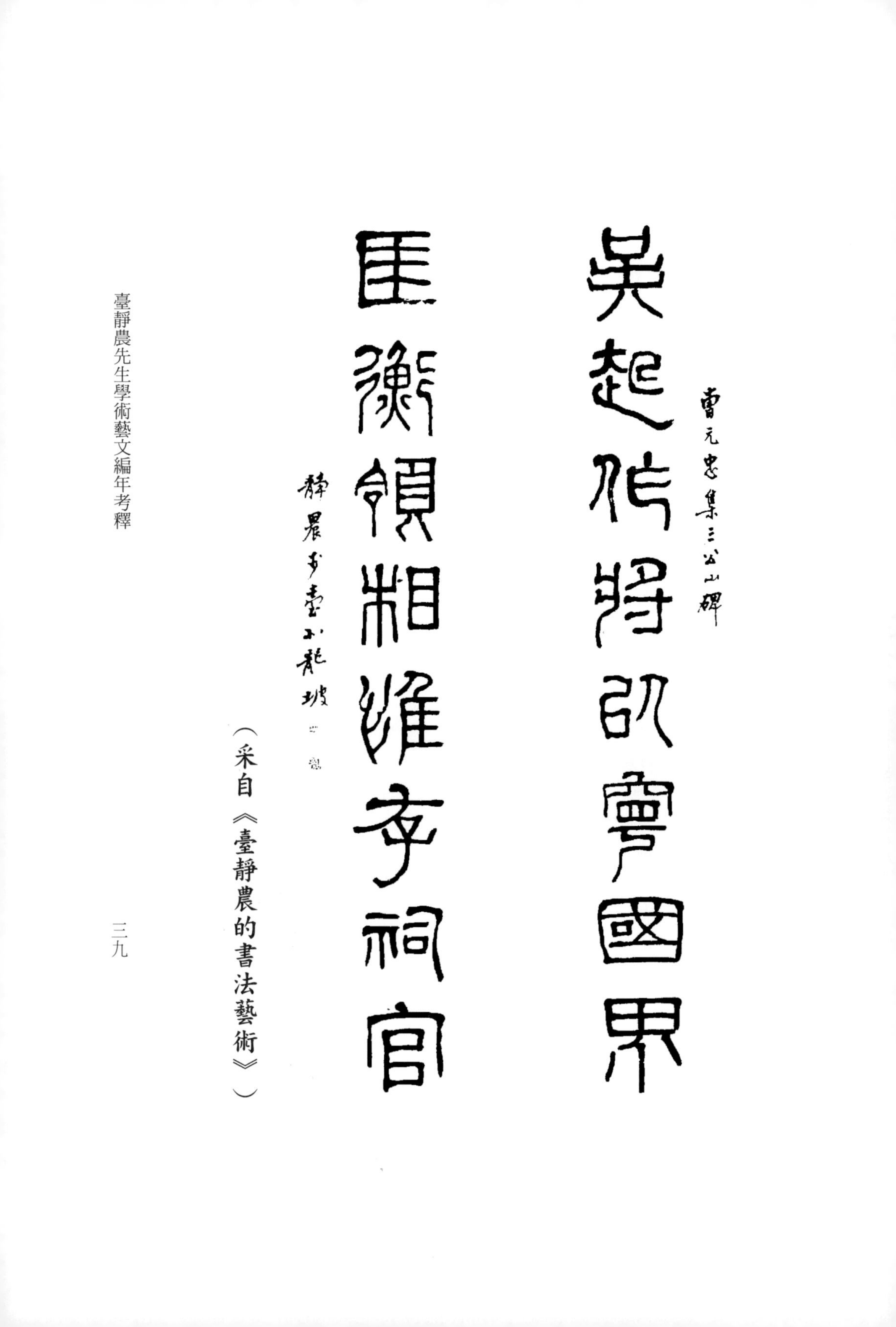

曹元忠集三公山碑

靜農書臺北龍坡

（采自《臺靜農的書法藝術》）

中國文學史論文選集

為羅聯添編《中國文學史論文選集》題署

巖巖西嶽峻極穹蒼奄有
河朔遂荒華陽觸石興雲
雨我農桑資糧物

西嶽華山碑
靜界臨於[illegible]

臨華山碑（采自《書畫紀念集》）

前呈攦兵
接季踵迹
晏平初擾
百里顯令
問濟康下
民曜武南
會邊是鎮
憂及退身
桑帝室訓
荷守藩北
境有聲中
獄幽澤臣
榮邁種舊
京含戴攸
寧剋長剋
君不虞不

陽維允燿
此聲香能
惠亮天功
人洁言稽
古道而後
行競業素
絲羊闇闇
侃顯昂規
履雋騫騫
臣群公憲
肇樂旨君
子无疆銘
石問萬世
是傳

乙未[illegible]中[illegible]一周臨衡方碑一通 靜者

臨衡方碑（采自《書畫紀念集》）

書學石門頌

畫觀山海經

靜者自嘲

（采自《靜農書藝集》）

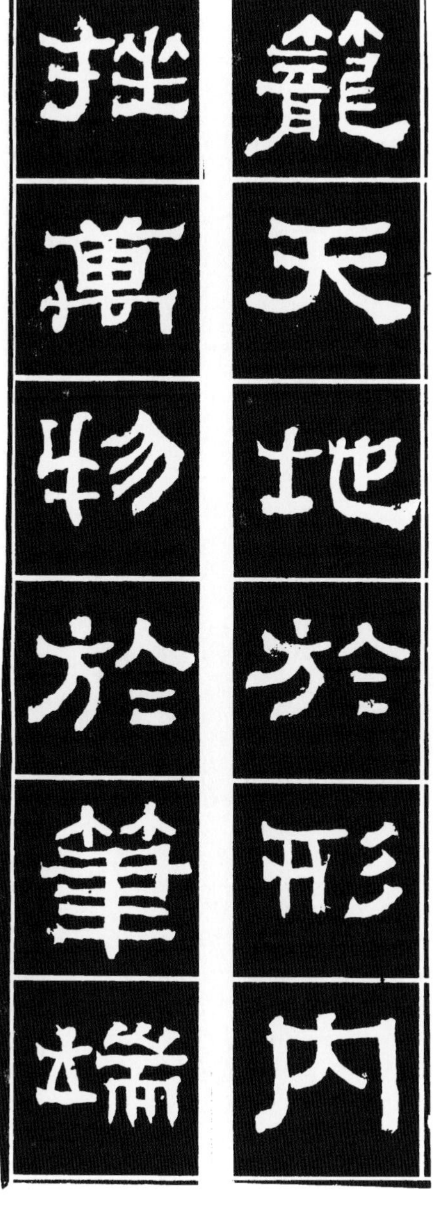

融合各家自成一體——龍坡隸書

張大千八秩壽序（采自《靜農書藝集》）

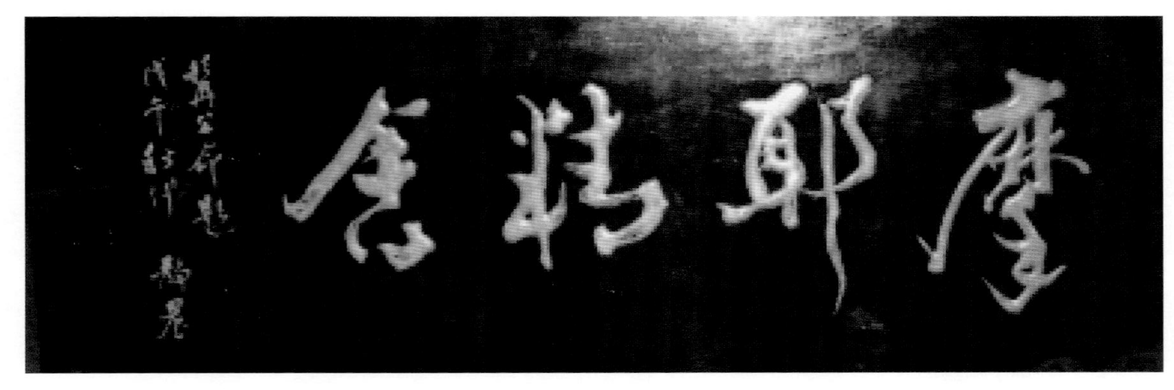

為張大千「摩耶精舍」書匾　臺先生認為四字「很神」
（采自配圖傳記）

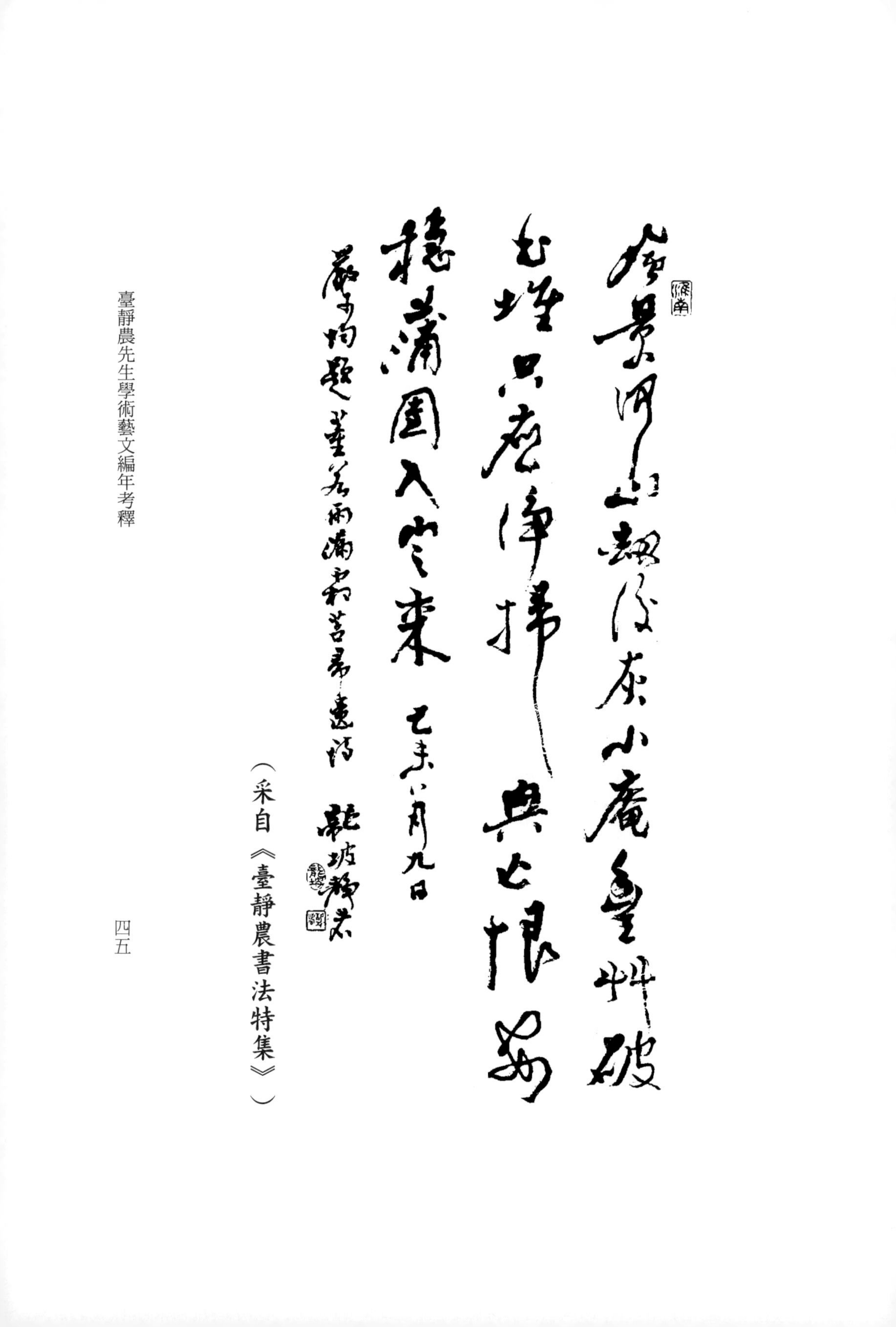

（采自《臺靜農書法特集》）

漢將歸來虜塞空旌旗初下玉關東高蹄戰馬三千匹落日平原秋草中

唐戎昱〈塞下曲〉（采自《臺靜農書法特集》）

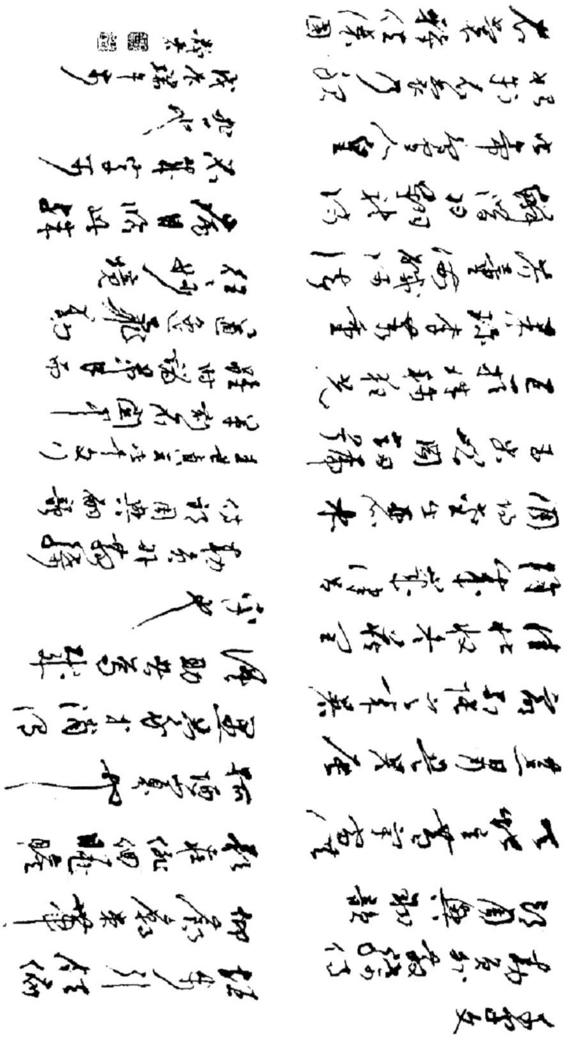

臨王世貞行筆書千文字
（節錄自《書畫紀念集》）

山中道士服朝霞，二十修行別故家。
留客一杯清若蜜，蜂房知是近梅花。
燕子來時人送客，不堪離別淚沾衣。
如今為客秋風裏，更向人家送燕歸。
城頭啼鳥隔花鳴，城外遊人傍水行。
遙認孤帆何處去，柳塘煙重不分明。

靜者於龍坡

（采自《靜農書藝集》）

北闕臨丹水，南宮生絳雲。龍泥印玉簡，大火鍊真文。上元風〔雨〕散，中天歌〔吹〕分。虛駕千尋上，空香萬里聞。

丙辰後八月摹張顛於龍坡里　靜農

臨張旭狂草（采自《靜農書藝集》）

此圖題宋劉梅詩句寄懷李霽野，今刻碑嵌於天津郊外薊縣長城詩牆
（采自《臺靜農書法特集》）

（采自《書畫紀念集》）

（采自《靜農墨戲集》）

疏影橫斜（百年光華紀念會提供）

65cm×23cm

啟功題詩：

傲雪凌霜絕世姿，孤山人仰向南枝，
分明五十□前影，望斷重來杖履遲。

（採自《墨戲集》）

（案張以仁教授見告：「五十」下缺字當是「年」字）

臺靜農先生學術藝文編年考釋

壹、籍貫與家世

臺氏，本複姓澹臺，初名傳嚴，改名靜農。字伯簡，號靜者，居稱「歇腳盦」。

案：臺先生書畫常鈐自刻「澹臺」印章，是知「澹臺」乃其本姓，然何時改單姓，待考。史上姓澹臺著名者，有澹臺滅明（前五一二—？），春秋魯國武城人，字子羽，孔子弟子。（參《論語・雍也》、《史記卷六七仲尼弟子傳》）漢有澹臺恭，爲博士。（參《通志卷二九・氏族五複姓》條）臺先生譜名傳嚴，學名敬六，字進努（參《行狀》）。其改名靜農字伯簡，約民國十一年至北京就學後。寫作小說、雜文，常署筆（別）名發表：有青辰、青曲、孔嘉、聞超、釋耒等，晚號靜者，偶稱龍坡小民或居民。居室名稱隨時地而異。抗戰軍興，入川居白沙鎮莊院，嘗名其居曰「歇腳盦」。遷居白沙黑石山稱其居爲「半山草堂」、又稱「一曲書屋」。戰後來臺北居龍坡里溫州街十八巷六號臺大宿舍，復名其居曰「歇腳盦」。卅多年後，更名「龍坡丈室」。

籍貫安徽霍丘，世居葉集鎮。

案：葉家集鎮又簡稱葉集，地理位置在安徽之西，與河南省接壤。就霍丘縣方位而言，處於該縣之南，位於大別山北麓，史河東岸。乃爲一歷史悠久的小鎮，從春秋時代就存在，古稱雞文城。由於史河航運的便利，成爲這一地區產物的集散地，商業曾相當繁榮。（參據《評傳》）

祖父克長，經營「裕大」商店致富。

案：三十六年底，臺先生自述經歷。附記云：「祖父生於道光二十九年（一八四九），卒於民國六年。（一九一七）」（《遺稿》頁五九）。唯據徐鼎銘（臺先生大陸外甥女婿）提供《臺氏宗譜》記載，祖父克長生於清道光二十七年（一八四七）十一月初一日，享年七十一歲。祖輩以上曾經營商業，開裕大商店，家境富裕。

父肇基，字佛岑；母樊太夫人，系出望族。

案：肇基生於清光緒八年壬午（一八八二或一八八三年初），卒於一九八六年，享壽八十有六。清末畢業於天津法政學院，歷任地方法院推事、院長等職。樊太夫人亦生於光緒八年壬午，一九七四年卒，年九十四歲。（參據〈行狀〉）

兄妹五人，臺先生居長，大弟傳澤，二弟傳鼎，大妹傳馨，二妹傳鳳。

案：傳澤，一九一四年生，居南京，中學教員，一九九八年因肺癌病逝。傳鼎，一九一七年生，一九三七年於逃難中病逝，時年十九。傳馨，一九一二年生，晚年居江蘇淮安市，卒年不詳，當在一九九三年之後。傳鳳，一九二二年生，尚健在臺灣。（參據〈

行狀〉）

夫人于氏韻閑，賢淑持家，撫育子女，卓然有成。

案：夫人韻閑女士與臺先生籍同鄉，生同年，其父與臺家有世交之誼，爲當地名紳。

子女七人：長子、次子皆早卒。三子益堅，四子小名德寶，四歲卒。五子益公，長女純懿，次女純行。

長子一九二五年生，一九三三年卒於北京協和醫院，時年僅九歲。

次子一九二九年生，一九三一年殤，時年兩歲。

三子益堅，一九三二年生，畢業於臺大外文系，後赴美深造，獲得博士學位。執教於美國波士頓大學，後轉任教於麻省理工學院，以迄退休。媳朱融，孫女名雁鴻。

四子德寶，一九三六年生，一九三九年殤於四川白沙，時年未及四歲。

五子益公，一九四一年生，畢業於國立藝術專科學校影劇科，任中國電視公司新聞製作組組長，後轉任中視公關顧問公司副總經理。媳陳惠敏，孫大鈞、大翔、大釗。

長女純懿，一九二七年生，畢業於臺大外文系，適葉衍敏，旅居美國，先任麻州哈佛大學燕京圖書館館員，後服務於紐約市立圖書館。一九九六年病逝，享年七十。外孫女海平、外孫海度，外曾孫女建敏、建怡。

次女純行，一九三四年生，畢業於東吳大學商學系，曾任職美國哈佛大學會計處。

（參據〈行狀〉）

貳、出生到入學

（民前十年，一九〇二—民國十年，一九二一）

民國前十年（清光緒二十八年壬寅） **一九〇二　一歲**

十一月廿三日（農曆十月廿四日）生於安徽省霍丘縣葉家集鎮。

案：是年，父母年皆二十一歲。祖父年五十四歲。

陳獨秀二十四歲：（一八七九年生於安徽安慶）自日本回國，秋，入東京高等師範。

魯迅廿二歲（一八八一年生於浙江紹興）：赴日留學，與許壽裳等出版《浙江潮》月刊。

胡適十二歲：（一八九一年生於上海大東門外）始讀小說，從《三國演義》讀到《聊齋誌異》。

溥心畬七歲（一八九六年生於北京恭親王府）。

張大千四歲（一八九九年生於四川內江）。

莊嚴四歲（一八九九年生於吉林長春）。

民國前一年　一九一〇　九歲

入私塾受啟蒙教育，前後約四年（一九一〇—一九一三）。臺傳馨〈回憶臺靜農〉：

靜農大哥小時候與同門族的幾個兄弟在家讀書。

案：傳馨係臺先生大妹，所言應可據信。「在家讀書」當是請村中名儒來家教學，如今之家教，所讀除一般兒童教科書外，亦誦讀經史名著。筆者任教臺大時嘗聞臺先生閒談，稱其少時嘗背誦《尚書》等典籍。（老輩學者少時多能背誦中國經史典籍。筆者就讀臺大時旁聽哲學系方東美教授講授「人生哲學」，課堂上嘗自稱其五歲時背誦詩經。）

魯迅三十歲：九月任紹興府中學堂教員及監學。本年開始輯錄唐以前小說佚文及有關會稽史地佚文，前者彙為《古小說鉤沈》一書；後者彙為《會稽郡故書雜集》。

胡適二十歲：在美國康南耳大學農學院就讀。

民國前一年　一九一一　十歲

十月十日辛亥革命。

民國元年　一九一二　十一歲

中華民國成立，元旦，孫文就職臨時大總統。

民國三年　一九一四　十三歲

春，入鎮上明強小學甲班肄業。

同學有韋崇文（素園）、韋崇武（叢蕪）、李繼業（霽野）、張貽良（目寒）、臺貽名（一穀）等。校長臺階仁（介人）教修身，韋鳳章教歷史，進士柯棣伍教國文與地理，秀才董卓堂教孟子，兼導讀課外書《三國演義》。（參〈行狀〉）

案：鄉紳在葉集鎮火神廟中辦一所新學堂名明強小學。據傳，臺先生肄業期間曾與李、韋等同學推倒火神廟菩薩。

陳獨秀三十六歲：第四次到日本，與章士釗創辦《甲寅》雜誌。

魯迅卅四歲：十一月作《會稽郡故書雜集》序。

胡適二十四歲：前年（一九一二）春起，改讀康南耳大學文學院。

溥心畬十九歲：因德國亨利親王介紹遊歷德國，考入柏林大學。

張大千十六歲：就讀重慶求精中學，後聞江津中學張鹿秋先生學識淵博，轉學該校，就讀一學期。

民國四年　一九一五　十四歲

承庭訓，十四、五歲習書法，初學〈華山碑〉及顏魯公〈麻姑仙壇記〉。《書藝集序》：

余之嗜書藝，蓋得自庭訓，先君工書，喜收藏；目擩耳染，浸假而愛好成性，初學隸書華山碑及鄧石如，楷行則顏魯公〈麻姑仙壇記〉及〈爭座位〉，皆承先君之教。爾時臨摹，雖差勝童子描紅，然興趣已培育於此矣。……

又題〈顏魯公書送裴將軍詩〉：

「余年十四、五歲讀書高小，習魯公〈麻姑仙壇記〉，家君偶示以滬上影印魯公〈送裴將軍詩〉眞跡，時但驚其奇偉，不知其佳也。」

案：臺先生十三歲初入葉集鎮明強小學甲班讀書，所謂「十四、五歲讀書高小」即指明強小學甲班而言，至民國七年夏（十七歲）畢業。知其習書法爲在家鄉讀小學時期，受其父指導奠立基礎。臨摹字帖乃是顏魯公楷行及〈華山碑〉等隸體。

陳獨秀三十七歲：八月自日返滬，九月十五日創刊《青年雜誌》發表〈告青年書〉。

魯迅卅五歲：開始蒐集研究金石拓本、漢代畫像、六朝造像。

胡適二十五歲：九月二十日轉入哥倫比亞大學，十一月博士資格考試初試通過。

溥心畬二十歲：畫〈舟上捕魚圖〉扇，給高振霄編修。賦〈塞下曲〉。

莊嚴十七歲：畢業於吉林省立第一中學，未作升學計，但由余裴山先生為之補習國文、英文、數學。又由余氏介紹，加入南社為社員。

民國五年　一九一六　十五歲

陳獨秀三十八歲：十一月底至北京遇沈尹默。

民國六年　一九一七　十六歲

陳獨秀三十九歲：一月十五日至北京大學任文科學長。二月一日發表〈文學革命論〉以響應胡適。

胡適二十七歲：元旦在《新青年》二卷五號發表〈文學改良芻議〉，提出八不主義，六月離美返國，九月任教北京大學。

民國七年　一九一八　十七歲

是夏，明強小學四年畢業。乘舟入淮河轉長江西上至湖北漢口。秋考入大華中學就讀。父肇基時供職漢口。

案：葉家集鎮位於安徽西部霍丘縣之南。葉集東岸有史河，縣城北有淮河。赴漢口殆先乘舟入淮轉長江西上。在校期間嘗與同學創辦《新淮潮雜誌》，又曾抄一聯語與同學云：「立定腳跟撐世界，放開斗膽吸文明」。可見其豪情壯志。後五十多年作〈少年行〉詩，回憶初出葉家集心境，有句云：「孤舟夜泊長淮岸，怒雨奔濤亦壯懷。」（見六十四年）可相互參證。

十一月十九日，北京大學學生傅斯年（一八九六－一九五〇）、羅家倫、毛準等成立新潮社。傅為社長，主張文學革命，《新潮》月刊此年創刊。

陳獨秀四十歲：一月李大釗為北大圖書館主任。《新青年》改由李大釗、魯迅、胡適、錢玄同、沈尹默、劉豐農等七人輪流主編。

魯迅三十八歲：四月二日寫成〈狂人日記〉，刊五月《新青年》四卷五號，始用「魯迅」筆名。同期並發表新詩〈夢〉、〈愛之神〉、〈桃花〉。至一九二一年八月在《新青年》發表小說、新詩、散文等五十餘篇。冬，作小說〈孔乙己〉。是年入北京大學講授《中國小說史略》，始編撰講義。

胡適二十八歲：仍任教北京大學。三、四月間寫成〈建設的文學革命論〉，四月十五日刊《中國哲學史大綱》脫稿。十二月廿二日《每週評論》創刊號出版。其宗旨為「主張公理，反對強權」。

溥心畬廿三歲：與弟溥佑加入北京遺老詩人所組成的「漫社」。長女韜華生，農曆八月赴青島省嫡母，轉赴德國入柏林研究所。

莊嚴廿歲：居北平市，就讀北京大學預科。

民國八年　一九一九年　十八歲

就讀大華中學。

五月四日，發生五四運動。十月十日中華革命黨，改組為中國國民黨。

陳獨秀四十一歲：一月十五日在《新青年》上卷一號發表〈本誌罪案之答辯書〉。提倡「民主」、「科學」以對抗傳統禮教。四月十日陳獨秀被免除北大文科學長職。六月十一日陳獨秀以散發〈北京市民宣言〉被捕。九月十六日出獄，任國史館編纂。

胡適二十九歲：二月《中國哲學史大綱》卷上出版。九月二十日北大開學，請杜威演講。代理北大教務長。開《中古哲學史》課，編講義七章。十二月杜威講〈思想之派別〉，共八講，至九年五月講完，擔任翻譯。

民國九年　一九二〇年　十九歲

就讀漢口大華中學。

陳獨秀四十二歲：八月與李達、陳望道等成立中共組織擔任書記。《新青年》改為中共機關刊物，十一月制定〈共產黨宣言〉。

胡適三十歲：仍任教北大，二月《嘗試集》出版，六月再版。

民國十年　一九二一年　二十歲

仍就讀大華中學。

五月五日孫文就任非常大總統。

陳獨秀四十三歲：七月廿三日中國共產黨在上海成立，陳氏在廣州被推為書記。八月回滬，十月四日被捕，二十六日獲釋。

胡適三十一歲：仍任教北大，二、三月間決定作《章實齋年譜》。認為年譜是「中國傳記體一大進化。」三月寫成《紅樓夢考證》初稿，認為是創造科學方法研究《紅樓夢》，六月《水滸傳後考》脫稿。十月十二日夜，與辜鴻銘讌談。辜稱去年張勳生日，作「荷盡」「菊殘」一聯賀壽，「擎雨蓋」表示是清朝的大帽。十一、二月編《國語文學史》。

參、北京就學、寫作與任教

（民國十一年，一九二二——廿六年七月，一九三七）

民國十一年　一九二二　廿一歲

是年春，漢口中學發生風潮，臺先生未畢業離校，由漢口東下南京，復上北京。在南京認識王魯彥。

一月，北京大學成立研究所國學門。先後聘來任教名師極一時之盛，進所受業者，後多成名人。

案：此爲全國大學最早成立之研究所。國學門設有委員會、主任、導師、助教、事務員等。委員會委員長由校長蔡元培兼任，委員有顧孟餘、沈兼士、李大釗、馬裕藻、朱希祖、胡適、錢玄同、周作人等，主任由中文系教授沈兼士擔任。導師先後有王國維、陳垣、馬衡、伊鳳閣、鋼和泰、柯劭忞、林語堂、陳寅恪、劉半農等。助教有常惠、胡鳴盛等。研究生學有所成，後爲名家者，有羅庸、張煦、鄭天挺、容庚、馮沅君、商承祚、董作賓、蔣善國、陸侃如、魏建功等。（參〈年表〉）

研究所國學門成立「歌謠研究會」，由周作人主持，常惠兼任事務員。

案：常惠（一八九四—一九八五）時爲研究所助教，字維鈞，河北宛平人，民國十三年（一九二四）六月北大法文系畢業。

作新詩〈寶刀〉，六十五行，四百餘字，一月二十二日刊上海〈民國日報副刊．覺悟〉，二〇〇一年始收入《臺靜農詩集》。旨在頌揚長岡艮一的革命熱情，用祖先留下的寶刀，企圖殲殺人類的惡魔，幫助無數受壓迫的同胞。

……

我小小的寶刀，

……

是我祖先留下的，

因為惡魔也是我祖先的仇人。

刀啊！

你是輔助我祖先殲殺惡魔的，

現在且來助我了，

……

來輔助這無量數被惡魔壓迫的同胞。（節錄，《詩集》頁七三、七四）

案：臺先生新詩共六首，此爲最早一首，亦寫作新文學發表最早的一篇作品。寫作時日當在是年一月或稍前。時就讀漢口大華中學。胡適新詩《嘗試集》當時正流行全國（民國九年出一、二版，十一年出第四版，見《胡適年譜長編》著作目錄）。此詩當受胡詩影響。詩題下注：「爲長岡艮一先生作」，長岡殆一日本青年，事蹟待考。臺先生爲作此詩，或從當時報章雜誌得知其事。

九月初，與王魯彥加入「明天社」。此為五四以來第三個文學團體，由黨佳斌、林如稷、章衣萍、程仰之等發起成立，社員十八人。活動時間約三年。

九月，考得北大研究所國學門旁聽生資格，與董作賓等同為旁聽同學。

案：董作賓（一八八五—一九六三）字彥堂，號平廬，河南南陽人。十二年爲正式研究生，以研究甲骨文著名於世。臺先生在北大就學期間與常惠、董作賓、莊尙嚴爲同學或同事，四人成爲莫逆之交。

魯迅四十二歲：十二月三日編完小說集《吶喊》，作序。次年八月由北京新潮社出版。

胡適三十二歲：仍任教北京大學並兼任教務長。一月作〈文學革命運動〉，三月初與梁啟超論辯《中國哲學史大綱》。五月十日與蔡元培論辯《紅樓夢考證》。三十日進清宮養心殿見宣統。十一月三日寫完《吳敬梓的年譜》。

溥心畬廿七歲：在柏林研究院研究三年半，獲博士學位。

張大千廿四歲：與黃君璧訂交於廣州。

莊嚴廿四歲：就讀北京大學哲學系。

民國十二年 一九二三 廿二歲

仍為北大國學研究所旁聽生。

一月十七日，北大校長蔡元培辭職，秋，赴歐洲。

五月十四日，北大研究所國學門成立「風俗調查會」，由哲學系教授張競生任會長，臺先生任事務員，負責管理會務。同月廿四日成立「古蹟古物調查會」（後改名「考古學會」），由馬衡主持，莊嚴任事務員。臺、莊訂交自此始。

案：莊嚴（一八九九—一九八〇）字慕陵，號默如，晚號六一翁，齋名：「適齋」、「秋夢盦」。視臺先生年長三歲。據《莊譜》，民國六年秋，莊考入北大預科，九年進北大哲學系，十三年夏北大畢業。由沈兼士推薦為北大研究所國學門考古研究室助教，並兼為國立古物保存委員會北平分會執行秘書。「自此年起，始與國學門其他同學魏建功、董作賓（一八八五—一九六三）、臺靜農（一九〇二—一九九〇）諸人訂交。」十一月「清室善後委員會」接管故宮，聘莊為事務員，負責清點宮內文物，仍兼北大國學門助教。未載十二年五月，莊尚在北大哲學系就學時任北大「古蹟古物調查會」事務員，殆係莊譜簡化省略。臺、莊二人密切交往，應始於十二年五月同任事務員時。《莊譜》差一年，稍有誤。臺先生十一年九月考入北大國文系為旁聽生，與董作賓同學。莊氏尚就讀哲學系，十一年九月後至翌年五月間，或有可能相識。

十月七日，寫成〈負傷的鳥〉，次年七月廿五日載上海《東方雜誌》半月刊廿一卷十四期，署名「青曲」。內容寫一個青年由於愛情的幻滅和人間的冷漠而憂鬱成疾、終至不起。旨在表現五四運動後，一般青年悲觀失望的情緒。大要為：

作者青曲以第一人稱口氣，訴說對唯一好友鄭躅的思念，因為「他是人間一個失望者」，不僅精神頹喪，並且身體病傷。在連著去了三信後得到鄭的回音，是他妹妹代筆的，因為鄭得到肺病的第二期，醫生「不許他提筆作字」了。就在收到妹妹回信的次日，收到一個「抄本」。這是鄭躅囑咐他妹妹寄來的；打開看，「始知是一篇殘稿，是他的自敘」；其中說：我這次之所以決心回歸一別六年的故鄉，完全是愛我的朋友們促成的，他們不忍看我這樣悲傷和病弱，總希望回到故鄉能在慈母的愛撫下恢復健康。其實，我何嘗不想一見慈母？只是想到回來見著瑩表姐，心就碎了。她母親早逝，父親「硬將伊許給伊不認識的青年」，她無力反抗。我清楚記得六年前我們分別的那個晚上，那是個美麗的五月之夜……。想不到，這是「我們最後的一面」。到家後從妹妹口中得知，瑩姐早出嫁了，並已有了小孩。我知道自己的病越發厲害了，卻又不敢向母親說，我「將阿母的心……推葬在大海裡了！……」

胞妹臺傳馨認爲此作暗示了作者對自己婚姻的不滿：「大哥的婚姻大事由兩位父輩在趕

考的途中約定下的。……靜農大哥的內心世界苦痛無法形容，唯一可以抗爭的是一拖再拖，……他的小說處女作〈負傷的鳥〉不正暗示、記述了這樣的事情嗎？」（〈難忘的「松子」大哥〉，載陳子善編《回憶臺靜農》，頁三〇六，上海教育出版社，一九九五年八月版）

楊義說：「這篇小說採取鄭躅君寄自家鄉的自敘殘稿的形式，抒寫『五四』兒女追求個性解放和婚姻自主的反封建精神。」（《中國現代小說史》第一卷，頁四九八，北京人民文學出版社一九八六年九月版）

樂蘅軍〈悲心與憤心：談臺靜農先生兩本小說集中生命情懷〉認為：「〈負傷的鳥〉這篇，施淑女先生曾提醒我們去注意它的意象和象徵，看似黯淡，但實為強有力的掙扎。這提示非常有意義。」同時認為「小說習作痕跡明顯：傾訴型的感情呼號般的語言，結構鬆散，距離感不夠。」（《紀念文集》頁二二八，臺北洪範書局一九九一年十一月版）

夏明釗評說：「標題〈負傷的鳥〉，實是全篇主旨所在。主人公鄭躅同他的表姐互相愛慕，卻受阻於封建包辦婚姻而無能為力；現實生活又充滿了災難和不幸，使得鄭躅同他的朋友們只能以酒澆愁，消極頹唐，厭倦人生，就像一隻「負傷的鳥」：剛要飛向高遠的莽蒼，卻已被折斷了翅膀。五十六年後，作者在臺北遠景版《地之子·後記》中說『回想五四後的青年，感於朦朧的愛情，踏空的現實，閃爍的光明又捉摸不住，於是沈鬱、絕望，如本篇主人終於走向死亡，這樣周圍於我左右的朋輩，最為習見的。』

（《地之子》頁一七六）。小說用自述的方式，用主觀抒情的筆致和散文化的結構，穿插些夢幻的意象和隱喻象徵：體現了臺氏小說的浪漫色彩。結構較爲鬆散，語言缺少錘鍊，是這作品明顯的缺陷。」（手稿）

案：此篇爲作者最早發表的短篇小說。昔年作者編小說集未收，殆以爲少作而棄置。民國六十八、九年間，無意中翻舊本東方雜誌，發現廿一卷十四期用「青曲」筆名發表此篇，遂附於六十九年臺北遠景版《臺靜農短篇小說集》後。

是年，陳垣續任北大研究所國學門導師，並任燕京大學講師。（《陳譜長編》頁一四〇）。

陳獨秀四十五歲：一月孫中山命陳獨秀等二十一人為國民黨參議，六月擔任中共中央執委會委員長，決定個人加入國民黨。

魯迅四十三歲：七月與周作人關係破裂，八月由八道灣十一號，遷居磚塔六十一號。七月受聘為北京女子高等師範學校講師。十月十三日始授中國小說史及文藝理論。九月十七日始在北京世界語專門學校講授中國小說史，迄一九二五年三月。十二月十一日講義《中國小說史略》上冊（一至十五篇）北京新潮社出版。

胡適三十三歲：北大《國學季刊》創刊號出版，為編輯委員會主任，寫〈季刊宣言〉總論整理國故方法。三月評梁漱溟《東西文化及其哲學》，指其主觀與武斷太過。梁來書責胡「語盡刻薄，頗失雅度。」開始作〈崔述的年譜〉。八月章士釗發表〈評新文化運動〉，胡認為不值得一駁。十一月二十九日作〈科學與人生觀序〉，十二月中開始作《戴東原的哲學》。

溥心畬廿八歲：夏至北京訪溥儀師傅陳寶琛。

張大千廿五歲：隨仲兄卜居松江，臨仿石濤。

民國十三年　一九二四　廿三歲

一月廿六日，北大研究所國學門成立「方言調查會」（後改名「方言研究會」），由林語堂主持（翌年，劉半農歸國回北大任教後，由兩人共同負責。），董作賓任事務員。

春，六弟在家鄉病逝，年僅五歲。臺先生後作〈奠六弟〉文，發表於一九二六年二月二十五日出版的《莽原》半月刊第四期。

新文學同道胡思永逝世週年，作詩追念。四月一日載北京《晨報·文學旬刊》。收入《臺靜農詩集》。題〈寄墓中的思永〉。

……

有些人說你為了女人，
也就是說：為了愛情。
可是人間的愛戀，
從此再已不能溫起你冷冰冰的心了。

……（三段，節錄中間一段。《詩集》頁七九）

案：此詩副題：「死後週年的回憶」，可知胡思永死於十二年四月一日。又據前引詩語，思永是爲了愛情而輕生。思永一九〇三年生，一九二三年卒，年僅二十一歲。安徽績溪人，胡適之侄，民國十一年六月臺先生加入北京文學團體「明天社」，思永亦爲該社社員之一，兩人殆因此而相識。有〈胡思永的遺詩〉流傳當世。

四月，論文〈宋初詞人〉初稿完成。十六年六月載上海《小說月報》第十七卷號外(上)。主要論點認為宋初詞壇四傑可分二派：第一派晏殊、歐陽修，結束南唐五代，擴大表現自我。第二派柳永、張先，將貴族文學擴大成為民間化，開創新局面。四家分四節討論，首前言，末結論。茲列前言、結論於後，以見概略。

詞起源於唐末及五代，大成功於宋，所以宋詞與唐詩，相處的地位，是同一的價值，這是大家所公認的。再者宋詞在中國文藝史上，卻開了許多新的道途，是革新的，不是守舊的。

我們要知道每一代文藝的成功，是演進的不是突然的，在歷史上的觀察，我們應該尋其先導；如在唐詩的起源，我們要注意四傑；在宋詞的起源，我們卻要注意晏殊柳永諸人。現在我來介紹宋初詞人，也是這種意義。

宋初的詞人，本來很多，但是在文藝史上佔重要位置的，倒可武斷的說只有上面四個作家。在上面四個作家，倒可分作兩派。第一派自然是晏殊與歐陽修，第二派則是柳永與張先。

第一派的詞，可說完全結束了以前的南唐與五代；至於內容的不同處，便是自我表現的擴大；即如五代的作家，所表現的，往往都是個人本有的生活；而晏、歐諸人，所表現的，雖然也離不掉個人本有的生活，但是想像放大處特多。

第二派的詞，倒成了新的局面，我們已經說過的兩點，現在倒可不必重來敘及，至於現在所要說的，是進一步來說這一派所以創始的淵源。為了我們要觀察這種很有價值與很可注重的問題，自然要在那時候國家的局勢，與社會的情形，與一般知識階級的習慣中，找出我們要明瞭的原因。宋朝時代雖然有幾百年，但是平安的時期很少；在宋仁宗前後百年之間，倒是太平無事，朝野上下都是很享福的。國家既在平靜的時候，自然諸多繁複的儀禮也隨之而生了，尤其是在朝廷裡面，易於產生；因為作皇帝的，是比一切的人還閒靜，當然享樂的方法也愈奇異而繁複。

那時皇帝每當大宴，必定要有樂語，即一、教坊語，二、口號語，三、勾合曲，四、勾小兒隊，五、隊名，六、問小兒，七、小兒致語，八、勾雜誌劇，九、放小兒隊，這是春宴所用的。其中除了口號同致語是宮體詩而外，其餘都是儷體半文半白的文言；大概當時的情形是一面說白，一面歌唱，但是並不舞。若士大夫們宴會，則專用口號同致語，而歌以侑酒。但是歌以一闋為限，間或有連歌一曲的；歐陽修的〈采桑子〉十一首，趙德麟的商調〈蝶戀花〉十首，一述西湖之勝，一詠會真之事，皆是歌而不舞的（見《宋元戲曲史》）。同時傳到民間，便成為對酒當歌了。到了柳永，便將此貴族的文學，擴而大之，使之完全民間化；兼之他的生活，從來是在歌樓酒館裡廝混，所以他的詞尤易於成功。因此我們知道，他雖然在文藝史上開一新紀元，但是他也有他的淵源，與他的背景。（《文集》頁一七九、一九八—二〇〇）

案：篇末署「一九二四．四，初稿」可知本篇完成於民國十三年四月。發表年月見《臺靜農文集》附錄，陳子善、秦賢次合編《臺靜農先生前期創作目錄》頁三〇五。民國十一年九月臺先生進北大爲旁聽生，十三年八、九月進入北大研究所國學門爲研究生，此篇論文殆申請研究所之用。首篇論文，雖僅萬餘字，然顯示其卓見，非同尋常。

寫作《途中》小說，八月刊上海《小說月報》第十五卷八期。內容以第一人稱形式，寫「我」同弟弟二人暑假回家，途中遇到兩個傷兵（當時正值軍閥混戰），從交談中得知二人悲慘的遭遇。題旨是：人類相互殘殺，已淹沒應有的愛心。大意如下：

在一個炎熱的正午時分，我同弟弟走在回家的路上，來到松枝掩映下的一野店裡歇息，享受著店主的招待。這時，從對面山腳下走來了兩個傷兵：一個傷了右腿，一個傷了右手。到了這野店前，他們便頹然地坐下，同我們一樣享受著店主的招待。於是我便同他們攀談起來。原來他們也是安徽雨邑人，和我是同鄉。其中一個黃瘦的傷兵便說：「噯！一見老鄉，俺淚汪汪！」這兵告訴我：他家還有「八十歲的老娘，同女人，同小孩……」於是另一短胖的傷兵向我介紹了他的同伴是如何被傷了右手和他自己是如何傷了右腿的：原來他們都是這次在湖南岳州之戰中敗傷的。這短胖的傷兵還說：像咱們這些「在軍營裡廝混的人」，「反正是拿著皮孩子亂拚」，「咱們用了刺刀毀了不少呢」。他們都不打算回鄉了：黃瘦的怕拖累了家人，短胖的是怕為鄉里所不容，何況自己無爹無娘、單身一人。……這「途中一幕悲劇的回憶」，於今已五年了；但我還是忘不了它。（《文集》頁三—十一）

夏明釗評說：「這篇小說一直被忽略，幾乎沒有人提到，其實很值得重視。它不僅映現了當時中國現實的苦難；彌足珍貴的，是它開掘了人性的深度和特異的全部複雜性，並且表達了作者深厚的人道主義情懷。從兩個傷兵的自述中得知：他們被人殺傷，但他們也曾殺傷人；他們不僅殺傷別的兵，還曾毀過許多無辜的生命；他們有凶殘的一面，同時也有著對親人的摯愛和不忍之心，那叫陳三的「黃瘦」傷兵，甚至希望用自己的死訊來斷絕親人對他的牽掛、使自己的女人好改嫁。充塞於小說中的，「只是人類的憂傷！」這種人道主義情懷，由於作者較為圓熟的藝術技巧而得到了有力的實現：山野中自然之美麗與寧靜同社會的黑暗與擾攘相比照；愛與仇相比照。「弟弟」的形象看似游離，實則融於小說的血肉之中，構成一有象徵意味的背景：他對主的愛和他傳達主的愛，正是小說背景明亮的部分。「弟弟」最後被送進瘋人院的悲劇結局，則有力地說明了現實的荒謬和殘酷：仇恨撲滅了愛，黑暗掩沒了光明－這正是「人類的憂傷」！小說對人物肖像的刻畫，極有分寸地表現人性的複雜。而語言的樸質和用詞的準確，使作品元氣淋漓、並顯現了作者一貫的風格。」（手稿）

案：本篇發表後，未收入小說集。一九九一年（民國八十年）十一月臺先生週年忌日，上海陳子善編輯《我與老舍與酒－臺靜農文集》，本篇方收入集中，翌年六月臺北聯經出版。

八月底，踐父輩「指腹為婚」之約，與同鄉于韻閑女士結婚，年皆二十三歲。

案：七十三年八月底，臺先生邀約若干親友、門人，慶祝結婚六十周年（見後）。據此，結婚應在十三年八月。〈年表〉以爲十二年，未是。

魯迅完成《中國小說史略》。

案：去年，民國十二年（一九二三）十二月小說史略印行上卷，今年六月印行下卷，二十六年七月兩卷合爲一冊，北京北新書局出版，即後通行之訂正本。二十四年（一九三五）日本有翻譯本，魯卒後二年（民國廿七年）有魯迅全集本。此數種版本之前，北京大學有講義油印本及鉛印本，魯門弟子中僅北京常惠（爲君）藏有兩種講義本。

陳獨秀四十六歲：秋，與高曼君離婚。因傷寒病住院一個多月，中共以為失蹤。

魯迅四十四歲：二月作小說〈祝福〉、〈在酒樓上〉、〈幸福的家庭〉。六月作〈嵇康集序〉，六月二十日《中國小說史略》下冊（十六至二十八篇），北京新潮社出版。九月始作散文詩〈秋夜〉等，後集為散文詩集《野草》。十月十日譯畢日本廚川白村文藝論集《苦悶的象徵》，十二月出版。十一月《語絲》在北京創刊，為撰稿人之一。

胡適三十四歲：仍任教北大。二月八日作〈古史辨討論的讀後感〉，自認是最精采的方法論。四月十二日印度詩人太戈爾到上海，旋到北京，胡氏與之常有接觸。七月至十一月始作《中國禪學史》。九月作〈國語文學史大要〉。十月推薦王國維（一八七七—一九二七）為清華大學研究院院長。十一月，有「林琴南先生的白話文」，稱讚林氏寫作由守舊而推新。

溥心畬廿九歲：長子生於北京，秋，賦〈甲子秋寄伯兄〉、〈陶然亭〉七律，與劉善澤結為友。

張大千廿六歲：與上海文藝同道往還，參加「秋英會」雅集，以詩、書、畫三絕即席揮毫，嶄露頭角。結識謝玉岑。

莊嚴廿六歲：夏，畢業於北京大學哲學系。由沈兼士推薦為北大研究所國學門考古研究室助教，並兼任國立古物保存委員會北平分會執行秘書。

民國十四年　一九二五　廿四歲

是年，在北京初識鄭騫（因百）先生，鄭年二十歲。鄭騫〈靜農元白之書畫〉云：予初識靜農在民國十四年乙丑，西元一九二五，亦即國父孫中山先生逝世之年。……靜農長我四歲。（節錄）

案：鄭文作於一九九〇年十一月（見後）。鄭生於民前六年（一九〇六），今年二十歲，正合臺「長我四歲」之數。時鄭就學於北平崇實中學，與李霽野、韋叢蕪等同學，臺、鄭相識，當是李、韋介紹。據李作〈從童顏到鶴髮〉文回憶稱，民國十二年春，臺先生與小學同班同學五人相聚於北京，是年秋，李與叢蕪轉入崇實中學就讀。（見《紀念文集》頁五八）

一月十九日，論文〈山歌原始之傳說〉，載北京《語絲週刊》第十期。

一月底二月初，春節過後，由故鄉回到北京。

四月五日，將前輯錄歌謠編為〈淮南名歌第一輯〉，在北大《歌謠週刊》第八十五期上開始登載，其後續登於八十七、八十八、九十一、九十二各期，共收一一三首。

二十七日夜，應張目寒之邀首訪魯迅，因張之介紹，始與魯迅認識。時魯迅寓居北京阜成門西三條胡同二十一號。《日記》：

二十七日，晴。……夜目寒、靜農來。即以欽文小說各一本贈之。（全集十四卷，頁五二五）

案：張目寒係臺先生小學同學，時就讀於北京世界語專門學校。臺先生因張目寒之介紹而初識魯迅。時魯迅年四十五歲，主編《京報．莽原周刊》。已出版小說集《吶喊》、雜文集《熱風》及《中國小說史略》等論著。居北京西三條胡同新屋（北京阜成門內宮門口西三條胡同第廿一號舊屋改建。民國十三年五月二十五日移居此新屋），今為北京「魯迅故居」（《魯譜稿》，頁一一七—一五三）

寫作短篇小說《死者》，五月八日刊於北京《京報．莽原周刊》第三期。收入《文集》。內容寫一個老人垂危時的景況，旨在哀嘆生命的脆弱，頗具形上意味。大意為：

小說用了第一人稱口吻，寫疼愛我的大伯病倒了，而且已進入「生命末日的苦劇」：「他的兩唇上下的震顫，兩面的腮骨也隨著移動；震顫在最烈的時候，上下的牙床盡行露出，他的一對眼珠，只是往上擎著，從沒見他順下；他的兩拳時時用力搥著屍舖。」見他這般痛苦，鄰人王老首兄勸親人們別哭，好讓他放心地離開；又對大伯說：「你可以去了」。伯母也哭著安慰大伯：「你可以走罷！你走罷！不要這樣的受罪了！以後的事還有我！」大伯終於「走了」；我的心卻是既沈重，又輕鬆……

夏明釗評說：「這是一篇非常別緻的短篇，卻一直被忽視。小說著重寫老人臨終的慘狀，這慘狀不僅被用鏡頭特寫著，而且將這死亡意象一共重複了四次，從而轉換成一則隱喻，甚至是一個象徵（美國學者韋勒克和沃倫在他們合撰的《文學理論》中指出：「一個『意象』可以被轉換成一個隱喻一次，但如果它作爲呈現與再現不斷重複，那就變成了一個象徵。」）——『生命竟是這樣的容易消逝』！生命的悲劇也許正是人生悲劇的象徵。用臨終景象表達這一深刻思考的文學作品，在中國現代文學史上，似乎尚未之見。由此我們也不難發現，作者思想深處所含有的對於生命和人生的悲憫情懷。小說中有兩句話值得注意：『我老是幻想著生命是再滑稽不過的東西』；『生命竟是這樣的容易消逝了！』」（手稿）

五月十四日夜，再訪魯迅。《日記》：

十四日，晴。……夜索非、有麟來。衣萍、品青來。靜農、魯彥來。（全集十四卷，頁五二七）

案：據日記次序觀察，臺先生與王魯彥似是第三批訪客。

十七日午後，三訪魯迅，時與王魯彥、韋素園、李霽野同往。《日記》：

十七日，曇。星期休息。……午後雨。魯彥、靜農、素園、霽野來。（全集十四卷，頁五二七）

寄書信文稿與魯迅，二十日魯收到，是日晚與王魯彥同訪魯。《日記》：

二十日，晴，風。……午後得許廣平信。得靜農信並稿。寄孫伏園信。晚魯彥、靜農來。（全集十四卷，頁五二八）

案：致魯迅稿件，當指〈壓迫同性之卑劣手段〉一文。（見下）送稿件與魯迅過目，又親自訪晤。蓋請其提供意見，以便刊登。

致函魯迅，二十一日晚，魯收到。《日記》：

二十一日，晴。……晚得臺靜農信。（全集十四卷，頁五二八）

作〈壓迫同性之卑劣手段〉，刊五月二十四日北京《京報副刊》一五八期，收入《文集》。寫作背景是一九二五年一月於北京發生的轟動一時的「女師大風潮」，旨在揭露當時女師大校長揚蔭榆女士及其同黨的「打殺學生」的「陰狠」手段和「衛道」面目。大意為：

從楊女士發表的〈教育之前途棘矣〉的「宣言」和她的「告誡學生與致學生家長函」中得知，「楊女士要化學校為家庭，做婆婆，不得不開除學生自治會中六個職員」，其理由當然是她們的「品性」不好，是「害群分子」，是「犯規至於出校」的；「否則雖以『女教替陵，坤靈且瞑』出而衛道的楊女士，也絕不肯將伊們開除學籍」的。由此不難看出，「衛道的楊女士」，「較之撒野的老婆子」、「還欠直率」，「手段」卻是「殊途而同歸」；「無端假借了我們荒涼古國唯一的禮教來壓逼同性」，則是比「軍警」更

「聰明」的，也更「剛強」，更「陰狠」。讀了楊女士的這些傑作後，「我想不特『海內明達』，至少總有一大部分孔教徒，來援助楊女士作衛道之運動的吧？」

夏明釗評述：「這篇雜文有幾個關鍵詞：楊蔭榆、品性、衛道。楊是本文揭露和抨擊的主要對象；『品性』是楊用來『打殺學生』的主要工具；用此『禮教』工具『壓逼同性』，便也徹底暴露了楊及其同夥的『衛道』立場。」（手稿）

六月，致魯迅函與文稿。是月二十三日上午魯收到。《日記》：

二十三日，晴。上午得靜農信並稿。（全集十四卷，頁五三二）

案：十四年六月二十八日，臺先生撰有〈致淮南民歌的讀者〉刊於北京《歌謠週刊》九十七期。致魯迅文稿疑即此篇。

作〈鐵柵之外〉，刊六月二十三北京《京報・莽原周刊》十期，收入《文集》。文章寫作背景是發生在上海的「五卅慘案」，旨在揭露當時北京政府的昏瞶和賣國求榮的嘴臉，同時也肯定人民的覺醒。大意如下：

「這次英國人和日人在中國的土地上宰了幾個中國人」，「日本人英國人……在上海殺了我們的同胞」，「也知道日本鬼子打死咱們同胞」；再結合文章發表的時間，其背景當是「五卅慘案」無疑。文章的要點有二：一、以「執政府」為代表的當時反動統治階級的昏瞶、無能、殘忍與賣國求榮的嘴臉；出入執政府大門口的，原來是這樣一些人：

「有的是羊豕一般肥，有的是狐狸一樣狡獪，他們都淡焉漠焉」；執政府門前的兵們，「全身是整齊的武裝：子彈是扣齊的，刺刃是插在槍上的」，「他們顯然是以對待暴徒的手段對待我們的」，有兩位教授差點「在刺刀下送了命」。二、在血的面前，中國人民開始覺醒：中國人本來是「終日昏昏的」，現在「居然也大驚小怪的鬧起來了」，「好像得了熱病似的」；教授們也「親自執了請願的旗子到執政府去了」；「我們學生也加入了」；「有些同學放聲大哭了」，「同胞呀，我們的國就要亡了……」

七月初，致函魯迅，五日魯收到。《日記》：

五日，晴。星期休息。……夜品青來。……得靜農信，附魯彥信。（全集十四卷，頁五三三）

六日下午，與韋素園、趙赤坪、李霽野同訪魯迅。《日記》：

六日，晴。……下午靜農、素園、趙赤坪、霽野來。（全集十四卷，頁五三三）

十日下午，與張目寒同訪魯迅。日記：

十日，曇。……下午靜農、目寒來並交王希禮信及所贈照相，又曹靖華信及譯稿。（全集十四卷，頁五三四）

十三日夜，與李霽野同訪魯迅。託其寫信介紹韋素園任職《民報》。《日記》：

十三日，晴。……夜霽野、靜農來，囑作一信致徐旭生，託其介紹韋素園於《民報》。

（全集十四卷，頁五三四）

寄信及文稿與魯迅，十四日魯收到。《日記》：

十四日，晴。……午後得素園信。得靜農信並稿。（全集十四卷，頁五三四）

十九日晚，訪魯迅。《日記》：

十九日，晴。星期休息。……晚靜農來。夜小雨。（全集十四卷，頁五三五）

八月，致魯迅明信片，十五日魯收到。《日記》：

十五日，大雨，上午止。……得臺靜農明信片。（全集十四卷，頁五三八）

前後兩次致函魯迅，二十三日魯覆云：

靜農兄：兩回得信，因事忙未覆，歉甚。《懊悔》早交給語絲社，現已印出了。這次章士釗的舉動，我倒並不為奇，其實我也太不像官，本該早被免職的了。但這是就我自己一方面而言。至於就法律方面講，自然非控訴不可，昨天已經在平政院投了訴狀了。兄不知何時回北京？迅上八月二十三日（全集十一卷．書信，頁四五四、五）

案：魯迅時就任北京教育部僉事。民國十四年北京女師大學潮爆發，由於魯迅反對章士釗壓迫學生和解散女師大，八月十二日章士釗呈請段祺瑞執政府罷免魯迅的教育部僉事職務。所謂「章士釗舉動」即指罷免魯迅僉事而言。（參全集十一卷，頁四五五附註三）

二十四日，魯迅來信。《日記》：

二十四日，晴。……夜寄任子卿信。寄臺靜農信。（全集十四卷，頁五三九）

案：魯函，未見全集。或已遺失。

寫作短篇小說《懊悔》，二十四日刊北京《語絲》周刊第四十一期。內容寫一個二十八歲的老姑娘的懊悔和由此而發生的一連串的舉動和心理狀況，旨在譏刺這類女人近乎變態的心性。大意是：

「她在她二十八年的芳齡過去的經驗中得到：她的高傲與固執，確是吃苦的根苗，因而虔誠的感激的承受了她阿姨的厚意」：阿姨勸她去掉高傲與固執，放活潑些，多交朋友，爭取個人「前途的光明」。她不禁聯想到比他大四歲的「校中有名的老女士」密司柳，新近也一反常態、變得活潑起來的事；她決定以上海「五卅」慘案後群情激憤的機會，組織一個「國權同盟會」，並在中央公園召開成立大會。屆時她不再像過去那樣身著灰黑色服裝了，而「穿了一件紅色的上衣，淡碧的下裙，高跟白皮黑光花邊的鞋子，以及大的西式草帽，帽沿上綴了一朵湯碗大的綢製的紅玫瑰」，並以主席的身份發表了一通漂亮的愛國的講話；「又竭力的顯出少女的活潑與煥發的精神來」，向與會者散發自己的名片；很贏得了大家的好感。她相信，「在傾刻間，是能夠抓住大多數青年齊來拜倒的。」她於是想起以前的孤傲，既誤了許多可愛青年對她的愛慕，也使「自家的青春也就隨著消逝」……。但「光明」和「勝利」似乎並未如她所想像的那樣來到：堅稱男女婚戀、男子要比女子大，同時因她比密司柳大而叫她姊姊；倩芳扮得妖精一樣，誘引男人，從而「已成她永遠的敵人了」；韻和當面戲弄她，譏誚她的老態；……「忿恨和污辱，同來交攻」；於是有人為「國事」來找（這是她上次會上允諾的），也被她拒之門外。（《文集》頁十六—二二）。

夏明釗評說：「小說用意識流的手法寫一個老姑娘因少女時期的孤傲而不得不付出的沈重代價。文筆是諷刺而揶揄的。」（手稿）

劉以鬯認爲此篇是「失敗的小說」：「縱有諷刺意味，卻沒有獲得預期的效果。」（《臺靜農的短篇小說》，刊一九九〇年十月臺北遠景版《地之子》）

案：此篇發表後未收入集；民國八十年收進《我與老舍與酒—臺靜農文集》。

三十日，在北京參與魯迅、韋素園、曹靖華、李霽野、韋叢蕪等六人組成文學團體「未名社」。

案：「未名社」名稱爲魯迅提出議定，以翻譯出版文學作品爲宗旨。成立後約七年半，先後發行《莽原》、《未名》半月刊，並出版《未名叢刊》、《未名新集》兩種叢書。

三十日夜，與李霽野、韋素園、韋叢蕪、趙赤坪等同訪魯迅。《日記》：

三十日，星期。晴。……夜李霽野、韋素園、叢蕪、臺靜農、趙赤坪來。（全集十四卷，頁五四〇）

九月一日下午，與李霽野、趙赤坪、韋素園、韋叢蕪等同訪魯迅。《日記》：

一日，晴。……下午霽野、赤坪、素園、叢蕪、靜農來。（全集十四卷，頁五四二）

九日下午，與韋素園、韋叢蕪、趙赤坪、李霽野等同訪魯迅。《日記》：

九日，晴。……下午素園、叢蕪、赤坪、霽野、靜農來。（全集十四卷，頁五四三）

十四日下午，與韋素園、韋叢蕪、李霽野等同訪魯迅。《日記》：

十四日，晴。……下午素園、叢蕪、靜農、霽野來。（全集十四卷，頁五四三）

十月一日夜，與韋素園、李霽野、韋叢蕪、趙赤坪等同訪魯迅。《日記》：

一日，晴。……夜靜農來。素園、霽野、叢蕪、赤坪來。（全集十四卷，頁五四六）

致函魯迅，七日，魯迅收到。《日記》：

七日，曇。……午晴。得臺靜農信。（全集十四卷，頁五四七）

致函、稿與魯迅，十三日下午，魯收到。《日記》：

十三日，晴。……下午得臺靜農信並稿。（全集十四卷，頁五四八）

作〈記〉，刊十四年十月十六日北京《京報．莽原周刊》第二十六期，收入《文集》；本文充分體現時代的思潮，傳達激進青年知識分子的心聲，對黑暗現實的不滿和對光明的憧憬。大意如下：

「今天是中秋節，又該弄酒喝了！」所有的詩情和詩意全從這平淡的開頭生發、展開、昇華；渴望「痛快的喝」，「痛快的醉」，和「使我暈眩」；因為只有這樣，才能「忘了房中的床帳書籍及其他一切的陳設」，才能忘了嗜人肉和嗜人血者，才能忘了現實的黑暗。醉酒之後，「又該抽煙了！」我的思緒隨著「青菸」「飛昇」；於是我看到了「燃燒」的「光明」……。「是誰能在這個時候將我從冥想中喚醒呢？」

夏明釗評述：「用詩的含蓄的語言和巧妙的意象，鮮活地凸顯了自己完整的心靈：對黑暗的憤懣、對光明的憧憬、對行動的渴求而又有無所適從的困惑。」（手稿）

十八日，與韋素園、李霽野夜訪魯迅。《日記》：

十八日，星期。曇。……夜素園、靜農、霽野來，付以印費二百。（全集十四卷，頁五四九）

二十六日晚，與韋素園、李霽野同訪魯迅。《日記》：

二十六日，晴。……晚素園、季野、靜農來。（全集十四卷，頁五四九）

案：季野，當是霽野別名。

作〈去年今日之回憶〉，刊十一月三日北京《民眾》第四十四期，收入《文集》；文章控訴軍閥連年不斷的戰爭，同情戰火中的普通民眾的悲慘遭遇和充當炮灰的士兵們的不幸。

案：所謂「去年今日之回憶」，當指一九二四年九、十月間爆發的第二次直奉戰爭；估計此文作於一九二五年之九月或十月。文章要點：一、控訴軍閥之間的「年年戰爭」，這「年年的戰爭那一次不節掉幾千幾萬」（當時山格夫人來華提倡節育法）。二、「戰爭底下的老百姓」和戰火中的「兵們」卻是十分悲慘的。

是年寫作小說《我的鄰居》未發表。十七年收入小說集《地之子》，十一月北京未名社出版。寫一位朝鮮青年愛國的故事；旨在抨擊日本帝國主義者和中國反動軍閥政府相互勾結、虐殺有為青年的罪行。大意如下：

讀當天新來的報紙，從一條關於日本的新聞中得知：有一年輕的朝鮮「暴徒」欲「謀炸皇宮」，已被警方擒獲並已「正法」云。消息中講到「該犯年二十餘歲，身材短小，面微麻……」，從而使我想起「我的鄰居」。這位鄰居是去年六月搬進我所寄住的這座公寓裡來的，同我只一堵之隔，鄰室終日不見陽光、陰森可怖，所以少有人租住；但是房價便宜，又很安靜。我的「這位鄰人好像是終日都蟄伏在這陰森的房間裡」，「他的房門總是關著，也不見他有朋友來訪問。」他時常在屋內徘徊，或是在公寓的院內散步；年齡不大，臉上微麻，「然而非常的精悍」。他的古怪的生活方式、有些奇怪的面相和一身破舊的穿著，竟使我對他產生了種種的懷疑，於是我便像偵探一樣，努力打探他的底細。原來他是朝鮮人，是「去年日本地震後」由日本來中國的。我立刻對這位年輕的朝鮮鄰人發生了同情，並為自己曾有的猜疑而深自懺悔。「我們漸漸的熟悉了」。但在中秋後的一個晚間，他卻在寓所內被捕了。我憤怒而焦灼……。想不到別了一年之後，竟讀到這麼一則新聞；「這是不是你呢？為了你沈鬱的復仇，作了這偉大的犧牲，我的不幸的朋友！」（據一九八四年八月北京人民文學出版社《地之子．建塔者》，頁三—十三）

樂蘅軍〈悲心與憤心：談臺靜農先生兩本小說集中生命情懷〉：「這篇故事，作者企圖反彈出的憤懣和自我譴責的情緒，是相當明白的。」

夏明釗評說：「本篇似帶有明顯的習作性質，估計是上海『五卅』慘案後所作；證之以小說中提到的日本大地震，時間上也正相吻合：日本關東大地震發生於一九二三年，『我的鄰居』是地震後由日本來中國的；他成了『我的鄰居』，是次年的事，即一九二四年，由『去年日本地震後來的』得證；而由『鄰居被捕』到讀得新聞，則又過一年，——『我們這樣地別了一年了』——顯然，本篇當作於一九二五年。因『五卅』慘案中，國人對日本帝國主義甚是憤恨，可以推想作者正是基於這種愛國情懷而有是作；而作此篇之靈感，或者正是彼時一則新聞之觸動，從而引發作者之遐想，於是構思而成。

筆者之所以估測本篇寫於一九二五年，除上述因由外，還因它在《地之子》中是第一篇；該集中文字之排列，基本上依據寫作時間的先後，而第二篇〈天二哥〉作於一九二六年七月，第三篇〈紅燈〉作於是年十一月。」（手稿）

以共黨嫌疑，躲避憲兵追捕，莊嚴加以藏匿庇護。

案：臺先生因參與共黨組織活動，曾三次被捕入獄。第一次爲民國十七年四月，被捕入獄五十餘日，第二次爲二十一年十二月入獄十多日，第三次爲廿三年八月入獄，半年後釋放。據聞接得自故友莊申（莊嚴長子）口頭訊息：謂臺先生遭追捕時，其父嘗藏之於故宮夾牆內。惟不詳其確切年月。莊嚴民國十三年夏畢業於北大，翌年供職於故宮。臺先生受其庇護或在十四年至十七年間。時莊申尚未出生（廿一年四月廿一日生），成年後聞而知之，應是事實。

陳獨秀四十七歲：一月當選中共中央總書記兼組織部長，七月戴季陶為文攻擊中共，九月陳氏發函抗議，十一月，國民黨西山會議派主張清除中共。

魯迅四十五歲：二、三月作小說〈長明燈〉、〈示眾〉。四月與文學青年創辦《莽原》周刊。五月一日作小說〈高老夫子〉。五月十二日出席女師大學生自治會召開師生聯席會議，支援學生反對校長楊蔭榆封建家長式統治。五月二十七日與馬裕藻、沈尹默等七人聯名〈對於北京女子師範大學風潮宣言〉在《京報》發表。八月為教育總長章士釗免除教育部僉事職。九月女師大為教育部解散。十月作小說〈孤獨者〉、〈傷逝〉。十二月編雜文集《華蓋集》，作題記。

胡適三十五歲：仍在北大任教。一月有〈從譯本裏研究佛教的禪法〉文，認為應用敦煌等處所出〈禪經〉做研究資料，以明禪法意義。五月二十五日與顧頡剛論〈野有死麕書〉，認為是吉士誘佳人的贄禮。八月十三日《戴東原的哲學》脫稿，認為戴氏哲學是〈新理學〉以反抗程朱理學的威權。九月在武昌大學演講〈新文學運動的意義〉。十二月作〈兒女英雄傳序〉、〈詞的起源〉。

溥心畬三十歲：手輯前所作詩百餘首為《西山集》，印百冊，後散佚。與滿族畫家組「松風畫社」，定期集會，切磋畫藝。

張大千廿七歲：父懷忠公逝世。在上海「寧波同鄉會館」舉行首次個人畫展。後到北平。

莊嚴廿七歲：春，撰〈雷峰塔藏寶篋印陀羅尼經跋〉一文，發表於《北京圖書館學季刊》第一卷第二期。四月，接受北京大學研究所國學門風俗調查委員會之託，與顧頡剛、孫伏園、容希白、容元胎等四人同往北京城西之妙峰山作調查工作。歸後合編《妙峰山》一書。又另撰有《妙峰山進香日記》一文。

民國十五年　一九二六　廿五歲

一月二日夜，與李霽野訪魯迅。《日記》：

二日，晴。……夜靜農、霽野來。（全集十四卷，頁五六三）

致函魯迅並寄稿件，十二日，魯收到。《日記》：

十二日，晴。……夜得孫伏園信。得靜農信並稿。（全集十四卷，頁五六四）

十三日夜，訪魯迅，魯交《莽原》稿，並印費。《日記》：

十三日，曇。……夜靜農來，交以《莽原》稿並印費六十。（全集十四卷，頁五六四）

二十一日夜，與李霽野訪魯迅。《日記》：

二十一日，晴。……夜靜農、霽野來。（全集十四卷，頁五六五）

寄稿與魯迅，二十七日，魯收到。《日記》：

二十七日，晴。……上午往中大演講。得靜農稿。（全集十四卷，頁五六五）

三十一日夜，與韋叢蕪、善甫、李霽野同訪魯迅。《日記》：

三十一日，星期。晴。……夜得語堂信。寄還霽野稿等。靜農、叢蕪、善甫、霽野來。（全集十四卷，頁五六六）

一月底或二月初，作〈奠六弟〉，刊一九二六年二月二十五日北京《莽原半月刊》第四期，收入《文集》。主旨是傷悼「六弟」夭折，並進而引發有關生與死的形而上的思考：一、回憶去年夏天回鄉，親人透露六弟死時，對「大哥」的想念，及作者會同二弟去六弟墳上燒紙錢的景況；二、由墳野間的所見所聞，從而想起「生的愛戀，死的憂傷」和「造物主宰著一切」的神秘、無奈和悲愴。

夏明釗評述：「此文之作，由於『近日接到家信，說寒假將到』，從而引動了作者對其六弟夭折的悲思；又從而可知此文約寫於一九二六年元月底或二月初。孟子說：『老吾老，以及人之老；幼吾幼，以及人之幼。』臺氏不僅有著這種傳統的襟懷，還有著現代哲學的深刻的玄思：從而形成他內在的人格魅力。」（手稿）

案：臺先生兄弟五人，此六弟係指其堂弟。

二月七日夜，與李霽野訪魯迅。《日記》：

七日，晴。星期。……夜靜農、霽野來。（全集十四卷，頁五六八）

有函並稿件致魯迅，九日，魯收到。《日記》：

九日，曇。……夜得李霽野、臺靜農信並稿。（全集十四卷，頁五六八）

十日，下午魯迅來信。是日夜與李霽野、韋叢蕪訪魯迅。《日記》：

十日，晴，風。……下午寄靜農、霽野信。……夜霽野、靜農、叢蕪來。（全集十四卷，頁五六八）

二十日夜，與李霽野、韋叢蕪訪魯迅。《日記》：

二十日，晴。……夜霽野、靜農、叢蕪來。（全集十四卷，頁五六九）

三月二日上午，魯迅來訪。《日記》：

二日，晴。……上午訪靜農。（全集十四卷，頁五七〇）

六日夜，與李霽野訪魯迅。《日記》：

六日，晴。……夜為害馬剪去鬃毛。靜農、霽野來。（全集十四卷，頁五七一）

十日午，魯迅來訪。《日記》：

二日，晴，風。……午訪靜農。（全集十四卷，頁五七一）

作〈夢的記言〉，刊一九二六年三月十日北京《莽原半月刊》五期，收入《文集》。全文由〈光榮的死〉、〈返於野蠻〉、〈明天〉等三章組成。第一章是有關軍閥們連年戰爭，後二章則是批評我們的民族性。

這一組雜文，之所以統一在一個篇章裡，因為三者都是「我的夢」，都是我「酒已酩酊，菸草成為飛灰」以後的「我的夢境」，都是基於現實的「平凡與無味」。一、光榮的死：「年年月月開演著戰爭把戲」，使血肉橫飛、生靈塗炭，「人都希望生命的滋長，而他們所得的是死亡毀滅！」據說，這死亡都是「光榮」的：先前是說「盡忠皇上」，進而說是「造福國家」，現在又說「為主義犧牲」；於是「成就了他們之所以為光榮」了。二、返於野蠻：「我們這不可救藥的民族裡，要弱者抽刀向更弱者已經不可多得，遑問拿殘餘的反抗本能！強毅融化在仁讓的洪爐裡，復仇消逝於微笑中了。」「與其這樣怯懦地生息下去」，倒不如返回過去，「返於野蠻」！三、明天：把一切都寄託在「明天」，這正是我們民族的痼疾。「歌頌明天，希望明天，一切美麗的天國都在明天」，「一切的工作，全放在明天」，而「今朝應該及時行樂」；結果「明天帶來了死亡、毀滅、墳墓，我們是了無所知」。

夏明釗評述：「對民族性的批判，是魯迅作品的基本主題，此文顯然受魯迅的影響。」（《手稿》）

十五日夜，與李霽野訪魯迅，並歸還十塊銀元。《日記》：

十五日，晴，風。……夜霽野、靜農來。……靜農還泉十。（全集十四卷，頁五七二）

案：當時通貨爲銀元，「泉十」，當指十枚銀元。

二十一日下午，與曹靖華、韋叢蕪、韋素園、李霽野同訪魯迅。《日記》：

二十一日，星期。晴。下午季市來。曹靖華、韋叢蕪、素園、臺靜農、李霽野來。（全集十四卷，頁五七二）

案：季市，亦作季茀，許壽裳字。

二十三日夜，與韋素園、李霽野訪魯迅。《日記》：

二十三日，晴。……夜長虹來。韋素園、靜農、霽野來。（全集十四卷，頁五七二）

四月十、十五日，散文〈人獸觀〉，載魯迅主編的北京《國民新報副刊乙種》第四十九及五十一期，收入《文集》。中心論旨是揭露和指責社會上的一些人、尤其是一些知識分子人面獸心的嘴臉。本文分五部分：

一、發凡：「現在我將『人』與『獸』併為一談者，我想特別聲明：不是以『下流』的東西來汙褻我們高尚的『萬物之靈』的人，卻在想從中找出一點區別。」二、人與其他：「我們必得要清楚，無論如何不能輕視了我們自己的文化，我們是四千年的古邦，進化比別人早，事物發明得比別人多」，「人家的學問我們都是有的」，單是一部《山海經》就「可以愧死西洋的許多進化學者」；由《山海經》便可得知，那時的「人」與「獸」彷彿沒有大的區別，「人」也「並不見得高貴」，而且「也不同今日一樣」、衣冠楚楚、「擺出正人君子或紳士的架子」。三、從半人到真人：「人從何時與鳥獸等脫離關係」，這問題在西方是不易解決的，「但在我們古邦的文化裡卻早已有所說明」，例如《說文解字》中就有。只是「尾巴」是「從何時消滅的」，未有答案。我想，「尾巴的失勢，是在周公制禮的時候」。我們的《抱朴子》有猴子如何一步一步變成人的詳細記載；民間也有狐可以「修煉」成人的傳說；然而人終於無法因「修煉」而高壽者，想還是「七情六慾有以害之」的原因。四、今日的人和獸：「在今日」，「人與獸的掙扎」以及獸借人而「還魂」的現象，甚為紛紜有趣，「足以引起我們的注意」。「姑且分類的來說」：其一是「人而獸者」，即是人面獸心，如「現在的所謂知識階級」、所謂的「學者」、「紳士」即是。他們賣身投靠，「毫無羞恥」，雖說是「人」，卻「變成畜生」了。其二是「獸而人者」，即明明是獸，卻「拼命模仿『紳士』的雅量，『學者』的沈默，心裡一向滿懷著陰狠、卑劣、惡毒。」其三是「似人似獸」者，「這一類更使人噁心，而且更不容易應付」；他們或主「中庸、妥協」，或是「兩面討好」，或是討好兩面的同時，又「從中挑撥」。五、終尾：「從多方面看來，我們證實了『人』與『獸』幾有不可分解的關係，那麼，今日的『人』而為『獸』，『獸』而稱『人』，都不能算做希罕」。

夏明釗評述：「此文運用反諷的方法，通過一種詼諧的形式，揭露『知識階級』中的一些所謂『學者』、『紳士』們的毫無人類特有的羞恥之心和良知，一味賣身求榮、形同禽獸的行徑。針針見血，痛快淋漓。」（手稿）

致函魯迅，三十日下午魯收到。《日記》：

三十日，晴。下午得曲均九信。得臺靜農信。（全集十四卷，頁五七七）

五月一日午後，魯迅寄信來。《日記》：

一日，曇。午後寄靜農信。（全集十四卷，頁五七七）

五日，上午訪魯迅，並交《莽原》十本。《日記》：

五日，小雨。上午靜農來，並交《莽原》十本。（全集十四卷，頁五七八）

編《關於魯迅及其著作》，六月二十日作〈序言〉，後收入《文集》（頁一五七—一五八）。此書一九二六年（十五年）七月由上海開明書店印行，列為《未名社叢書》之一，選

收自一九二三年（十二年）至二六年（十五年）間發表於全國各主要報刊有關評論魯迅的文字，共十四篇，另附四圖片。〈序言〉讚揚魯迅罵人不肯罷休的精神，並略述主要內容及編輯緣起：

我搜印這一本書，也並沒有甚麼深意：第一，只想愛讀魯迅先生作品的人，藉此可以一時得到許多議論和記載，和自己的意思相參照，或許更有意味些；第二，這裡面有揄揚、貶損、有謾罵，在同一的時代裡，反映出批評者的不同一的心來。展開在我們一般讀批評文字的人的眼前，這是如何令人驚奇，而又如何平淡的事啊！

最使我高興的，是陳源教授罵魯迅那種「他就跳到半天空，罵得你體無完膚——還不肯罷休的精神。」我覺得，在現在的專愛微溫、敷衍、中和、迴旋，不想急進的中國人中，這種精神是必須的，新的中國就要在這裡出現。我們只要一讀《吶喊》和以後的其他作品，就可以看出作者也曾將這種精神不獨用在《熱風》和《華蓋集》的一些短文裏，小說中尤其表現得清楚。每個人物，在他腕下，整個原形就顯現了，絲毫遮掩不住自己。我愛這種精神，這也是我集印這本書的主要原因。靜農一九二六、六、二十（節錄）

篇目及作者如下：

一、魯迅自敘傳略

二、訪魯迅先生　曙天女士（本書頁七九）

三、魯迅先生　張定璜（頁八四）
四、魯迅先生　尚鉞（頁九九）
五、致志摩　陳源（頁一三四）
六、初次見魯迅先生　馬玨（頁一五八）
七、讀《吶喊》　雁冰（頁三四）
八、讀《吶喊》　丫生（頁三七）
九、《吶喊》的評論　成仿吾（頁四四）
十、《吶喊》　馮文炳（頁五一）
十一、魯迅的《吶喊》　玉狼（頁七二）
十二、《吶喊》　天用（頁七四）
十三、我所見於《示眾者》　孫福熙（頁九二）
十四、魯迅先生撰譯書錄　景宋（頁一六九）
十五、魯迅一九二六年畫像　陶元慶
十六、魯迅先生打叭儿狗圖　林語堂原本
十七、魯迅先生一九〇三年照像（在日本東京）
十八、一九一二年照像（在紹興）

（錄自《一九一三—一九八三魯迅研究學術論著資料彙編》）

案：所收全是揄揚歌頌之作，批評者僅陳源〈致志摩〉函，未有「貶損」、「謾罵」文章，正負面評論似不成比例。陳源，字西瀅，曾留學英國，與徐志摩、梁實秋、胡適等交誼深厚，參與《新月社》爲新月派作家骨幹人物。

七月，寫短篇小說〈天二哥〉，九月二十五日載北京《莽原》半月刊第十八期。內容描述天二哥嗜酒如命，終以酒性發作，跌倒而死。旨在揭示下層民眾生活景況。大要如下：

小說很像現代的攝像機，攝下了二個場面。第一個場面在鄉間小鎮上的柵門口；到場的共有五個人：開飯店的還有一個常在茶館裡說書的吳六先生。他們當時熱烈談論一個話題：天二哥的鬼魂是如何的嚇人。於是鏡頭便倒了回去，出現了第二個場面：時間，昨天下午；地點，王三的飯店裡；人物，嗜酒如命的天二哥，賣花生的小柿子，還有王三，汪三禿子，爛腿老五，吳二瘋子。天二哥其實不姓「天」，只因他幾年前在王三飯店裡推骨牌，叫警察抓住，警察問他的姓，他說姓「天」，並打了警察二個耳光跑走了，自此人們便稱他作「天二哥」。這天二哥三十多年沒同酒離開過，這天又喝得大醉，正遇見小柿子，便用言語戲弄他，不想反挨了小柿子二拳。天二哥覺得很丟臉，便挨到柵門口的尿池前一連喝了兩碗清尿解酒，這才一顛一簸地跑向小柿子報仇；不過在狠揍了一頓小柿子之後，天二哥終於體力不支，酒性與尿性同時發作，跌倒在地，到第

二天東方發白的時候，死在了柵門外。（《地之子 建塔者》頁十四—十九，北京人民文學出版社一九八四年八月版）

楊義《中國現代小說史》第一卷：「〈天二哥〉寫一個鄉間酒徒，看似英雄豪爽，實際愚昧無聊的死。」（北京人民文學出版社，一九八六年九月版，頁四九七。）

嚴家炎《中國現代小說流派史》：「（從小說中）我們又看到那時的農民流浪漢，又過著怎樣一種牛馬不如、愚昧到難以想像地步的生活！」（北京人民文學出版社，一九八九年八月版，頁六八。）

田仲濟、孫昌熙主編的《中國現代小說史》：「寫出了下層社會人民的不幸和災難」，「〈天二哥〉中的天二哥，……是這時期他所寫的農民形象的代表。」（濟南山東文藝出版社，一九八四年一月版，頁二八六。）

王揚澤〈《地之子》與二十年代的鄉土文學〉：「……小說一點點地使讀者形成總體的印象：人們就是這樣在無聊中度日，在自相摩擦中耗盡了生命。」「天二哥喝尿醒酒的細節，就很有獨特性。」（《中國現代文學研究叢刊》一九八三年第四期，北京出版社，一九八三年十一月版，頁二七四、二七六。）

樂蘅軍〈無言的悲情—讀臺靜農小說中悲運故事〉：「根本上臺先生是寫悲運故事的作家」，「臺先生故事中人物便用命運這詞作爲一切遭遇的詮釋」；天二哥「這樣一個粗鄙而強項的生命，頑鈍的靈魂，面對死亡的時刻，不能不變得軟弱無力，而整個地放棄了他自己。」「天二哥死後的擾攘，正暴露著人們對生死無常現象生出了根底上的驚疑恐懼。」這篇「當然就不止是一篇鄉村人物素描」，而是一則「死生由天、人唯命運的故事。」（一九九〇年十月臺北遠景版《地之子》，頁二〇－二五。）

夏明釗評說：「小說中的天二哥像阿Q一樣，愚昧、痲木、有著不良嗜好（二人都愛賭，只是天二哥還嗜酒如命）、欺軟怕硬、恃強凌弱、有著二重人格。小柿子也很像小刀；兩人的打鬥頗類〈阿Q正傳〉裡那場著名的龍虎鬥。但天二哥畢竟不是阿Q：阿Q挨了趙秀才的竹桿後，覺得畢竟結束了一件事似的很快輕鬆起來。而天二哥卻敢對來抓賭的警察打了二個耳光、同時宣稱自己姓「天」－這就顯得比阿Q膽大，也顯得更是渾渾噩噩，連阿Q的那點狡猾也沒有。可見，小說在內容和寫法上雖受了〈阿Q正傳〉很大的影響，但畢竟是臺靜農自己的獨創。小說對下層民衆生活景況的揭示和不幸人民如何糟蹋自己的描寫，意味深長。」（手稿）

十五日上午，訪魯迅，並贈茶葉兩盒。《日記》：

十五日，曇。上午靜贈葉兩盒。（全集十四卷，頁五八六）

案：「靜贈葉兩盒」當作「靜農贈茶葉兩盒」。

十九日，作短篇小說〈吳老爹〉，次年七月二十五日載北京《莽原》半月刊二卷十四期。

寫一個忠於主人的老店員因少主人的不良嗜好、致使破產而無家可歸的景況。旨在表達生存的艱難、無奈和掙扎。大意如下：

吳老爹雙親早逝，沒有兄弟姊妹，孑然一身，十四歲便來到羊鎮十字街右邊一家油鹽店當店員。主人、主母見他「謹慎而且忠實」，對他非常好，視同自家人；他也以加倍的熱誠回報他們。可惜好景不長，主母死後的第二年，主人跟著也走了；主人臨死前，將已完婚的十八歲的少主人託付給吳老爹，要他好生「同著少主人一起過活」。可是這位少主人在生了一個兒子後，就「漸漸地不規矩起來了」，經常夜裡不回家，「不是同市鄰們在一起打牌，卻是在市頭妓女家鬧酒。」這樣的過不多久，店面就因為虧損而景況日下，生意是越來越清淡了。吳老爹考慮到主人對他的善待，考慮到少主母和可愛的小少爺的未來，曾多次苦口婆心地勸少主人改邪歸正，但招來的卻是不屑和辱罵。最後，房子也終於給賣了，少主母和小少爺被打發回外家，少主人打算去參軍，而吳老爹只有外出流浪之一途了。吳老爹本「不願再活下去了，生是這樣無聊和空虛。轉而想，要是當下死去，豈不是使活著的人，更難忍受嗎？……還是活著罷，為著那尚有活著的人，為了那尚有未盡的憂苦和勞瘁！」於是我們便看到一位「戴著破斗笠，穿著草鞋。背了小小的包袱，獨自在春雨紛紛的大路上，緩緩地走著。」（《地之子　建塔者》，北京人民文學出版社，一九八四年八月版，頁七十三——八十二）

樂蘅軍〈無言的悲情—讀臺靜農小說中悲運故事〉：「〈吳老爹〉、〈為彼祈求〉就是恰如其分地寫這典型民族天性的故事，他們忠誠地活著，將一切苦難歸於命運。……」夏明釗評說：「故事同人物都十分眞實。小說並無批判社會的意思，因為吳老爹的無家可歸，是少主人敗了家的結果；但小說也沒有批評少主人的意思，因為最後少主人感到他唯一對不起的人是吳老爹、並且傷心地哭了。小說只是忠實地摹寫了人生裡的一種情境，藉以表達生存的艱難、無奈和掙扎。由於是用了白描的手法，加上作者慣有的凝煉和樸質，就格外使人對人生起了一種蒼涼之感。」（手稿）

致函魯迅並寄文稿，二十六日，魯收到。《日記》：

二十六日，曇。……得靜農信並稿。（全集十四卷，頁五八七）

十月，傅斯年自歐洲學成回國。

作〈病中漫語〉，刊十月十日北京《莽原半月刊》第二十期，收入《文集》；文章通過一次病中散漫的思緒，表達作者對美好情事的眷戀和嚮往。概要如下：

本文的最後一節交代寫作的情境和心境：「涼月的清暉，籠罩著蕭瑟的庭樹，時一風吹，秋葉沙沙的響起；小病半癒，意緒更覺茫然，百無聊賴中，拉雜寫此。」把握了這情境和心境，便大致把握了本文的基本內涵，且能較好地體察其情緒氛圍。作者說，曾聽母親說，他嬰兒時，「確是強壯的」，但第一次去外祖母家時便病了一場，「從此我的健康便失卻了」。作者說，這次患的是「頭疼」，雖非大病，但是很難受，在「這樣美妙的靜夜」裡，竟引動起各種遐想來。「病人的心理，總是愛作死的默想罷」，七年前在漢口患那場重感冒時，便有這種體會；當然，病中的遊子，還有「鄉愁」。這次病中，曾一度想到去遊西山，想到玩賞夕陽裡的楓林紅葉；由今日的「病態龍鍾」，進而回憶起前年此時在故鄉的康健來。偶見房主買的數株黃菊，「因而想到故鄉的籬菊」，想到昔日的健康與活力。

致函魯迅，二十三日，下午魯收到。《日記》：

二十三日，晴。……下午得景宋信並稿。……得靜農信，十六日發。（全集十四卷，頁五九九）

十一月一日，作〈因為我愛你〉新詩一首，翌年一月二十五日載北京《莽原半月刊》二卷二期，收入《臺靜農詩集》。詩旨隱晦，「你」字疑別有所指。茲錄其最後一節：

是這樣的淒風，是這樣墨墨的冬夜
毀滅以無底的鎖鑰，
將這負傷的、不幸的、
鎖繫在無生的監裏，
因為我的愛你。

案：《莽原》原爲周刊，後改爲半月刊，民國十四年四月由魯迅發起與文學寫作青年創辦。五月臺先生始識魯迅。《莽原》創刊，臺先生未及參與，惟創刊後不久，是年五月八日有小說〈死者〉發表於《莽原》三期。後小說、散文多發表於此刊。此詩爲刊載《莽原》第九篇作品。詩分三節十五行，每節五行，結構齊整，惟題旨不甚清楚，詩中所謂「你」似別有所指，寫作背景待考。

四日，寫成〈紅燈〉初稿，八日改定；發表於十六年一月十日北京《莽原》半月刊二卷一期。寫一位寡母在獨子因加入土匪而被砍頭的無奈、心酸、傷悲和無盡的牽念，終於製成一盞美麗的紅燈，希望超渡兒子的亡魂。旨在表現母愛的深厚和力量。大意如下：

小說的主人公是得銀的娘；得銀是他唯一的兒子。兒子三歲時便死了父親，她便獨自含辛茹苦地將他撫養成人。得銀長大後，靠賣餃子養活自己和娘，人很老實。在他二十三歲時，一次去林裏買劈材，巧遇當地赫赫有名的土匪三千七；三千七說服了得銀，使得銀入夥，結果被砍了頭。得銀死後，她一面悔恨自己那天沒有拼了全力關住她的「小鳥」，一面又覺得他冤枉；血著身子，也沒有穿衣裳的得銀竟在她的夢中出現。為了不使兒子在陰間受苦，她想借錢為兒子作幾套冥衣、燒些紙錢，但未能如願。正絕望時，忽想到即將到來的鬼節，其時照例有慈善人請道士超渡孤魂野鬼，並燒冥錢，她便可加以利用。此時她又得了消息，說是鬼節這天晚上要放河燈，免得那些被殺頭的鬼魂在曠野裡徬徨。她便在家裡找出了一張去年得銀用剩下的紅紙，又向人討來一根竹子，費盡辛苦糊製成一盞紅燈，把它放進河中。小紅燈孤獨地漸漂漸遠；這時候，得銀的娘在她昏花的眼中，看見得銀得了超渡，穿了大褂，很美麗的，被紅燈引著，慢慢地隨著紅燈遠了！（北京人民文學出版社，一九八四年八月版《地之子　建塔者》頁二十一—二十七）

楊義《中國現代小說史》第一卷：「〈紅燈〉描寫寡婦喪子的悲哀，描寫她想讓兒子在陰間得到安逸、得到超度的心情。」「善於選用典型的細節，精細摹寫，真氣撲人」。（北京人民文學出版社，一九八六年九月版，頁四九六、四九八。）

《陳平原小說史論集（上）．在東西文化碰撞中》：「一本《地之子》，哪一行不浸透小人物的眼淚？」從「……連給冤死的兒子糊幾件紙衣也沒能力的得銀娘……」的遭遇中，「我們自然不難看到社會的黑暗和作家的良心。」（石家莊，河北人民出版社，一九九七年八月版，頁一五七。）

趙遐秋、曾慶瑞《中國現代小說史》上冊：「臺靜農還有一篇〈紅燈〉，寫的也是一個落後的習俗—陰曆七月十五『鬼節』放河燈安魂。」（北京，中國人民大學出版社，一九八五年十一月版，頁五七〇）

王揚澤〈《地之子》與二十年代的鄉土文學〉：「故事通過一系列富有地方特色的細節的敘述，特別是鬼節放河燈超渡靈魂一事，把母親拳拳之心寫得異常動人。」（《中國現代文學研究叢刊》一九八三年第四期，北京出版社，一九八三年十一月版，頁二七二。）

樂蘅軍〈無言的悲情—讀臺靜農小說中悲運故事〉：「例如紅燈中的老婦人，在兒子得銀生前是靠指望把兒子養大而活著；兒子死後，她老人家仍然活著，而是把照顧她兒子死後亡魂的是作爲活著的中心。……這老婦人一定是盡其可能的活下去，活一天是一天。……因此盡管活的是如此之卑陋可憐，它也是帶著勇敢和莊嚴的。」（一九九〇年十月臺北遠景版《地之子》，頁四十一—四十二。）

樂蘅軍〈悲心與憤心：談臺靜農先生兩本小說集中生命情懷〉：「但從作品敘述的角度與方式上，我們說它根柢上是要寫述人類的悲苦不幸，到達極頂的時候，如何從悲苦中救拔出來，如何超越人生的極悲極痛、而臻至悲劇純淨的光環。這就是臺先生寫〈紅燈〉這篇故事，最終所要呈現給我們的大悲之心。」（《臺靜農先生紀念文集》頁二三四）

夏明釗評說：「這是一個將母愛實現在天國裡的辛酸而又悽愴的故事。小說主要採用直接的心理描寫的方法，反覆表現得銀娘的願望—一個偉大母親的一點可憐的心願。這心願卻又有一種偉大的力量，正是這深厚的偉力，使主人公克服了一個又一個困難、堅韌地向著自己的目的行進，最後終於突破了生死的界線，而將神聖的母愛實現在幻想中的天國裡。除了心理描寫，皖西霍丘一帶的民俗風情在小說中也得到了眞切的表現。」（手稿）

十七日，致函魯迅，二十九日午後，魯收到。《日記》：

二十九日，陰。……午後收廣平所寄。……得靜農信，十七日發。（全集十四卷，頁六○四）

二十日，致函魯迅，二十八日，魯收到。《日記》：

二十八日，星期，晴。上午得漱園信。……得靜農信，二十日發。（全集十四卷，頁六○三）

十二月七，日寫作短篇小說〈棄嬰〉，翌年三月二十五日載北京《莽原半月刊》二卷六期。內容描寫作者回鄉訪友途中，目睹一群野狗嚙咬棄嬰的慘狀，旨在表現鄉民愚昧，迷信殺嬰。大意是：

作者以第一人稱口氣，說離鄉四年後回家，在一個秋日下午到十餘里外訪友。翌日上午返家途中，見一群野狗嚙咬棄嬰屍體。悲憤之餘，拿著手杖，打擊野狗，竟意外為狗咬傷大腿。由附近農人扶送回家。躺在床上，「妻和母親都在床沿守著」，「我臉轉到床裡，看見我的孩子美滿地睡著」，「一剎那間，血肉狼籍胎兒的屍體，放在眼前，隨著便是一群野狗瘋狂咀嚼的聲音。」（《地之子》頁三一—三九）

《陳平原小說史論集（上）．在東西文化碰撞中》：「……臺靜農的〈棄嬰〉都充滿向善的焦灼，救人的慾望，可又都混合著無可奈何、愛莫能助的慨歎，更多的是自怪、自責、自嘲，而不是自我強大。」「著重表現作家的主觀情緒。」（石家莊，河北人民出版社，一九九七年八月版，頁一五八，一六三。）

王揚澤〈《地之子》與二十年代的鄉土文學〉：「〈棄嬰〉是寫秋收之後農民生活仍然困苦、艱辛，不得不將新生的嬰孩拋棄。……揭示出黑暗社會殘暴勢力對新生命的虐殺。」（《中國現代文學研究叢刊》一九八三年第四期，北京出版社，一九八三年十一月版，頁二六八。）

劉以鬯〈臺靜農的短篇小說〉：「〈棄嬰〉是一篇感情小說，糾葛起自道德的壓力。……（揮杖打狗）這一段描寫最殘酷，也最逼真，是整篇小說的頂點，使易感的讀者在無法抵禦的恐怖氣氛中毛骨悚然。」（一九九〇年十月，臺北遠景出版公司版《地之子》，頁七）

夏明釗評說：「本篇……旨在表達由『生的權利』之被褫奪而有的憤懣。」「這是一篇內涵深厚，藝術精湛的短篇，可惜研究者寥寥，尤為許多文學史家所忽視。通觀全篇，小說重點在鋪寫描繪棄嬰被野狗撕咬之慘狀，可見憤慨於生的權利之被褫奪乃是作者之本意。作者巧妙地利用了對照（對比）的寫作技巧使其意圖益發顯豁：『大自然秋色的美』與社會上棄嬰之醜相對照；虛（夢中所見之胎兒）與實（途中所見之胎兒）相對照；活著的胎兒（朋友所見）與死了的胎兒（自己所見）相對照；人（棄嬰）與人（自己的孩子與途中所見的另一搖籃內的小孩）相對照：在在說明瞭一則眞實：剝奪了人的生命權利，是何等的不公，何等的殘酷，何等的不人道！雖是一短篇，作者卻寫得一波三折：作者爲自己朋友的建議而深感不安和產生的恐怖。由朋友的一則不實消息而被解除疑懼、心地平和。由親見棄嬰被毀而油然生發的無限傷痛和憤慨：這就進一步加強了主題，生的權利的有無是如此牽動著人們的情感、震撼著人們的魂靈！由此我們也看出臺靜農先生是一位有著深厚的人道主義精神的人！這也許是理解它全部藝術的核心。」（手稿）

案：作者籍貫安徽霍丘葉家集，回鄉自是指回故里。作者以民國十一年春自漢口回鄉再轉南京到北京。四年後回鄉，時當民國十五年。本篇寫成於是年十二月（見篇後署）。時代正相合，惟本篇說「我有四年未回故鄉」實際上十三年八月底曾回鄉半年，年代略有差異。又作者十二年成婚，與此云：「妻在床沿守著」前後情事相合。十四年作者長子出生。（見前）本年長子二歲，此云「看見我的孩子睡著」亦合事實，據此而論，本篇應是寫實之作，非據傳聞或構思而得。中國各地鄉村民智未開，多迷信卜算術士。嬰兒出生後，如算命術士認爲養之不吉，或養不長大，父母皆棄置路旁，待人收養。作者回鄉適見棄嬰爲野狗嚙食，因據以直書，不加潤飾。目的在突顯鄉民因愚昧而迷信殺嬰。劉以鬯評論：「〈棄嬰〉是一篇感情小說，糾葛起自道德的壓力。」似未諳中國古老農村社會背景，因論之不達其旨。夏明釗謂「表達『生的權利』之被褫奪而有的憤懣」，雖論之過深，尚可備一說。至謂其「內涵深厚，藝術精湛……巧妙地利用對照的寫作技巧」，則甚可取。

十日，作小說《新墳》，翌年二月十日刊北京《莽原半月刊》二卷三期。內容寫一個家境殷實的寡婦帶著一兒一女，只盼兒子娶妻，女兒出嫁，以完成人生的大事，卻不料在一次兵禍中，女兒被姦死、兒子被打死、財產又被騙，從而發瘋致死的故事。旨在點醒世人：幸福在現世生活中是注定得不到的，它只存在於幻想的世界裡。大意如下：

辛亥革命前，趙四爺在衙門裡做事。四爺死後，丟下太太和一兒一女，趙太太只盼望著兒子娶上媳婦、女兒出嫁這樣幸福時日的到來。誰知發生了兵變，女兒被大兵姦死了，兒子被大兵打死了。趙太太哭的死去活來。趙四爺的親兄弟五爺又趁機騙走了「紅契」，奪走了全部家產。四太太瘋了，一天到晚地邊走邊喊：「……新郎看菜……到婆家去……這喜酒……」，幻想著兒子成親、女兒出嫁。她以兒子的墳地為家；有一次燒著了墳草，自己也被燒死了，於是又多了一座新墳。從此，人們不再見到四太太，卻彷彿還能聽到她的叫喊聲。（北京人民文學出版社，一九八四年八月版《地之子　建塔者》頁三五—四一）

楊義《中國現代小說史》第一卷：「由於天災人禍頻繁，官、紳、兵、匪危害，人們失去了一切幸福，無法掌握自己的運命，只好向冥冥的彼岸世界尋找內心安慰。」「〈新墳〉的運筆，尤爲靈活。它緊緊的圍繞著故事的焦點：四太太發瘋後，心神不離兒婚女嫁的幻覺，把墳墓當家園，招呼路人去『吃喜酒』。」（北京人民文學出版社，一九八六年九月版，頁四九六、四九七。）

唐弢主編《中國現代文學史簡編》：「收入《地之子》中的十四篇小說，從『民間取材』，以樸實而略帶粗獷的筆觸描出一幅幅『人間的酸辛和悽楚』的圖畫。這裡有因全家慘遭兵禍、發瘋致死的老婦（〈新墳〉）……雖然深度尙嫌不足，但富有生活實感。」（北京人民文學出版社，一九八七年版，頁一九七、一九八）

嚴家炎《中國現代小說流派史》：「〈新墳〉……這些作品都用了王夫之所說的『以樂景寫哀』的方法，越寫得氣氛熱鬧，越使人感到悲愴。」（北京人民文學出版社，一九九五年十一月版，頁六十六）

王揚澤〈《地之子》與二十年代的鄉土文學〉：「〈新墳〉對四太太的描寫則是採取白描手法。」（《中國現代文學研究叢刊》一九八三年第四期，北京出版社，一九八三年十一月版，頁二七六。）

樂蘅軍〈無言的悲情－讀臺靜農小說中悲運故事〉：「對此瘋四太太的痛苦，就是致此不幸的罪，也只是不相干的小丑一樣的卑不足道，只有痛苦是唯一可睹見的存在。它莊

嚴而又猥瑣，永恆而復虛無。」（一九九〇年十月臺北遠景版《地之子》，頁廿九至卅）

夏明釗評說：「小說主要通過側面描寫手法表現主題，自始至終貫穿著四太太發瘋後愛講的幾句話作爲線索。先是由四太太的瘋話引起茶館裡人的閒談，交代了四太太發瘋的原因，是女兒被姦死、兒子被打死；再由四太太的瘋話引起更夫們的閒談，交代了家產被騙的情況；還是由四太太的瘋話引起地保的介紹，說出了四太太如何以墳爲家，自焚身亡。作品的結尾依然是寫四太太的瘋話隱約地傳到人們的耳骨裡……從而在散發著『泥土的氣息』中，展示了『鄉間的死生』（魯迅語）。」（手稿）

十九日，寫短篇小說《燭焰》，翌年二月二十五日刊北京《莽原半月刊》二卷四期。內容寫一個年輕美麗的姑娘在封建包辦婚姻制度下，不得不去「沖喜」，從而成了犧牲品。旨在控訴封建婚姻制度的罪惡和古舊習俗的愚妄。大意是：

翠姑是父母唯一的女兒，伊既穎慧而且美麗，從幼小到長大，無日不在雙親珍愛的懷中。她已由父母之命、媒妁之言，許給吳家少爺了。兩家可說是門當戶對，又有錢又有勢。一天，媒人來了，轉告了吳家的意思：要求伊早日出嫁，因為吳家少爺在病著，希望伊能過去沖喜。翠姑父母本想不答應，但女兒畢竟是人家人，你不答應也不成話，便答應了。翠姑得知後，倚臥在床上嚶嚶地啜泣。在出嫁的前一晚，舉行了辭別祖宗、辭別雙親的盛禮，來了很多賓客。正在熱熱鬧鬧時，在香案上，左邊的燭焰，竟黯然委謝了；這是不吉之兆，母親的顏色慘白了。大家也淒然的對著。翠姑的姑母連忙將雙燭吹熄。翠姑上轎時，哭得很是慘痛，那是絕望於將來的聲音。果然不幾天，吳家派人送信來，說新姑爺去世了；伊的雙親的心，是碎裂了。出殯那天，鎮上許多人觀看，大家都一面為吳家惋惜，一面替少婦悲哀，沒想到將媳婦娶到家沖喜也無用。（北京人民文學出版社，一九八四年八月版《地之子 建塔者》頁四十二—四十八）

楊義《中國現代小說史》第一卷：「〈燭焰〉中穎慧且美麗的少女翠姑，便是夫權社會的殉葬品。」「這種野蠻的『沖喜』習俗，反映了夫爲妻綱的宗法制度下女性價值蕩然無存。」（北京人民文學出版社，一九八六年九月版，頁四九五、四九六。）

唐弢主編《中國現代文學史簡編》：「……有『沖喜』後即守寡、成爲封建婚姻犧牲品的村姑。……」（北京人民文學出版社，一九八七年版，頁一九七）

吳宏聰、范伯群《中國現代文學史》：「……〈燭焰〉則痛陳落後農村中的蠻野習俗。」（武漢，武漢大學出版社一九九二年版，頁一〇三）

王揚澤〈《地之子》與二十年代的鄉土文學〉：「〈燭焰〉所寫的『沖喜』悲劇，也有濃厚的民族特色，……主人公充當殉葬品，這就是封建社會延續下來的吃人的殘酷風俗！」（《中國現代文學研究叢刊》一九八三年第四期，北京出版社，一九八三年十一月版，頁二七二。）

樂蘅軍〈無言的悲情—讀臺靜農小說中悲運故事〉：「……〈燭焰〉這篇故事，作者幾乎進入了對命運的直接叩問。……它也只是一篇有關命運存在之可能的寓言而已。在這篇中，作者用雙線來解釋悲劇故事，一個是人本身的行爲，一個是冥冥中有物。」「很像給古舊中國文化作了一個側影的速寫。……」（一九九〇年十月臺北遠景版《地之子》，頁三三、三七。）

夏明釗評說：「小說用倒敘的方式，先寫出殯和觀衆的議論，再寫故事的來龍去脈，這就避免了平鋪直敘不易激起情感波瀾的弊端，不僅能引發閱讀的興致，而且能給人留下一較深的印象。作者用極凝煉的語言，圍繞著『沖喜』這個民間常見的陳規陋習，寫出了它的神秘，寫出了它的深入人心，也寫出了它對心靈、對生命的無聲的戕害：『姑娘是這樣的漂亮，婆家和姑家，又有錢又有勢，偏偏命薄！』從而有力地揭露了封建包辦婚姻制度的罪惡，揭露了『沖喜』的殉葬實質（它可能是古代殉葬這一野蠻風習的遺留）。本篇在濃郁的鄉土氣息中，展示著皖西一帶的民俗風情和老中國的兒女們的根深蒂固的心理結構與情愫積澱，頗可玩味。」（手稿）

二十九日，賦新詩一首，以首句〈請你〉二字為題，翌年一月二十五日載《莽原》二卷二期。收入《臺靜農詩集》。詩意表現消極失望和虛無思想。

請你不要吝惜，

寶刀和毒藥的施與；
我不願再說歡欣，
因為我的歡欣都交付在這虛空裡！
請你不要記憶，
酸辛和悽楚的過去；
我不願再有將來，
因為我的將來依然如同我的過去。

案：是年三月十八日北京女師大慘案發生，劉和珍、楊德群遇害，四月段祺瑞下臺，奉系、直系軍閥張作霖、吳佩孚佔據北京。林語堂、魯迅等五十人遭通緝。文人多南下逃亡，魯迅離京暫避，七月底接受廈大教授聘書，九月四日抵廈門，十二月卅一日辭教職，往廣州中山大學任教。時局如此，深感前途茫茫，不安失望之餘，賦此新詩以發一時之憤。

陳獨秀四十八歲：六月有〈給蔣介石的一封信〉。九月初，蔣介石請共產黨員胡公冕勸陳獨秀勿贊成汪精衛回國。

魯迅四十六歲：七月廿八日接受廈門大學聘，為國文系教授兼國學研究院教授。八月一日校畢《小說舊聞鈔》作序。八月小說集《徬徨》由北京北新書局出版。十一月十一日接廣州中山大學聘書。十二月二日作評論〈《阿Q正傳》的成因〉，三十日作歷史小說〈奔月〉，三十一日辭廈大教職。九月至十二月在廈大期間編寫《中國文學史略》講義。後改題《漢文學史綱要》。

胡適三十六歲：上半年在北大，下半年赴歐洲，到英國，十二月赴美國。六月六日作〈我們對於西洋近代文明的態度〉，指摘東方文明，頌揚西方近代文明。認為東方文明最大的特色就是知足，西方文明最大的特色就是不知足。知足自安於「愚昧」，不想要征服自然，只求樂天安命。不注意發現真理、發明器械。七月二十二日搭西伯利亞鐵路去英國開會，經過莫斯科。八月四日經德、法，到英國，六月有致羅素函。九月三十日在倫敦寫《詞選》序。十一月到康橋等十餘大學演講。十二月卅一日夜坐船到紐約。

溥心畬三十一歲：春，在北京春華樓邀宴張大千、張善子、張目寒兄弟，締交後，時與張大千對畫、互題，京中人漸有「南張北溥」之稱。

張大千廿八歲：周覽國內名山大川，初上黃山，略山川靈氣。其後日本漢畫學者稱之為「黃山畫派始祖」。與溥心畬論交。

莊嚴廿八歲：春，與故宮博物院同事齊念衡，合力將院內所藏古代銅印一千二百九十五方，共同手鈐二十六部，定名『今蕹留珍』，印譜問世後，轟動士林。

民國十六年 一九二七 廿六歲

一月廿日，輯錄之《淮南情歌三輯》，在上海出版的《北京大學研究所國學門月刊》一卷四期上開始登載，其後於同年二月廿日、九月廿日、十一月廿日續登於五期、六期以及七、八期合刊。

二月，致函魯迅，寄書籍發票。二十二日夜，魯收到。《日記》：

二十二日，晴。……夜得靜農信並書籍發票等，九日發。（全集十四卷，頁六二四）

三月十八日，寫短篇小說《苦杯》。四月十日載北京《莽原半月刊》二卷七期。寫一位少年的單戀和由此初嚐人生的「苦杯」；旨在表述：愛的幸福多屬幻想－「人生實難」。大意是：

一個叫黃琦的大學生，一星期前還快快活活的，現在卻像變了一個人：「終日懨懨」，思緒紛亂，原來是他遭了密斯吳的冷遇了。密斯吳是他的同班同學，溫柔而美麗，任何人遇見了伊，都不會不傾倒的，只要這人不是木石心腸。他也是對她一見鍾情，初面之後，即自覺著內心起了很大的震動，是未曾經驗過的。自這之後，他便盼望著見到她、同她親近；有一次站在她桌前同她問答時，是他最快樂的記憶了，看出伊微微地笑著，露出細白的牙，吐出一種清脆柔和的聲音，可以聞著伊的溫香，他卻不禁地有些酩酊了。但好景不常，今天卻得著她的冷遇了；並且親眼看見她同一位清瘦的少年──一個高班的同學──親親熱熱地走了……。於是他在教室裡再也呆不下去了，第四堂課未上，他便趕回到宿舍無力地躺下。但他的思緒卻空前紛亂而活躍，他想，他應該給她寫封長信，並把信的整個結構和大致內容都想好了。並且，「他迷離地好像接了伊的回信」，她約他「即刻到北海去」；他應邀前往時，她早在那兒等著了，並且說著溫柔的話語，解釋著彼此的誤會，快樂逐漸佔有了他的心。他倆談著走著。夾道的垂楊，依依地向著一雙幸福的人兒迎送（北京人民文學出版社，一九八四年八月版《地之子　建塔者》頁四九──五六）

劉以鬯〈臺靜農的短篇小說〉：「〈苦杯〉更是一篇令人失望的小說。這篇小說不但題材庸俗，而且表現手法也很低劣。尤其是結尾的那句『我愛，我要Ki……』，讀後雞皮疙瘩盡起。Ki而不ss，像是含蓄，卻極肉麻。」（一九九〇年十月臺北遠景版《地之子》，頁八）

夏明釗評說：「魯迅小說〈幸福的家庭〉在主題同寫法上似對本篇的寫作有所啓迪；但兩者卻又判然有別。兩者都意在表達幸福的現實的虛妄；但前者是寫小知識者的庸常的生活，後者寫青年人對愛情的憧憬。若就其達到人性和人生的深度言，後者似優於前者。又，兩者都著重於心理描寫，且都屬爐火純青；所不同者，前者頗帶揶揄和反諷，而後者則似有隱約的同情。有諷刺，則文字直白；同情隱約著，則文字便顯得含蓄深沈。即如〈苦杯〉之標題，全文沒有一處點題，結尾更似柔情如水、幸福之至；但讀者卻深深地跌蕩在愛情與人生的虛妄的痛苦之中了！作者對青年人愛情心理的把握和描寫的分寸感，實在令人擊掌嘆賞！劉先生所引的結尾，我未見著，想是他所據者乃爲原初之期刊；我所據者是今常見的版本。但，即使如劉先生所引，似也無礙於我這裡的基本論點的成立。」（手稿）

二十三日，致函魯迅，四月九日魯覆函云：

靜農兄：三月廿三日來信，今天收到了。……《莽原》稿子，已於四日寄出一篇，可分兩期登；此後只要有暇，當或譯或作。……《白茶》、《君山》、《黑假面人》一出版，望即寄各二時本來。此外還有需要的書，詳今晨所發的寄霽野信由未名社轉中，望參照付郵。《莽原》合本，來問的人還不少。其實這期刊在此地是行銷的，只是沒有處買。第二卷另本，也都售罄，可以將從第一期至最近出版的一期再各寄十本來，但以掛號為穩，因此地郵政，以頗腐敗也。……《象牙之塔》出再版不妨遲，我是說過的，意思是在可以移本錢去印新稿。但如有印資，則不必。其中似有錯字，須改正，望寄破舊者一本來，看過寄還，即可付印。《舊事重提》我想插畫數張，自己搜集。但現在無暇，當略遲。……迅四、九，夜（全集十一卷．書信．頁五三四、五）

《日記》：

> 九日，雨。……下午收三月份薪水泉五百。得靜農信，三月廿三日發。（全集十四卷，頁六三一）

案：泉五百，當指五百銀元。

四月十日午，魯迅寄臺先生信並照片一張。《日記》：

> 十日，星期，曇。午寄春臺信。寄靜農信並照片一張。（全集十四卷，頁六三一）

十八日，發函魯迅，二十九日午後，魯收到。《日記》：

> 二十九日，曇。……午後謝玉生來。得臺靜農信，十八日發。（全集十四卷，頁六三三）

十九日，致魯迅明信片，五月六日午後，魯收到。《日記》：

> 六日，曇。……午後得靜農明信片，四月十九日發。（全集十四卷，頁六三五）

廿六日，致魯迅函，五月十一日，魯收到。《日記》：

> 十一日，曇。……午得靜農信，四月廿六日發。（全集十四卷，頁六三五）

五月三日上午，魯迅寄臺先生函並《〈朝華夕拾〉小引》一篇，又《鐃超華詩》一卷。《日記》：

> 三日，晴。上午寄臺靜農信並《〈朝華夕拾〉小引》一篇，又《鐃超華詩》一卷。（全集十四卷，頁六三四）

八日，致魯迅明信片，二十三日下午，魯收到。《日記》：

二十三日，雨。……下午紹原來。得靜農明信片，八日發。（全集十四卷，頁六三六）

十四日上午，魯迅寄臺先生信並照相三種。《日記》：

十四日，晴。上午寄靜農信並照相三種。（全集十四卷，頁六三五）

十七日，致函魯迅，六月一日，魯收到。《日記》：

一日，晴，午雨。……晚得靜農信，十七日發。（全集十四卷，頁六三七）

十七日，作短篇小說〈兒子〉，二十五日載北京《莽原半月刊》二卷九期。寫的是一個混血兒如何想念著他在天上的父母；旨在表達：凡不堪人間的酸辛和寂寞者，常寄望於飄緲的天堂。大意是：

因去醫院探視病人，回寓後竟想起幾年前我曾因傷寒住院的情景。這是一個天主教的醫院，其時我正在中學讀書。住院期間，我認識了一個小孩，他的爸爸是法國人、媽媽是中國人；兩人先後就病死在這醫院裡，於是留下了這個被醫院傭工稱作「雜種」的混血兒。這是「一個很美麗的小孩」：「他戴了毛線球的紅帽，上身穿了毛呢的小大衣，下面便是紅毛線的褲子，同著小小的黑皮鞋」。他尖尖的下頦，微藍的眼，兩眉略重，面色有些慘白；神情很寂寞，「老是有一種沈鬱的顏色」。他常受傭工們捉弄；傭工們都喊他「兒子」，他也只好答應，不然，這孩子告訴我說，他們便不再侍候他。他時常想念著自己的雙親，常向神父打聽雙親在天堂裡可快樂平安？並且經常一個人獨自出神。

他有一次同我說，「我想念媽媽同爸爸，也不知媽媽同爸爸想我不想。」……多年過去了，我不知這小孩現在怎樣了？「說不定，他尋著了天國的歷程，同著雙親會晤了，永不分離。」（北京人民文學出版社，一九八四年八月版《地之子　建塔者》頁五十七—六十五）

樂蘅軍〈無言的悲情—讀臺靜農小說中悲運故事〉：「像〈兒子〉這篇故事，生小不知人事，便遭遇閔凶，實際也是無甚原因可溯的。作者在其中根本上就沒有觸及任何人事的錯誤（孤兒的父母是突然感染了疾症而病故的）。沒有原因，也沒有罪首，人，生而不幸，這在芸芸之中豈非不期而見的眞實！」（一九九〇年十月臺北遠景版《地之子》）

夏明釗評說：「細讀這篇小說的時候，我每每有泫然欲涕的感覺。雖距作文年代已七十餘年，此文卻仍保持著它特有的魅力！保持著它新鮮的感覺！我懷疑這故事是一篇實錄：雖非事事都有事實的依據（如住院），但基本上是作者的親歷。我的理由是：在《地之子》中，這一篇的取材最獨特，是絕無僅有；這混血兒的形象、舉動、心態，都被寫得維妙維肖，是天然自成，沒有一絲一毫的斧鑿痕跡；那兩個叫阿榮、阿劉的傭工，雖著墨不多，其粗鄙愚魯的形象也躍然紙上；尤其是那位神父，其博愛的胸懷、莊重的舉止和虔誠的意態，栩栩如生，這形象在中國現代文學史上尙屬少見。與其說是一個小說，不如說是一篇散文。這散文的內涵卻是相當豐富的：孩子對父母親情的誠篤；人間的酸辛和屈辱；天國的幸福縹緲；不堪人間的孤苦者常寄望於天國—這或許是宗教得以

創建諸有的原初心理？」（手稿）

廿七日，發函致魯迅，六月七日，魯收到。《日記》：

七日，雨。午得靜農信，五月廿七日發。（全集十四卷，頁六三八）

六月二日，清華研究院教授王國維（一九七九—一九二七）自沉頤和園昆明湖。

三日上午，魯迅來信並譯稿兩篇。《日記》：

三日，晴。上午寄楊樹華信並《中國小說史略》一本，且還其稿。寄臺靜農信並譯稿兩篇，校正《出了象牙之塔》一本。（全集十四卷，頁六三七）

六月，陳垣任輔仁大學副校長，並兼任文學院中文系主任（《陳譜長編》頁二四一、二四二）

六日，作小說〈拜堂〉，十日載北京《莽原半月刊》二卷十期。寫一個叫汪二的鄉村男子同寡嫂拜堂成親的故事；旨在表現苦難深重的人仍對未來模糊的幸福有著本能的追求。大意是：

汪二託人將藍布小夾襖當了四百文錢，買了三股香、二十張黃表、一對紅燭，預備回家同嫂嫂拜堂。哥哥汪大死了才一年；汪二本來覺得這樣做有些對不住哥哥，但嫂嫂催得緊，因為她已有身孕四個月了。二更後，人們大半都睡了，汪大嫂自己請來了田大娘和趙二嫂作儐相，於是拜堂就在夜間三更舉行。燒香、燃燭、紮紅頭繩、磕頭—像所有的正式拜堂一樣，規規矩矩，一絲不苟。輪到給陰間的哥哥磕頭時，汪大嫂情不自禁地落下了淚，汪二也木然站著。後來還是田大娘說：「總得圖過吉利，將來哈（還）要過活的！」—汪大嫂這才忍住淚，同汪二磕了一個頭。（北京人民文學出版社，一九八四年八月版《地之子　建塔者》頁六六—七二）

陳平原《小說史論集（上）．在東西文化碰撞中》：「臺靜農的〈拜堂〉，飽含著對小人物卑微命運的深切同情……」（石家莊，河北人民出版社，一九九七年八月版，頁一五八。）

嚴家炎《中國現代小說流派史》：「臺靜農〈拜堂〉所寫的汪二結婚拜堂的情景，也是一幅泥土味極其醇厚的風俗畫。」（北京人民文學出版社，一九九五年十一月版，頁七一）

唐弢主編《中國現代文學史簡編》：「尤其是〈天二哥〉、〈拜堂〉等篇，鄉土風習，掩映如畫。」（北京人民文學出版社，一九八七年五月版，頁一九八）

王揚澤〈《地之子》與二十年代的鄉土文學〉：「〈拜堂〉中對拜堂過程作了生動、細緻的描寫……這些都是中華民族特有的，這些確實很吸引人。但是，小說的價值，……在於細緻入微地體現了民族的特質。拜堂，生動地揭示了民族的心理。」（《中國現代文學研究叢刊》一九八三年第四期，北京出版社，一九八三年十一月版，頁二七〇—二七一。）

樂蘅軍〈無言的悲情—讀臺靜農小說中悲運故事〉：「其中特別以〈拜堂〉這篇在『生活著就是人生的眞理』這意義上，表現的最爲蘊藉而深刻。……在人生情味的體會上，甚至在道德觀的超越上，它卻有非常意外的臻境。它可以說是在一種十分寬厚廣大而又

深細的怨情之下來描寫的人生處境之片斷。……」（一九九〇年十月臺北遠景版《地之子》，頁四二—四三）

樂蘅軍〈悲心與憤心：談臺靜農先生兩本小說集中生命情懷〉：「……〈拜堂〉……具體呈現了艱辛生活中所遭遇的羞恥，和人們努力要獲得無愧於道德良知的複雜心理，以及文化制度和富於宗教意味的儀式，怎樣安撫了、解決了人們的生存難題。而這等等意思，臺先生只是要言不煩地，全篇只用了一個半夜拜堂場景，也就是一個完整的小說意象，便簡潔有力地傳達了主題。」（《臺靜農先生紀念文集》，臺北洪範書局一九九一年十一月版，頁二三九）

夏明釗評說：「本篇深刻地反映了不幸的人們對幸福的本能的執著的追求。汪大死後，汪二的爹要汪二『將這小寡婦賣了，湊個生意本』，但汪二並沒有聽；『同嫂子拜堂成親，世上雖然有，總不算好事』，但是汪二還是典了夾襖、拜了堂；受舊禮教、舊風俗的影響，汪大嫂認為『同汪二這樣』實在是『醜事』，但她還是立意要拜堂成親，並且是規規矩矩、認認真真地辦；其目的只是一個，如汪大嫂同汪二說的：『總得圖個吉利，將來日子長，要過活的。』這點願望雖然可憐，甚至可悲，但畢竟是對幸福的一種渴求。對幸福的永遠的憧憬和執著的追求，大概正是我們這個多災多難的民族永不沈淪的一個主要原因吧？這則短小的故事散發著濃郁的鄉土氣息、瀰漫著民族的文化氛圍

（如有關拜堂的描寫）；文風質樸，對話簡潔；對一些地方語詞的大膽採用，更是生動地體現了皖西一帶的民情風俗。不僅使讀者覺得新鮮或親切，也使晚年的作者重讀這類作品之後而唏噓不已。」（手稿）

七日，發函與魯迅，二十三日上午，魯收到。《日記》：

二十三日，晴。……上午得伏園信，……得靜農信，七日發。（全集十四卷，頁六三九）

十三日，國府中央會議通過組織「大學院」（即中央研究院）**，蔡元培為院長。**

上午，魯迅來信。《日記》：

十三日，曇。上午寄靜農、霽野信。（全集十四卷，頁六三八）

卅日，魯覆臺先生七日函云：

靜農兄：七日信早到。《白茶》至今未到。大約又不知怎麼了吧，可嘆。京中傳說，顧頡剛在廣大也辭職，是為保持北大的地位的手段。顧頡剛們的言行如果能使我相信，我對於中國的前途還要覺得光明些。迅六、卅（全集十一卷·書信，頁五四八）

七月二日，上午魯迅寄臺先生信並北新書局賣書款百元。《日記》：

二日，雨。上午寄霽野及靜農信並北新書局賣書款百元。（全集十四卷，頁六四一）

四日，致函魯迅，二十四日午後，魯收到。《日記》：

二十四日，星期。曇。……午後得陳翔賀寄之贈《不安定的靈魂》一本。得齊野及靜農信，四日發。（全集十四卷，頁六三七）

十五日上午，魯迅寄臺先生信並〈《朝華夕拾》後記〉一篇，《小約翰》譯稿一本。《日記》：

十五日，晴。上午寄齊野、靜農信並〈《朝華夕拾》後記〉一篇，《小約翰》譯稿一本。（全集十四卷，頁六四二）

二十五日下午，魯迅回覆。《日記》：

二十五日，曇。下午覆齊野、靜農信。（全集十四卷，頁六四三）

八月，由北大研究所國學門導師劉半農推薦，初入杏壇，任北京私立中法大學服爾德學院（即文學院）中國文學系講師，講授歷代文選。當時，劉半農因不滿劉哲兼任北大校長，憤而離開北大，轉任中法大學中文系主任。

一日，致魯迅函，十八日下午，魯收到。《日記》：

十八日，晴。下午得臺靜農信，附風舉箋，八月一日發。（全集十四卷，頁六四七）

案：風舉箋，當是北京一般文士所用信箋。

十七日午後，魯迅寄臺先生信。《日記》：

十七日，晴。……午後寄紹原信。寄靜農、齊野信。（全集十四卷，頁六四七）

作短篇小說《為彼祈求》，二十五日載北京《莽原半月刊》二卷十六期。寫一個流浪農人飽經憂患的一生；旨在體現人生的艱難和命運的不公。大意是：

小說以第一人稱的口氣，寫「我」有關「陳保祿」——「陳四哥」的一段回憶。陳四哥七歲時便死了雙親，靠乞討度日，這樣的一直過到十二歲，才被一家佃戶收留，叫他放牛。主人是個五十上下的老頭，話講不清楚，脾氣卻極火爆而殘忍。他動不動就狠打陳四哥，並經常讓他餓飯。這飢餓是最使陳四哥難以承受的了，「因為他覺得餓是比一切還痛苦」，即使「被打得出血，也都比餓好」。但有一次在主人毒打了他一頓之後，又將他反鎖在牛屋裡，「說要餓死他」；他慌了，便於半夜三更時分設法逃了出來。他來到我們村上。由於他終身辛勤、別無嗜好，居然薄有積蓄。有一年北方大旱，許多北方婦女逃荒過來，他便聽人勸告買了一個三十上下的女人作妻，安了家。這樣，他光靠打長工是不行了，便租種了我家的幾畝地。第一年是個大豐年，陳四哥「苦盡甜來」在村中「成了可敬愛的人物」。但第三年即遇到大水，他的所有都蕩然無存。他到我家來辭行，說是要帶女人去逃荒；並對「主人的恩」，千謝萬謝。後來聽說他的女人死於逃荒途中，陳四哥也不知去向。……多年過去了；想不到我在柳村小學工作不久卻意外地遇見了他。我是在和小學隔河相望的教堂裏遇見他的，原來他已為這裡好心的牧師所收養、並成了虔誠的天主教徒了。自此之後，我們便常相往還；但有一天晚飯後，卻又意外地得到了他的死訊：他是跌了一交、中風死了。

我參加了他的葬禮；教堂裡有人遞給我一張小紙條，上有「為彼祈求」的字樣；我想：「我怎樣替他祈求呢？祈求幸福麼？痛苦磨滅了他的一生，現在得著了休息，正是他的幸福！祈求上帝免了他的罪過麼？他有甚麼罪過呢？他的一生都為苦痛失望所佔有，上帝即或要懲罰他，尚有比這還重的懲罰麼？」（北京人民文學出版社，一九八四年八月版《地之子 建塔者》頁八十三—九十一）

樂蘅軍〈無言的悲情—讀臺靜農小說中悲運故事〉：「譬如〈爲彼祈求〉中的陳四哥在種種噩運中履仆履繼，……他是安然而無憾恨的。那根本原因……是他的心已順命的安頓在孤苦的人生中了。」（一九九〇年十月臺北遠景版《地之子》，頁四十）

夏明釗評說：「小說結尾，清楚地點明瞭小說的意旨所在。雖爲短製，卻濃縮了一個人的一生苦旅！沒有豐厚的生活累積，沒有概括力極強的藝術手腕，沒有對人生和歷史的穿透力，就很難寫成這樣一篇頗具存在主義意味的小說。寫這樣的小說，剪裁的功夫必不可少。小說總體上雖用了回憶的方式，卻並不全是倒敘，而用插敘同鋪敘加以穿插，這就不僅不顯得呆板，而且利於剪裁。小說總體上雖用的是第一人稱，但插敘、鋪敘中又巧妙地回到第三人稱（全知視角），這不僅使結構諧和，也是爲了剪裁材料之必需。小說客觀上雖有揭示社會罪惡的一面；但其創作意圖及作品的基本傾向顯然是：表現人生

的艱難和命運的不公，表現生存的困厄和由此引發的對人、命運、生存人生的諸多思考。」（手稿）

九月八日，致函魯迅，二十日上午，魯收到。《日記》：

二十日，小雨。上午覆翟永坤信。……得臺靜農信，八日發。（全集十四卷，頁六五〇）

二十二日，魯覆函云：

靜農、霽野兄：《朝華夕拾》改定稿，已掛號寄上，想已到。靜農兄九月八日信，前天收到了。小說要出，很好。可寄上海北新李小峰收轉。來信同。這裡的生活費太貴，太古船已有，我想於月底動身了，到上海去。那邊較便當，或者也可以賣點文章。這裡是什麼都不知道，可看的刊物也沒有。先前是時時想走，現在是收拾行李，《莽原》久不做了。現在寫了一點，今寄上。以後想寫幾回這樣的東西。……迅九、二十二夜（全集十一卷．書信．頁五七一、二）

案：「小說」指臺先生短篇小說集《地之子》，一九二八年十一月未名社出版。《未名新集》之一。（參全集十一卷，頁五七二附註1）

二十三日下午，魯迅來信，並《夜記》一篇，照相四枚。《日記》：

二十三日，曇。下午寄語絲社稿。寄靜農、霽野信並《夜記》一篇，照相四枚。（全集十四卷，頁六五〇）

九月，瑞典考古學家斯文赫定與劉半農商議，擬提名魯迅為諾貝爾文學獎候選人。受半農之託，十七日致書魯迅，徵詢其意見。二十五日，魯覆函表示「不配，要拿這錢，還欠努力。」

靜農兄：九月十七日來信收到了。請你轉致半農先生，我感謝他的好意，為我，為中國。但我很抱歉，我不願意如此。諾貝爾賞金，梁啟超自然不配，我也不配，要拿這錢，還欠努力。世界上比我好的作家何限，他們得不到。你看我譯的那本《小約翰》，我哪裡做得出來，然而這作者就沒有得到。或者我所便宜的，是我是中國人，靠著這「中國」兩個字罷，那麼，與陳煥章在美國做《孔門理財學》而得博士無異了，自己也覺得好笑。我覺得中國實在還沒有可得諾貝爾賞金的人，瑞典最好是不要理我們，誰也不給。倘因為黃色臉皮人，格外優待從寬，反足以長中國人的虛榮心，以為真可與別國大作家比肩了，結果將很壞。我眼前所見的依然黑暗，有些疲倦，有些頹唐，此後能否創作，尚在不可知之數。倘這事成功而從此不再動筆，對不起人；倘再寫，也許變了翰林文字，一無可觀了。還是照舊的沒有名譽而窮之為好罷。未名社出版物，在這裡有信用，但售處似乎不多。讀書的人，多半是看時勢的，去年郭沫若書頗行，今年上半年我的書頗行，現在是大賣戴季陶講演錄了，蔣介石的也行了一時。這裡的書，要作者親到而闊才好，就如江湖上賣膏藥者，必須將老虎骨頭掛在旁邊似的。……迅上九月二十五

日（全集十一卷・書信・頁五七二、三）

二十五日，星期。曇。上午得靜農及霽野信，十七日發，……夜覆靜農、寄霽野信。（全集十四卷，頁六五〇）

《日記》：

案：《魯迅全集》編者注：「諾貝爾賞金，即諾貝爾獎金。以瑞典化學家和發明家諾貝爾（A. Nobel, 1833—1896）的遺產設立獎金。自一九〇一年起，每年在諾貝爾逝世紀念日頒發於科學、文學及和平事業的獎金。一九二七年瑞典探測家斯文赫定來我國考察時，曾與劉半農商定，擬提名魯迅爲諾貝爾獎金候選人，由劉半農托臺靜農探詢魯迅意見。」

十月，致函魯迅，四日，交由魯迅三弟轉達。《日記》：

四日，晴。……下午六人同照相。……三弟交來鄭泗水信，紹原信二，謝五生信。鳳舉及靜農信，未名社信。（全集十四卷，頁六五二）

五日，魯迅上午來信。《日記》：

五日，雨。上午寄靜農、霽野信。（全集十四卷，頁六五二）

十四日，魯迅致函臺先生云：

靜農、霽野兄：……到此已將十日，不料熟人很多，應酬忙得很。邀我做事的地方也很多，但我想關起門來，專事譯著。狂飆社中人似乎很有許多在此，也想活動，而活動不

起來，他們是自己弄得站不住的。……迅十月十四日（全集十一卷・書信・頁五七六、七）

案：狂飆社是高長虹、向培良等組織的一個文學團體。一九二四年十一月，曾在北京《國風日報》上出過《狂飆》周刊，至十七期停止；一九二六年十月，該社重在上海光華書局出版《狂飆》周刊，並編印《狂飆叢書》。（參全集十一卷，頁五七七附註1）

作小說《蚯蚓們》，十月二十五日載北京《莽原半月刊》一卷二十期。寫荒年賣妻的故事；旨在表達貧富的差異、對立和受苦人對命運的信仰與順從。大意是：

小說主人公李小，全名叫李國富，是虹霓縣五家村人。這年遇到了十多年不見的大旱，田裡顆粒無收。李小先是向主人討借貸，被主人轟了出來。他於是想同大家一樣，帶著妻兒去外地逃荒；老婆卻硬是不從。兩人三番五次的鬧；終於在表舅母的調停下，李小同意讓老婆「改嫁」，因為「他想到這大概是命裏定的，也只得順從了。」但李小很是沮喪。「眼看妻子小孩，馬上要遺棄他，要離開他，要向一個陌生的人歡笑去」——心裏就紛亂不寧，像是在做噩夢。但一想到這是命運，他就隱忍著了，因為對命運「反抗是毫無用的」。到了老婆離家前夕，他更是心情紛亂，內心裡充滿了矛盾和鬥爭：一會怨妻子「薄情」，一會又原諒她的無奈；一會感到憤怒，一會又覺著慚愧……但一想到命運，卻又釋然了，「可以自慰」了：「誰能非笑命運呢？」第二天，送走妻兒，立下「賣人」字據，拿了四十串錢，又給了兒子一串；就在他動身出門時，發現主人門口已掛上一對紅燈；「走過半里路的光景，便隱隱地聽著鞭炮聲，這聲音深深地刺痛他的心。」（北京人民文學出版社，一九八四年八月版《地之子 建塔者》頁九十二—九十九）

楊義《中國現代小說史》第一卷：「〈蚯蚓們〉集中描寫李小賣妻的一個晚上，把他家庭的窮困，夫妻間的矛盾和留戀，兒子的稚氣和無知，旁人的冷漠和主人公和黯淡燈光之中，筆力遒勁，色彩沉鬱，苦澀之味簡直令人舌根發麻。」（北京人民文學出版社，一九八六年九月版，頁四九七。）

陳繼會等作《中國鄉土小說史》：「古老的鄉村野蠻的典妻（許傑〈賭徒吉順〉）、賣妻（臺靜農〈蚯蚓們〉）之風興盛，正是女性不能獨立為人的表徵。」（合肥，安徽教育出版社一九九九年十一月版，頁七十四）

唐弢主編《中國現代文學史簡編》：「……有為飢荒所逼、忍痛賣親人塵世慘劇（〈蚯蚓們〉）……」（北京人民文學出版社，一九八七年五月版，頁一九八）

王揚澤〈《地之子》與二十年代的鄉土文學〉：「〈蚯蚓們〉中，李小在典妻賣兒的前夜的心理活動，採取全知的敘述和間接的心理獨白手法。……這種把不可見的心理活動付諸形象的寫法無疑效果是好的。」（《中國現代文學研究叢刊》一九八三年第四期，北京出版社，一九八三年十一月版，頁二七七。）

樂蘅軍〈無言的悲情—讀臺靜農小說中悲運故事〉：「……指明窮富不平，富人不仁，只『集中在開篇的幾段』；小說重點寫荒年賣妻者李小如何惡運當頭時，在悲憤中終於逐漸體認了『命運』的意義，進而得到坦然的心情。……而非社會主義者的激烈與煽動。因此這篇寧可看成是經驗尙未老到的作者，過於暴露地強調社會正義的高昂情緒，而未技巧的加以含藏。雖被魯迅選爲代表作，卻未必是其中寫作最成熟的一篇。」（一九九〇年十月臺北遠景版《地之子》，頁十五－十六）

夏明釗評說：「本篇的故事情節，其實很簡單，題材本身也沒有什麼特別之處；但小說顯得深刻感人，這主要得力於小說的心理描寫－這正是小說的重心所在。小說寫李小向主人借貸而不得後，由於主人的恐嚇而產生的既『怕』又『感激』的心情；寫李小在妻子離家前夕的那種始而怨天尤人、繼而自解自責的極度紛亂和複雜的心理；寫李小在立『賣人』字據時的傷痛、羞辱和無奈……都寫的簡潔而精彩，頗有列夫．托爾斯泰式的心理辯證法之奧妙。」（手稿）

十月二十六日，上午魯迅接臺先生來函。《日記》：

二十六日，晴。……上午衣萍、小峰來並交臺靜農、李霽野信各一。（全集十四卷，頁六五四）

作小說《負傷者》，十二月二十五日載北京《莽原半月刊》二卷二十三與二十四期合刊上。寫一個忠厚老實的農民被人霸佔了妻室、被砍傷了腿、最後被關入監獄；旨在控訴有

錢有勢的鄉紳的罪惡，暴露了社會的黑暗。大意是：

太陽偏西時，十字街邊的茶館裏才漸漸熱鬧起來了。已有六、七天未見的吳大郎這時也來了。只見他拄著一根木棍—原來是他的腳負了傷了；這便引起了大家的調笑：「老婆給人家玩了，腳被人家砍了，還被押起來」。卻也不願答話，便要了壺酒悶悶地喝。於是他想起了自己「負傷」的經過。「那天他在外邊流浪了一整天」，因為他實在不想回家，不願看到妻子同別人那樣。傍晚時他回去了；首先是妻子同他爭吵，接著是張二爺打他耳光、用刀砍傷他的腳、並叫警察押走了他。他在警察署裏被關了六、七天，在被迫以十五元大洋賣掉妻子並立下字據後，這才獲釋。這天下午，他就是從警察署獲釋後走到這茶館來的……。吳大郎越想越氣，越氣越喝，「終於酒力戰勝了他內心的紛擾」，「他頹然地醉了！」約莫二更時分，他酒醒了，便下意識地向家走去。他好像「看見一個年輕的女人」「正同著一個凶橫」的男人「相抱和調笑」；他「沈浸在狂怒的火焰裏了。」於是他敲門。卻被不知究裡的四鄰叫來了警察，又遭張二爺一頓「連踢帶打」，最後竟以「黑夜行兇」被「帶了腳鐐手銬押到縣裡去了。」（北京人民文學出版社，一九八四年八月版《地之子 建塔者》頁一〇〇—一一一）

馮光廉、劉增人主編《中國新文學發展史》：「臺靜農的〈蚯蚓們〉、〈負傷者〉……便勾畫出一個個吸血鬼、地頭蛇式的豪紳惡霸。他們的舉手投足，均可致善良無辜的農

民於死地。他們的獸性發作，便要生生拆散農民的家庭。」（北京人民文學出版社，一九九四年四月版，頁二一九）

唐弢主編《中國現代文學史簡編》：「……有被富豪霸妻、自身又復入獄的人間不幸（〈負傷者〉）……」（北京人民文學出版社，一九八七年五月版，頁一九八）

楊義《中國現代小說史》第一卷：「〈負傷者〉……在這些小說裡，農民遭受著肉體的創傷、家庭的創傷，還有心靈的創傷，這種悲劇是多重性的。」（北京人民文學出版社，一九八六年九月版，頁四九五）

樂蘅軍〈無言的悲情—讀臺靜農小說中悲運故事〉：「至於受苦而到強忍垢辱這樣的人生，臺先生也寫了一篇〈負傷者〉來描繪它。就小說表現上看，負傷者比其他篇有較多的情節運用，並且是盡可能的將鏡頭正對著事件的進行；在敘事上增多了內心法，……作者開始運用人物性格上的特質來釀造情節。」「在這社會的正義問題之外，故事眞正耐人尋味的地方，卻還在吳大郎本身的性格，和瀰漫在全篇中的滑稽的悲涼。……就文學的意趣看，它的故事並不是頂重要的，而它的滑稽的處理手法才是關鍵。」（一九九〇年十月臺北遠景版《地之子》，頁四八、四九、五一）

夏明釗評說：「本篇控訴和抗爭的意識非常明顯。作者對吳大郎有著分明的同情；而致吳大郎於不幸的，首先是有錢有勢的張二爺：『他不怨那女人的薄情，他但仇恨這樣挾了錢和勢力的男子掠奪他的女人，佔據他的家室』；其次是爲虎作倀的國家機器：受欺壓的吳大郎在警察署裏受了署長的恐嚇，不僅被迫賣妻，還無端被掠去三十三元大洋（字據上寫的是『大洋五十元』，卻被讀成『十五元正』—是書記唸錯了；但署長願增加五元—『反賠了五塊』；最後以『廿元』成交卻又被警察討去三元『賞錢』，吳大郎淨得『十七塊』）；並且最後以『黑夜行兇』罪被押解去縣裡。在實顯這一主旨的同時，本篇也揭示了人與人之間的冷漠關係，頗類魯迅許多作品中對國民的劣根性的表現和批判，尤其在小說開頭部分最能說明這一思想傾向。小說在寫作技巧上有兩大特色：心理描寫的深度和眞確；鋪敘手法的運用和剪裁的技巧。」（手稿）

本年長女純懿生。

陳獨秀四十九歲：一月去武漢與鮑羅廷磋商。四月五日與汪精衛發表〈聯合宣言〉。十八日國民政府在南京建立，寧漢分裂。十九日下令通緝陳獨秀、鮑羅廷等一百七十九人。七月周恩來、李立三重組中共黨中央，十三日陳獨秀辭職。八月中共中央遣責陳獨秀右傾路線，瞿秋白為總書記。九月十日陳獨秀偽裝病人，由黃文容掩護，乘船至滬。

魯迅四十七歲：一月轉赴廣州任中山大學教職。四月往黃埔軍官學校演講，題目〈革命時代的文學〉；編散文集《野草》作題辭。五月編散文集《朝花夕拾》作小引。七月至廣州演講，題為「魏晉風度及文章與藥及酒之關係」，八月編《唐宋傳奇集》並作札記

〈稗邊小綴〉。十月三日，魯迅偕同許廣平從廣州回上海。十二月《語絲》遭封閉，由北京移上海續刊，魯迅任主編。

胡適三十七歲：一月十二日自倫敦到達紐約，五月經神戶回國抵滬。八月二十一日，〈菩提達摩考〉脫稿。十月四日，作〈左傳真偽考的提要與批評〉。十一月十二日作〈官場現形記序〉。十九日有致蔡元培、吳稚暉等人函，請辭第一國語模範學校校董名義。

溥心畬三十二歲：赴日本講述經學，賦詩〈丁卯三月講經日本與諸公宴芝山紅葉館〉及〈澄霞館觀妓舞〉等多首。冬夜，作〈夜看楓艷圖〉。

民國十七年　一九二八　廿七歲

仍任教中法大學。

作〈建塔者〉，一月十日載北平《未名》半月刊一卷一期。主要寫一群壯懷激烈的青年如何為了他們的理想而犧牲生命的悲壯故事；旨在歌頌革命者的英勇無畏精神。大意是：

小說用第一人稱、用向「你」交談和向「你」傾訴的方式寫成。故事講述了「我」、「你的同學」D、「你的鄉親」A、你認識的「英摯可愛的少年」E及其女友—S大學的瑪麗等被捕和「他們」英勇犧牲的情況；著重敘寫了「他們」的慷慨就義和「我」的悲憤。他們臨刑前的一幕，是我在牢獄中親所聞見。半夜時分，人聲嘈雜，ADE及另外幾個人被從獄中提出去了。我看見外面閃電般的白光——那是處決前照例的拍照。接著我聽到了「一陣歌聲」，還有一位少女的歌聲夾在裡面——那便是瑪麗了。大車發動了，顯然載著他們漸行漸遠；「忽然聽出『萬歲』的呼聲」；再下來，便什麼聲音都沒有了——「ADE和那少女我們便是這樣地離別了」。朋友！下面的情況我完全可以想像得出來：一群大兵圍著一輛大車默默行進。「大車中坐著三個青年，一個少女，他們從容地悲壯地唱著歌，高呼著萬歲」，走向刑場。他們就這樣用自己的鮮血建成「我們的塔」。（北京人民文學出版社，一九八四年八月版《地之子　建塔者》頁一二一—一二五）

唐弢主編《中國現代文學史簡編》：「臺靜農後來還有短篇集《建塔者》（一九二八年作），揭露新軍閥的血腥統治，歌頌在白色恐怖下堅持鬥爭的革命志士，但由於生活不足，人物形象較之以前諸作反顯蒼白。」（北京人民文學出版社，一九八七年五月版，頁一九八）

夏明釗評說：「本篇與其說是一篇小說，不如說是一首抒情詩，或可稱作一篇抒情的散文。小說用第一人稱和交談方式，向友人如泣如訴、且義憤塡膺地講述了一群青年人爲革命理想而殉身的悲壯故事，同時抒發了對美好未來的信心和憧憬。」（手稿）

二月三日，致函魯迅，十日下午，魯收到。《日記》：

十日，雨。上午得肖愚信。北京有電報來問安否，無署名，下午覆一電至家。……得靜農信，三日發。（全集十四卷，頁六七九）

作短篇小說〈昨夜〉，二月十日載北平《未名》半月刊一卷三期。用第一人稱的敘事形式，敘述自己的朋友「秋」——一個革命者—於「昨夜」是如何機智地逃離了敵人的追捕而離開「舊都」的；旨在讚美青年革命者的美德，嘲諷敵人的愚蠢。大意是：

我同秋終於來到海岸，上了一條船。船艙內又擠又髒，空氣特別渾濁。秋因為昨夜一夜的奔波勞頓，居然很快睡著了；我卻興奮地很，不禁想起他昨夜的冒險情景。他才十九歲。為逃避追捕，他獨自離開煙雲迷離的舊都，徑直奔向山中，再繞到山後的S君處借宿。誰知剛剛歇息，S便來告他快走，因為「獵犬」又進來了。在S君的配合下，秋敏捷地擺脫了敵人，來到了田野，因為太累，居然在田埂上睡了一覺。一覺醒來，月將西沈，秋繼續趕路。竟碰上一巡夜的兵，還同是安徽老鄉，便被帶進一破廟，裡面住著許多兵和一個軍官。秋謊稱自己是學生，因為哥哥在後山的廟裡病得很重，自己是為的天亮前趕進城請醫生這才夜裡行路的。兵們相信了他的話，天亮時分放他走了。……我正這麼迷離的想著，天卻也亮了。船要開了；我同秋握手而別。到達岸上，趕到火車站，擠上回歸的火車時，不禁想起昨夜我陪同秋上火車來此地乘船時的情景。「秋穿了華貴的衣服，戴著有色的眼鏡，儼然是一位公子哥兒」，居然騙過了那些戒備森嚴的「獵犬們」……火車停止了，舊都到了，我下車後「悄然地混在人群中」。（北京人民文學出版社，一九八四年八月版《地之子　建塔者》頁一二六—一三四）

夏明釗評說：「小說通過人物的口講了三點意思：『反正這個時代，不是我們安樂的日子』，充滿了『大的恐怖』；在『時代沒有屬於我們以前，我們的血一點也不能愛惜的』；但是將來的時代，會『比現在好』。小說內容雖嫌浮泛，人物形象也比較模糊，但留有那個大時代的印痕，也較充分表達了作者當時對革命事業所懷抱的熱情。用第一人稱的敘事技巧也顯得圓熟老到和得心應手。」（手稿）

二月十五日，致函魯迅，並寄〈蟪蛄〉小說，二十三日下午魯寄還小說稿，二十四日，魯覆函云：

靜農兄：十五日信收到。你的小說，已看過，於昨日寄出了。都可以用的。但「蟪蛄」之名，我以為不好。我也想不出好名字，你和霽野再想想吧。《中國文學史略》，大概未必編好了，也說不出大綱來。我看過已刊的書，無一冊好。只有劉申叔的《中古文學史》，倒要算好的，可惜錯字多。說起《未名》的事來，我曾向霽野說過，即請在京的鳳舉先生等作文，如何呢？我離遠了，偶有所作，都為近地的刊物逼去。而且所收到的印本斷斷續續，也提不起興趣來。我也曾想過，倘移上海由我編印，則不得不做，也許會動筆，且可略添此地學生的譯稿。但有為難之處，一是我究竟是否久在上海，說不定；二是有些譯稿，須給譯費，因為這裡學生的生活很困難。我在上海，大抵譯書，間或作文；毫不教書，我很想脫離教書生活。心也靜不下，上海的情形，比北京複雜得多，攻擊法也不同，須一一對付，真是糟極了。……曹譯《煙袋》已收到，日內寄回，就付印吧，中國正缺少這一類書。迅二、二四（全集十一卷·書信·頁六〇一、二）

《日記》：

二十三日，晴。午後寄還靜農小說稿。下午得靜農信，十五日發。（全集十四卷，頁六八〇）

案：《中古文學史》是劉申叔（即劉師培）民國初年在北京大學授課時的講義，後收入《劉申叔先生遺書》。又《煙袋》爲蘇聯作家愛倫堡等人的短篇小說集，共十一篇，曹靖華譯，一九二八年十二月未名社出版。（參全集十一卷六〇二附註三）

作小說《春夜的幽靈》，二月二十五日載北平《未名》半月刊一卷四期。內容主要是回憶和緬懷一位獻身革命的青年友人；旨在表達對友人的崇敬與懷想、對自己的不滿及希圖振作。小說用第一人稱寫成。大意是：

我在一個淒涼的春夜裡夢見了你，這使我有著意外的歡欣；於是便引發了我夢醒後一連串有關你的回憶。我曾得著一則消息，說是在某處大牧場裡，又槍殺了一批「偉健」的「男兒」；但並不知道其中有你。後來這消息從報上得到了證實，原來也有你，還有你的好友顏。這不禁又使我想起三年前了。那時我同漱住在一塊，你是每天必來的。「我們將愛情和時事做我們談笑的材料」，過著「少年豪放」而「疏慵」的生活。但你卻前進了，因此我們相聚談笑的機會就日漸甚少了。「因為我是依然迷戀在舊的情緒中，你已在新的途中奔馳了。」後來你更是忙碌、難得閒暇；一次意外的邂逅竟成了我們的永訣！想不到你又重新來到我的夢中。我們有等到你的談話便醒了；但你的微笑給我的感覺是「我並沒有死！」我也相信你沒死，「你的精神是永遠在人間的！」（北京人民文學出版社，一九八四年八月版《地之子　建塔者》頁一七三—一七六）

夏明釗評說：「本篇其實是一篇抒情散文，而且更短，依然用的第一人稱和傾訴交談的方式。小說抒發了『我』對『你』的崇敬和熱愛之情，因爲你爲『這大地上的人群』工作並且犧牲了自己的生命懺悔並譴責了自己的疏懶和無所作爲，因爲這是對『舊的情緒』的迷戀。當春天再度回來的時候，『披著短髮』的『你』的幽靈竟出現於我的夢中，使我相信：『你是沒有死去；你的精神是永遠在人間的！』小說留下了那個『更恐怖』的『時代』的側影。」（手稿）

二月二十五日午後，魯迅寄臺先生信。《日記》：

二十五日，晴。……午後寄靜農信。（全集十四卷，頁六八一）

作小說〈人彘〉，三月十日載北平《未名》半月刊一卷五期。主要內容是寫農村一位佃戶

因荒年交不起租而慘遭殺害的故事；旨在描述地主與地方政權勾結，危害百姓，和民眾過著悲苦生活；同時表達對卑微而無辜的生命的慘遭虐殺的義憤和人道主義情懷。大意是：

這個被叫做「人彘」的，是吳家的佃戶。他有一個三十歲上下的女人，一個七八歲的女兒，還有一個紅黑面龐的尚需抱著的兒子；靠租種吳家的地維生。因為去年天旱，今年水澇，兩年的租都沒法交，結果讓吳大老爺打了一頓之後，又令地保將他送到當地駐軍的營裡關了起來。「人彘」趁雨夜逃跑，被兵們追了回來，先是打、後來就將他殺了。因為營房就在小學校的隔壁，這一切都讓我們聽見了：但當時我們不知道是殺人，還以為是殺豬呢……。（北京人民文學出版社，一九八四年八月版《地之子 建塔者》頁一七七—一八三）

樂蘅軍〈悲心與憤心：談臺靜農先生兩本小說集中生命情懷〉：「施淑女先生曾談到它的創作來源，一是歷史上被呂后斷去四肢的戚夫人，當時被人稱爲『人彘』，一是臺先生三年前曾親眼目睹了一個『人彘』，而這些素材經過藝術的轉化、創作，當它作爲一篇小說呈現時，完全獲得了嶄新的形象。……我們看到臺先生如何把他來自歷史知識，和來自現實生活的經歷，經由想像和藝術構設，從視覺意象的『人彘』轉變爲新的聽覺意象『人彘』，而且給予精確的主題意象的投射（內容與主題完全吻合）—這篇小說可以很恰當地證明臺先生構作小說意象的絕對才能。」（《臺靜農先生紀念文集》，臺北洪範書局一

九九一年十一月版，頁二二九—二三〇）

夏明釗評說：「本篇像是一篇速寫，用的第一人稱和回憶形式；能在一個短篇中不斷製造懸疑，從而引發讀者的好奇心，引發讀者的閱讀興味，顯然是本篇的技巧和特色。作者敘述這個故事和通過這個故事要表現的題旨，看來好像是顯豁的，沒有什麼特異所在；其實不然。它的獨特之處是在於：這樣一則極其慘痛的故事，是作用於一個天真未鑿的兒童的視聽、作用於他幼小的心靈！所以故事的敘述人開宗明義：『兒時的回憶，大都是美麗的，溫靜的，飄浮地不可捉摸。然而也有永遠在我的心裏，……是可怕的，慘酷的。』它在兒童心裏引起了一連串的問題：『我所不解的爲什麼吳家這大的勢力，駐兵又是這樣地聽吳家的話。居然使一個可憐的鄉下人，這樣地死去。』兒童不懂：爲什麼不交租就犯了死罪、就該殺？『平常課本裏告訴我，兵是保衛國家的，現在知道了兵是欺負窮人的。』從一個兒童的視角和心理，小說巧妙地達到了自己的目的：社會是黑暗的；窮人的生命是毫無保障的。」（手稿）。

四月七日，未名社因出版托洛斯基所著《文學與革命》中譯本，遭北京當局查封，社員臺先生等三人被捕，遭羈押五十天。

案：一九二八年（民國十七年）初，未名社出版韋素園、李霽野合譯托洛斯基著《文學與革命》一書，爲「大軍閥山東主席張宗昌向北京軍頭揭發未名社。於是未名社被查封」

（臺先生〈憶常維鈞與北大歌謠研究會〉）。李霽野〈從童顏到鶴髮〉詳記其事云：「一九二八年四月未名社被查封，因爲我譯的《文學與革命》惹了禍，我牽連了他，同被捕關了五十天。我們倒未吃什麼苦頭，這要歸功於他到北京就結識的朋友常惠（維鈞）。被捕前，靜農已到北京大學國學研究所，一面工作，一面學習。……當時研究所所長是曾任過高職官位的葉恭綽。維鈞託他說情生了效，所以我們在押時就『受優待』。同住公寓差不多，每天還能買吃有名的烤牛肉。……」陳漱渝〈臺靜農曾是中共地下黨員〉一文則云：「先後被關押在東城報房胡同偵緝分隊，前門外偵緝總隊和前門警察局，住木籠吃窩窩頭；友人常惠託葉恭綽先生出面營救，五十天後始獲釋。」（據《詩集》附錄頁八九轉引），所謂「住木籠」「吃窩窩頭」與李氏所記「受優待」大不相同，李氏親身經歷，自應作爲準據。

四、五月間，在獄中見海棠花落，以〈獄中見落花〉為題，作新詩寄懷女友。翌年三月十日載北平《未名》半月刊二卷五期。收入《臺靜農詩集》。

我悄悄地將花瓣拾起，
虔誠地向天空拋去；
於是我叮嚀地祈求；
「請飛到伊的窗前，

報道有人幽寂！」
花瓣悽然落地，
好像不願重行飛去；
於是我又低聲癡問；
「是否從伊處飛來，
伊孤獨地在窗前啜泣？」

案：李霽野〈從童顏到鶴髮〉：「……我憶起獄室鄰院海棠花落時，靜農還寫了一首詩〈獄中見落花〉，表現了他對伊爲女友的純眞的友誼。」（節錄《紀念文集》頁五八、五九，原載一九九〇年十一月十一日〈中國時報．副刊〉）。據此知詩題所謂「花」指海棠花。此花春日三、四月綻放，四、五月凋謝。據行狀，臺先生民國十七（一九二八年）四月七日被捕入獄，五十天後出獄，時在五月廿六日。獄中見海棠花落賦詩，當在四月或五月。「未名社」乃一文學團體，由魯迅領導，約集李霽野、韋素園、韋叢蕪、曹靖華與臺靜農等六人發起，於十四年八月二十日成立。《文學與革命》俄人托洛斯基著，李霽野與韋素園合譯。未名社以出版該書被查封，社員李、臺二人被捕入獄。新詩六首，以此詩情韻綿邈、境界最高。

又作新詩〈獄中草—時代的北風〉，翌年載《未名》半月刊二卷六期。收入《臺靜農詩

集》。詩中充滿信心與希望，認為「冬夜的北風」「將吹開時代的好花」。

……

這幽禁使我們忘卻春天。

……

這樣春色夢中，我們忍耐的悵望著——
悵望著我們時代的春的新生！
友啊，要是沒有冬夜的北風，
哪裡會有春色的萌芽！
我們是遇到了時代的北風
這北風將吹開時代的好花。

案：此詩刊載視前首〈獄中見落花〉晚一期，遲十五日。寫作時日當在前首稍後。詩中所謂「冬夜的北風」「春色的萌芽」襲用當時流行雪萊詩句。「冬夜的北風」「將吹開時代的好花」自是意有所指。蓋左派人士相信奉行馬列主義的新中國即將誕生。

六月，致函魯迅，五日下午，魯收到。《日記》：

五日，晴。午後得小峰信並新書四種。得徐詩荃信。得李霽野、臺靜農信。（全集十四卷，頁六九二）

六日，與常維鈞、莊慕陵參與「文物維護會」工作。〈記「文物維護會」與「圓臺印記」〉云：

> 文物維護會發起的動機非常單純，當十七年北伐軍克服濟南後，接著北京的奉軍即時退卻，那時既沒有前後任的交接，更沒有所謂受降儀式。倉卒之際，怕北京文物遭到毀壞；因而有這一組織。委員有沈兼士、陳援庵、馬叔平、劉半農、徐森玉、周養庵諸先生。年輕人參與的有常維鈞、莊慕陵及我。……文物維護會……壽命不過三兩個月（從成立到結束的確切時日我已記不清了）。北伐軍進了北京城，北京改稱了北平，也就解散了。
>
> （《雜文》頁一一二—一一三）

> 《陳垣年譜長編》：十七年「六月六日北京地區組織臨時文物維持會，由陳垣等負責。因六月三日奉軍開始撤出北京，而北伐軍尚未到達，部分民間組織和學者自發組織起來，保護文物，以防因混亂遭受損失。（上冊頁二六〇—二六一）

案：民國十七年（一九二八年）五月一日北伐軍攻佔濟南，三日因日本阻撓，撤出濟南，繞道北伐，六月十六日收復北京。六月四日奉軍張作霖撤出北京，在皇姑屯爲日人炸傷，十九日公佈張死訊。臺先生所記未明維護會起訖時日，陳譜謂六月六日始組織維護會，應可信。唯不載此一臨時組織何日結束，然臺文所記謂此一臨時組織「壽命不過三兩個月，北伐軍進了北京城，北京改稱北平，也就解散了。」一節，與實際不合，似有誤：蓋六月六日組織至十六日北伐軍收復北京，爲時僅十日。壽命並無三兩個月之久。

八月三日作小說〈遺簡〉，以筆名發表於「某報副刊」。小說著重用一束書信的形式，表現了一個青年革命者如何掙脫了愛情的羈縛而重新回到原來的生活道路上，卻又有痛苦、紛亂和矛盾的心理；旨在表達在愛情和革命難以兩全的時候，應該選擇革命。大意是：

流落在南京的我，正是春雨樓頭、百無聊賴時，S君卻走來訪我。兩人自是談了許多閒話；S告訴我：K已離開此地、回到北方去了，因為「他不能愛他所要愛的人，他又不願同他所要愛的人住在同一個地方，歸結一走了事。」我很是佩服K的理性和堅毅，認為「真是普通的人所不能做到的」。S還告訴我，K行前曾給他所愛的人許多信；K走後，為不使伊痛苦，便說服伊將信交S保存了，因為S也是伊的好友。就在這次同S談話後的第十天，S竟突發病而死，並留下一遺囑，要我代為保存K的那些信。……忽忽是七年過去了，聽到一個確切的消息：K已死。為紀念K、亦為紀念S君，我便對K的遺囑略作整理，公之於世。……一共有六封信。封封都充滿了憂鬱、痛苦、矛盾和纏綿悱惻的心理。但卻有一個較為強勁的主旋律：「現在的時代和民間，是如此的黑暗與淒苦」；「我珍視我的工作，甚於我的生命，我覺得人間所有的崇高和偉大，只有我的唯一的工作」；「愛情的毒焰，比鴆酒還可怕」。信的結尾，K對他的女友說：「願你為我祝福，當我光榮地獲得最後剎那的時候！願你為我們祝福，當我們的星照耀於諸天的

時候！」（北京人民文學出版社，一九八四年八月版《地之子　建塔者》頁一六一——一六七）

夏明釗評說：「這顯然是一篇二、三十年代之交時期常見的那種革命的羅曼蒂克式的作品。充滿了獻身的激情，充滿了憂鬱和矛盾的心理。人物形象具有特定的時代氣息；但基本上是蒼白無力的，缺少人所特具的血和肉。著重用書信形式表達一種思想或一種情緒，偏重於主觀抒情，似受了郁達夫小說的影響，也很像蔣光慈的同類作品。」（手稿）

七日，作小說〈鐵窗外〉，以筆名發表於「某報副刊」。主要內容寫一個身陷囹圄的革命者由女友的前來探監而引發的種種思緒；旨在表達對女友的思念、對革命的忠貞和對新時代的嚮往之情。全篇是「我」寫給女友的一封「短信」，但沒有通常信函的格式。其大意是：

半年未見你了，你突然在鐵窗外出現，這使我驚喜異常、而且思潮澎湃！照說，為了「我們偉大的工作」，我是不能移情於你一個人身上的；但我卻總是想念你，近來「幾乎夜夜看見你」。你也曾被捕、被囚、被詢問；你那時是如何瘦弱。我一直為你的健康憂慮，但聽友人說，你出獄後，精神身體都漸漸恢復了。你這次來，竟是如此的豐潤——尤其給我意外的歡欣！我知道，這次事發，責任全在我，在我的「笨拙和粗暴」。我深為此不安和苦痛；「還容我懺悔麼，我們的工作，我所崇敬的同志們！」我已被最後判決「長期監禁」；我不為自身苦痛，只是希望你多多保重，為著「你所負的人群的使命」！（北京人民文學出版社，一九八四年八月版《地之子　建塔者》頁一六八—一七二）

夏明釗評說：「同〈建塔者〉一樣，本篇與其說是一篇小說，不如說是一首抒情詩、或是一篇抒情的散文。他所表達的主題和〈遺簡〉相似；但卻有一很大的不同。〈遺簡〉主張在那樣一個非常的時代，愛情和革命很難兩全；而本篇卻將兩者有機地、眞實地統一了起來。對革命的忠貞、對新時代的嚮往之情是和對女友的思念與祝福統一在一起的。本篇固然保存了那個大時代特有的印記，但似亦留存著作者特有的經歷—作者曾於一九二八年四月第一次被捕。『鐵窗內』的人對『鐵窗外』的人的思念，怕亦非爲無因，作者的詩〈獄中見落花〉可證。李霽野回憶說：『說到花，我憶起獄室鄰院海棠花落時，靜農還寫了一首詩〈獄中見落花〉，表現了他對伊爲女友的純眞的友誼』。」（〈從童顏到鶴髮〉，見陳子善編《回憶臺靜農》頁五）（手稿）

十二日，改寫五年前所作小說〈負傷的鳥〉為〈白薔薇〉，未單獨發表，十一月收入小說集《地之子》出版。小說用自述的形式，寫一對青年男女的愛情悲劇；旨在表達對個性解放的追求和對婚姻自主的熱望。大意如下：

女主人公是男主人公的表姐—她的父親是他的舅舅，他稱呼她「瑩姐」。兩人青梅竹馬，友情甚篤，漸漸長大，遂生發了愛戀之情。只是嚴厲的舅父在她出生前便將她用指腹為婚的方式許諾給人家了，這就注定了他們悲劇的命運。在男主人公動身赴北京求學前夕，瑩姐趕來話別。兩人悲悲切切，難分難捨；對於自己的婚姻，卻又束手無策。在五月的美麗的花園裏，靜謐、芬芳、月色皎潔；兩人卻因即將到來的離別而沈重異常。男主人公摘了一朵白薔薇綴在瑩姐的右襟上，因為她十分愛花。第二天早晨分別時，她右襟上的花已枯萎，其神情也顯的分外的淒傷。別後不久，她就出嫁了，從此兩人失去了聯繫。她婚後的生活是不幸的，並且得了病，終於死了，留下了一個四歲的女兒。她一直想念他，直到死前還抱怨他為什麼一別六年竟難能一面。他也一直思念她；但當他終於在別後六年歸來時，她已不在人間——她是這年春天死的，只是一直把消息瞞著他。……他此時就像一隻負傷的鳥，正待飛向蒼茫的高空，卻已折斷了翅膀：帶著箭，帶著血，帶著無限的傷慟……。（北京人民文學出版社，一九八四年八月版《地之子　建塔者》頁一一二—一一六）

楊義《中國現代小說史》第一卷：「五年後，他把這篇小說大加改削，由一萬字縮至二千餘字，取名〈白薔薇〉，收入《地之子》。故事情節作了改動，把那位情侶的婚後幸福改作婚後苦悶，不幸早逝，批判性和寫實性有所加強，筆墨也變得含蓄省淨了。」（北京人民文學出版社，一九八六年九月版，頁四九八）

夏明釗評說：「對於這篇由處女作改成的短篇，有三點值得注意：它顯然表露了作家自

己對愛情的追求與苦悶；作家的藝術底色是浪漫的抒情的；作家好像愛用第一人稱寫作小說。」（手稿）

十月，中央研究院歷史語言研究所成立，傅斯年任所長，陳垣受聘為特約研究員（《陳譜長編》頁二六六）

十日，蔣中正就任國府主席。

作小說〈歷史的病輪〉，以筆名發表於「某報副刊」。內容主要寫一位女革命者曼喬犧牲的故事。意在強調這種犧牲對於新時代的到來和喚醒青年人的覺醒，都是必要的。小說用的是第一人稱和回憶的手法。其大意是：

偶閱報紙，不禁想到去年此時的情境。也是同現在一樣苦寒的早春時節。下課回來，只見迎面駛來兩輛人力車，一輛上坐著郁立，一輛上坐著曼章：兄妹倆都是我的熟人。但為什麼今天一個「頹然」、一個「啜泣」，而且都不同我招呼一下呢？還猜想間，S君憤憤地來到，而且立刻遞給我一張報紙；報載「昨天下午，在A門外斬決黨人六名，內有男子四人，女子兩人……。」我從那模糊的照相中，尚能認出兩具女屍中的一個便是郁立的妹妹、曼章的姊姊—曼喬了。我們決定立刻去看望郁立兄妹。到他們家時，他們的老母正病著；曼章將我們引進其姐的房間，只見裡面凌亂不堪，顯然是經過警察搜查的了。據郁立介紹，搜查後便將其妹曼喬帶走了。他們雖設法營救，但毫無效果。郁立說，喬妹對此早有準備：「她常說，她的生命總有一天會毀滅於這一群鷹犬的手中。不過在他們橫暴的慘殺之下，新的事業就建立於這裡面了。」曼喬是被殺了。他們昨天下午就是去刑場收埋曼喬屍體的。……在回來的路上，我不禁想起了同喬的初面：她正在一個露天會場上向著數萬聽眾發表著慷慨的演講，言辭沈痛，但有著煽動熱情的力量，當夜我一宿難眠。第二天清晨，S來告別，說「要離開這陰森的地方」，並預言「有那一天」，我們會重見的。（北京人民文學出版社，一九八四年八月版《地之子　建塔者》頁一五二—一六〇）

樂蘅軍〈悲心與憤心：談臺靜農先生兩本小說集中生命情懷〉：「……她們不屑去顧念身後的瑣事，他們提到一個女革命者的死，說：『她早已將生命置之度外了。她的希望，不是個人的身後，是人類的將來！』在這話語中，令人聯想到，那時新潮少年的臺先生，似乎有烏托邦思想的傾向。」（《臺靜農先生紀念文集》）

夏明釗評說：「小說除了用回憶同喬的初面外，有關喬的描寫都使用的側面介紹和烘托的方法。S君介紹了她的大公無私、以『人類的將來』爲己任的革命胸襟；郁立介紹了她的英勇和憧憬；S君的憤怒和離去、郁立的悲痛和覺醒以及『我』的憤激與自責，又都對喬的形象和影響起著烘雲托月的作用。可注意者，是一警察有關喬臨死前的『顏色白得可怕，四肢發戰』的紹介：似與本篇的題旨有所遊離；卻又表示著作者願意更深

入、更眞切地刻劃形象、揭示人性深度的意願。」（手稿）

十五日，作〈被飢餓燃燒的人們〉，以筆名發表於「某報副刊」。小說寫一個從外地乞討來的貧苦匠人為生活所迫、兩次行竊和最後去向不明的悲慘故事；旨在揭示生存和道德的矛盾。小說用第一人稱和回憶的形式寫成。其大意是：

暑假前，我從故都乘火車到達A省，又從A省來到縣城，再從縣城雇了轎子，趕到我那多年沒有回去的故鄉：一路上受盡了罪。回家見著母親，母親說我變老相了，要我理一理髮，便吩咐僕人將理髮的找來——我於是想起了老柯。老柯不是本鄉人，是從外省討飯來的，他的手藝是給人理髮，自然也給幼時的我理髮。老柯有著濃黑的鬍子，上面常掛著鼻涕。他的妻比他還難看，蓬頭垢面，衣衫襤褸，連話也講不清楚。有一年大荒年，老柯兩口子餓的不行，他便趁著不在我家的機會，用報紙包了一些米，藏在衣服裏，打算帶回家，卻被僕人發現了，從此就再不讓他來，他也不敢來了。第二年春天的一個下午，我同母親站在門口，見老柯遠遠的走來；我便說「偷米的老柯來了」；母親便立即斥責我，「不要胡說」。老柯向母親請安；母親問及他的艱難，說，「你沒有事做，可以到我家裏來做活！」這樣，老柯便又在我家裏走動了。這年冬快過年的時候，老柯忍不住又在我家後園內偷了一塊正曬著的臘肉；正好此時母親進園，老柯嚇得什麼似的，跪下便向母親磕頭乞求，母親這才發現。母親責備他不該做這樣下賤的事，但沒有同任何人說。除夕前一天，母親叫人送二斤肉三升米幾棵白菜給他。直到半年後母親才給我們說出了這件事。在我回鄉的前一年，老柯和他的老婆終因生計無著，兩人又都先後瞎了眼睛，這才互相牽引著一路乞討，向他闊別三十餘年的家鄉去了……。（北京人民文學出版社，一九八四年八月版《地之子　建塔者》頁一八四—一九〇）

楊義《中國現代小說史》第一卷：「《建塔者》集也有少數小說是承襲《地之子》遺風的。……〈被飢餓燃燒的人們〉寫外省逃荒的外來戶，在飢火的煎熬下羞怯地行竊一包米、一塊肉；……。」（北京人民文學出版社，一九八六年九月版，頁四九九）

夏明釗評說：「這個短篇，逼眞、深刻，篇幅雖短，但老柯、母親和幼時的「我」的形象都十分的鮮活。據筆者看，這篇小說虛構的成分極少，很像是自傳式的實錄。小說的題旨不在揭露階級的對立和社會的黑暗，因爲母親對老柯的態度是憐憫的、同情的並給予了幫助的；老柯對母親也是尊敬的、感激的。小說著重寫了老柯的悲慘的生存境遇，寫了他兩次被迫行竊和旋被發現的過程，揭示了他的無奈，將驚恐、愧怍的心理，從而表明了他心靈深處的道德感和人格的自尊，從而眞確、有力地揭示了人類生存的現實狀況與人類的道德良知兩相矛盾的嚴峻主題。如何解決這一矛盾，作者未作暗示，似亦無此必要；小說已恰到好處地完成了它的任務。關於本篇非虛構、乃實錄的推測如果大致不錯，那末我們還可以通過這篇小說推知兩點：臺靜農的母親是位對貧苦人極富於同情心、對別人的人格最是關切和尊重的人。臺靜農在這方面酷似其母，也就十分自然了。既有得之於先天遺傳的一面，又有得之於後天的潛移默化的影響的一面。臺靜農的寬厚的心性，他的深厚的人道主義情懷，乃是每一個接近他的人都能體會到的。（手稿）

十一月，第一本短篇小說集《地之子》由北京未名社出版部印行，列為《未名新集》之三，收〈我的鄰居〉、〈天二哥〉、〈紅燈〉、〈棄嬰〉、〈新墳〉、〈燭焰〉、〈苦杯〉、〈兒子〉、〈拜堂〉、〈吳老爹〉、〈為彼祈求〉、〈蚯蚓們〉、〈負傷者〉、〈白薔薇〉等小說十四篇。

案：香港劉以鬯從舊期刊輯《地之子》十四篇中之十二篇。（〈我的鄰居〉〈白薔薇〉二篇未輯），在《明報》月刊發表。一九八〇年另增加三篇共十五篇在臺灣《現代文學》發表，六月遠景出版社印行單行本，書名：《臺靜農短篇小說集》。一九八四年北京人民文學出版社刊行《地之子》《建塔者》合集共二十四篇。一九九〇年十月遠景再版，恢復《地之子》原名。（詳見後）魯迅評論云：「要在他的作品裏吸取『偉大的歡欣』誠然是不容易的，但他卻貢獻了文藝。而且在爭著寫戀愛的悲歌，都會明暗的那時候，能將鄉土的死生、泥土的氣息，移在紙上的，也沒有更多、更勤於這作者的了。」

冬，作小說〈井〉，未發表。十九年收入小說集《建塔者》。寫一個農村青年如何成為一個革命者的故事；旨在揭示階級的對立和宣傳革命有理。大意是：

小說中的主人公叫二牛，他父親死時他才七歲。「父親為了給主人掘那不急需的井，以致於活埋在井裏。哥哥為了付不起田租，竟被主人逼得上吊。自己呢，終年牛馬般的勞碌，還不能坦然吃碗飽飯。就是母親和嫂嫂罷，她們不能同那些有錢的太太們享受安樂，偏偏也遭遇著這不堪的命運。」二牛認識到，這社會顯然劃分成二層，上層是資產者，下層是無產者；資產者在享受著無產者的血汗。於是二牛覺悟了，他參加了革命，成了「一個英勇的戰士」。（北京人民文學出版社，一九八四年八月版《地之子　建塔者》頁一九一—二〇二）

夏明釗評說：「本篇是《建塔者》小說集中唯一一篇用第三人稱形式寫成的小說。著者於該集〈後記〉中曾述及小說集的創作過程：『本書寫於一九二八年，始以四篇登載於《未名》半月刊，旋以事被逮幽禁。事解，適友人編某報副刊，復以筆名發表者五篇。〈井〉一篇，作最遲，未發表。』又說，『今輯印成書，不敢以此敬獻於偉大的死者，且以此紀念著大時代的一痕罷。』通過此篇，我們自不難想見作者二十年代末期的激進的思想傾向。這既與時代有關，也與作者的個人經歷有關：他於一九二八年四月間第一次被捕，在獄裏共呆了五十天；其時他的家鄉和一些老友，也都與革命發生著直接的關係，例如一九二八年九、十月間，李何林同王青士就因在安徽參加了某次暴動、失敗後逃亡到北平，並加入了未名社門市部的工作。」（手稿）

十二月二十九日，張學良等聯名通電，宣布奉、吉、黑、熱四省易幟，全國統一。

陳獨秀五十歲：六、七月拒赴莫斯科，出席中共六全大會，出版《中國拼音文學草案》。

魯迅四十八歲：六月與郁達夫合編《奔流》月刊創刊，十二月六日與柔石、許廣平等組成朝花社，編印《朝花》周刊創刊。

胡適三十八歲：在上海，四月三十日接任吳淞中國公學校長，由馬君武主持就職典禮。五月十五日出席南京「全國教育會議」。六月五日作〈白話文學史自序〉。七月卅一日〈禪學古史考〉脫稿。十一月初自滬到北平。

莊嚴卅歲：六月七日以第一屆北大交換學生身分，受薦前往日本，入東京帝大考古研究室，從原田淑人教授習考古學。

民國十八年　一九二九　廿八歲

一月十九日，梁啟超在北平逝世，年五十七。

五月十七日下午，與李霽野在未名社，遇魯迅來訪。《日記》：

> 十七日，晴。……下午往未名社，遇霽野、靜農、維鈞。（全集十四卷，頁七三九）

二十四日，晚與張目寒同訪魯迅。《日記》：

> 二十四日，晴。……晚張目寒、臺靜農來。（全集十四卷，頁七三九）

二十八日，晚與孫祥偈同訪魯迅，未遇。《日記》：

二十八日，晴。……晚訪幼漁，在其〔寓〕夜飯，同坐為范文瀾君及幼漁之四子女。……孫祥偈、臺靜農來訪，未遇。（全集十四卷，頁七四〇）

二十九日，下午魯迅往未名社，晚受邀宴，同席有臺先生與張目寒等人。《日記》：

二十九日，晴。……下午往未名社，晚被邀至東安市場森隆晚餐，同席霽野、叢蕪、靜農、目寒。（全集十四卷，頁七四〇）

三十日，晨與張目寒等邀魯迅至西山病院訪韋素園。是晚臺先生與天行同訪魯迅，魯留其晚餐。

《日記》：

三十日，晴。晨目寒、靜農、叢蕪、霽野以摩托車來邀至磨石山西山病院訪素園，在院午餐，三時歸。……晚靜農及天行來，留其晚餐。（全集十四卷，頁七四〇）

六月三日，午後與張目寒、魏建功等送魯迅赴津浦站登車。《日記》：

三日，曇。……午後林卓鳳來還泉二。攜行李赴津浦車站登車，卓鳳、紫佩、淑卿相送。金九經、魏建功、張目寒、常維鈞、李霽野、臺靜農皆來送。九經贈《改造》一本，維鈞贈《宋明通俗小說流傳表》一本。二時發北平。（全集十四卷，頁七四二）

六月，陳垣任輔仁大學校長（《陳譜長編》，頁二七四）

七月，受聘為輔仁大學講師。〈輔仁大學創校點滴〉：

沈兼士先生與援庵先生是好友。兼士先生主持北京大學研究所國學門時，曾聘援庵先生任導師，我就是他在研究所的學生。他約我為輔仁的講師，出我的意外。我是十八年入輔大為講師。……（《陳譜長編》頁二八一，注一引）

案：〈點滴〉一文，目錄未見。發表年月刊物待考。六十八年十月作有〈北平輔仁舊事〉一文（《龍坡雜文》頁一三一－一四〇），所記大略與此同。〈點滴〉文，當是早年作。陳垣（一八八〇－一九七一）字援庵，廣東新會人，著名史學家。民國十一年一月北大成立研究所國學門，陳受聘爲導師。是年九月臺先生考取北大爲旁聽生。十三年進北大研究所國學門爲研究生，時陳氏仍爲導師，臺先生居陳門下受教，因有師生之誼。十八年六月陳氏任輔仁大學校長，臺先生受聘爲講師，在陳接任輔大校長之後，時當在七月間。又當時輔大教務長爲劉半農、文學院院長爲沈兼士，均是臺先生業師。

九月十三日，國民政府重新任命蔡元培為國立北京大學校長。

十二月二日，裴文中在周口店龍骨山發現北京猿人頭蓋骨化石。

致陳垣函。十二月三日陳垣復函論史料整理問題。認為《全上古文》宜先編姓氏通檢。又謂史料愈近愈繁，宜分類搜集研究。

來書並撰集二冊，久收到，遲遲未復，為歉。集部後總集無撰人姓名而有朝代者，仍可按朝代編入各朝中；其有姓名而無朝代者，頗不易考。檢《史姓韻編》或可得之，若能將嚴輯《全上古文》按筆劃繁簡先編一姓氏通檢，則檢尋較易，此種工作，似尚未有人為之，亦一憾事也。近百年史之研究，僕為門外漢。史料愈近愈繁，凡道光以來一切檔案、碑傳、文集、筆記、報章、雜誌、皆為史料。如此搜集，頗不容易。竊意宜分類研究，收縮範圍，按外交、政治、教育、學術、文學、美術、宗教思想、社會經濟、商工業等，逐類研究，較有把握。且既認定門類，搜集材料亦較易，前數年上海《申報五十年紀念刊行》，即此種辦法，足下曾見及否？別久極念，暇幸過我一談。（《陳垣來往書信集》頁三八〇，據《陳譜長編》頁二八一引）

案：此前陳垣編著有《二十史朔閏表》（民國十四年十一月出版）、《中西回史日曆》廿卷（十五年十月出版）及《史諱舉例》八卷（十七年二月撰成）等巨構，甚受學界重視，名聲卓著。據陳函知臺先生受聘爲輔大講師後，嘗致書陳氏，有意從事史料整理工作。陳因覆此函，告以整理方法與要點。陳氏治學重書目、索引、校勘及史料整理考證。嘗謂「一人勞而萬人逸，一時勞而多時逸」。臺先生讀北大研究所受陳氏治學方法影響，來臺後嘗輯《詩話百種類編》（見後）三巨冊。

陳獨秀五十一歲：春，透過外甥吳季儼介紹，認同托洛茨基觀點與思想。時托氏流亡土耳其。七至八月三度上書中共黨中央，批評黨教條作風。九月一日王明指責陳氏犯七錯，表現五種機會主義特點。十月六日受中共中央書面警告。十一月十五日，被中共黨中央開除。十二月十日，發表〈告全黨同志書〉。

魯迅四十九歲：先後於燕京大學、北京大學、北平大學、暨南大學演講。

胡適三十九歲：仍任中國公學校長。二月十七日在北京參加梁任公追悼會。五月八日改定前作〈孫中山先生的知難行易説〉述評〉為〈知難行亦不易〉。八、九月間到北平。十二月卅一日《荷澤大師神會傳》脱稿。

溥心畬卅四歲：常與長沙劉善澤通訊、詩詞唱和。

張大千卅一歲：任第一屆「全國美術展覽會」幹事委員。與葉公綽、徐悲鴻等人結為至友。

莊嚴卅一歲：十月在日本撰〈尺八〉一文，刊北平新晨報副刊。

民國十九年　一九三〇　廿九歲

暮春，溥心畬在北平中山公園舉行首次書畫展，轟動一時。臺先生親見其盛況，五十年後記〈有關西山逸士二三事〉云：

溥心畬先生的畫首次在北平展出時，極為轟動，凡愛好此道者，皆為之歡喜讚嘆。北宋風格沈寂了幾三百年，而當時習見的多是四王面目，大都甜熟無新意。……心畬挾其天

才學力，獨振頹風，能使觀者有一種新的感受。（《龍坡雜文》，頁一〇三）

案：此文原刊七十三年一月十三日中時副刊。《大成》雜誌一一三期轉載，改題〈懷舊王孫〉。文不記畫展年月，《溥譜》據王壯爲〈憶舊王孫〉文，定在十九年暮春。王、臺當時均曾目睹其盛況，王所記年月應可信。

〈題墨筆牡丹〉、〈題畫〉兩詩，是年或稍後作。

粉黛如塵漢苑春，休言傾國與傾城，忍看異種稱王日，寂寞沈香亭畔人。

怕上高樓望月明，偶來桐院覓秋音，玉關消息沉如夢，誰識深閨萬里心。（《歇腳盦詩鈔》）

案：兩詩不入七十八年手鈔本《龍坡丈室詩稿．白沙草》，可知爲民國二十七年入川前作。又兩詩均題畫之作，似非自畫自題，疑是觀畫後有感而發。十九年暮春嘗目睹溥心畬畫展盛況（見前），後又在書畫店買到溥氏山水小品及仕女圖。後者「像是紅葉題詩之類」（〈有關西山逸士二三事〉，《龍坡雜文》，頁一〇四），後又曾入恭王府見心畬（見後）。有此關係，於溥畫又極爲讚賞，兩首題詩殆觀賞溥畫後即興之作。後一首尤似爲「仕女圖」而題。題詩年月當在十九年暮春溥氏畫展以後若干時日。又〈題墨筆牡丹〉詩有「異種稱王」語，蓋用清人沈德潛（一六七三—一七六九，號歸愚，乾隆時官至禮部侍郎，著有《竹嘯軒詩鈔》、《歸愚詩文集》）詩典。沈〈詠紫牡丹〉詩，有句云：「奪朱非正色，異種亦稱王」。案牡丹俗稱「王者之香」，正品牡丹爲紅色，奪朱爲紫，則爲異種稱王。謂清得天下不正，寓反清復明之意。題詩用此典故以喻唐明皇寵愛楊妃誤國，引起異種安祿山叛變稱王，而沈香亭畔賞花人亦因而死於非命。詩旨或有借古諷今之意。

作〈死室的彗星〉，以筆名發表於「某報副刊」。十九年八月收入《建塔者》，未名社出版。寫一對戀人對革命事業忠貞不渝的故事；旨在宣揚革命事業與革命精神的偉大。小說用第一人稱寫成。其大意是：

我被關進了女牢房。想不到竟在這裡見到了醫科大學的逸生君—我們曾在一起開過會，她有著女子天生的溫靜；我也是在這會上認識她的好友庚辰君的。牢房裡又髒又擠，實在睡不著。逸生同我交談了幾回，我發現她情緒很壞，常常哭泣，甚至連送來的窩窩頭也不想吃。我想勸解她，卻無法安慰她。有一夜隔院又傳來庭審聲：拍驚堂木、拷問，各樣的嘈雜。但聽得出一個男子好像並不恐懼，侃侃地答辯；繼而叫打，那人依舊侃侃地答辯。我終於聽清了，這人便是庚辰君。逸生證實了我的猜想，而且嗚咽不已，並說「我對不起他！」從此以後，便常聽到拷問庚辰君，有時威脅，有時用毒刑；這時的逸生，則通夜不睡，伏在枕上哭。那最後一夜的拷問是更叫人揪心和憤怒的了；此後就再未聽到拷問他的聲音了。不久我被釋放出來，逸生卻仍在獄裏。一天晚間，我接到她託人送來一封信和一卷文稿。文稿原來是她的記事。從文稿中得知，他們是同時被捕的。

只因在一次的審訊中她的偶一疏忽，使敵人得知同她一道被捕的男人就是大名鼎鼎的革命黨人庚辰，她就深自愧悔，覺得對不起他，痛不欲生。信上說，「從此將永去人間，為了庚辰的偉大的死，為了我們晨星的來日！」（北京人民文學出版社，一九八四年八月版《地之子　建塔者》頁一三五—一五二）

夏明釗評說：「這篇用的是第一人稱，回憶裏套著回憶，故事裏夾著故事：這是有別於他篇的寫法。小說的主人公是一對戀人，兩人都是大學生、革命黨人。當他們同時被捕、被囚、被審時，都表現出了凜然正氣和堅定的革命情操。庚辰終於以生命殉了革命、『成就了他的偉大』；逸生則痛不欲生，並且也決心『為了我們晨星的來日』而視死如歸。」（手稿）

八月八日，午後魯迅以書籍雜誌等寄臺先生等人。《日記》：

八日，晴。午後以書籍雜誌等寄詩荃、季市、素園、叢蕪、靜農、霽野等。（全集十四卷，頁八〇六）

案：季市亦作季茀，許壽裳字。

十七日，陳垣來函云：

《全上古六朝文姓氏通檢》稿本在兄處否？頃有人欲借閱，最好連兄所編者一併交來一閱為幸。（《陳垣來往書信集》頁三八〇，據《陳譜長編》頁二九四引）

案：據此可知，臺先生嘗參與陳氏所編《全上古六朝文姓氏通檢》稿本，另編《通檢》。

八月，第二本短篇小說集《建塔者》，由北京未名社出版部印行，列為《未名新集》之六，收〈建塔者〉、〈昨夜〉、〈死室的彗星〉、〈歷史的病輪〉、〈遺簡〉、〈鐵窗外〉、〈春夜的幽靈〉、〈人彘〉、〈被飢餓燃燒的人們〉、〈井〉等小說十篇。

九月十八日，「中國左翼作家聯盟北方分盟」在北平大學法學院禮堂成立，臺先生為發起人之一。

十二月四日，國民政府任命蔣夢麟為北京大學校長。

陳獨秀五十二歲：一月劉仁靜、宋逢春等成立托派「十月社」。二月十七日寫〈答國際的信〉，拒絕出席莫斯科審查會討論被開除事。八月二十二日托洛茨基函劉仁靜，贊賞陳獨秀，呼籲中國托派團結。

魯迅五十歲：一月與馮雪峰合編《萌芽月刊》創刊。二月十六日與夏衍、柔石、馮雪峰等商議籌組中國左翼作家聯盟。十一月二十五日修訂《中國小說史略》作題記，次年七月上海北新書局出版。

胡適四十歲：仍在中國公學校長，至五月止。一月七日作〈跋曹溪大師別傳〉。二、三月間開始作《中國思想史長編》，至八月十八日完稿，共七章十四萬字。四月十三日有

〈我們走那條路〉文，提出剷除五鬼貧窮、疾病、愚昧、貪污、擾亂，建立繁榮、文明、現代統一的國家。梁漱溟作〈敬以請教胡適之先生〉函。提出質疑，認是「濫調」，「未必悉中情理」。後胡回信辯解（七月二十九日）。五月十九日，辭去中國公學校長。（校長任內最著名學生有數學系吳健雄、研究太平天國史專家羅爾綱。）六月初赴北平。受北大代理校長陳大齊之邀，到北大演講。十一月初，自北平回滬。二十八日全家自滬遷返北平。十二月十七日，四十歲生日，趙元任為中研院同人作白話祝壽詩，都是嘻笑口語，如「你是提倡物質文明的咯，所以我們就來吃你的麵。你是提倡整理國故的咯，所以我們就都進了研究院。你是提倡白話文學的咯，所以我們就囉囉嗦的寫上了一大片。」具名拜壽的十六人（十四對夫婦，二人單身），都是著名大學者，有李濟、趙元任、顧頡剛、毛子水（沒有太太同賀，說「非常慚愧」）、陳寅恪、傅斯年、羅莘田、李方桂、容庚、商承祚等。是月二十日有〈論春秋答錢玄同〉信。二十三日有覆梁實秋信。《胡適文選》出版。

溥心畬卅五歲：暮春在北平中山公園舉行首次個展，轟動當時藝術界。

莊嚴卅二歲：自日返國，參加燕下都考古團在河北易縣的挖掘工作。返北平後，兼任古物保管委員會秘書。

民國二十年　一九三一　卅歲

一月，蔣夢麟任北京大學校長，胡適任文學院院長兼中文系主任。

是年夏，參加莊嚴（慕陵）發起組織之「圓臺印社」，〈記「文物維護會」與「圓臺印社」〉云：

半農先生……提到的「圓壇印社」……這又是莊慕陵一時興致發起的。當時他是古物保管會秘書，住在團城。團城在北海瓊華島腳下，……登團城上可遙接西山，俯覽三海，慕陵住在這一勝地，大概如半農先生所說無事可辦，異常清閒，因而有「圓壇印社」的組織。他邀請了王福庵、馬叔平兩先生為導師。社員不過五人，慕陵同我而外，有常維鈞、魏建功、金滿叔。開社之日，馬先生認為「團城」原是俗稱。所謂「城」只是「臺」，因定名為「圓臺印社」。半農又誤「臺」為「壇」，馬先生當場刻一秦璽式的「圓臺印社」，權作印社的關防。……這一短命的印社，也引起了我們的興趣，建功在西南聯大教授時，利用蒙自出產的粗藤……一氣刻了二百多方。……至於我，陸續也奏刀了四十來年，終不成氣候，也就「洗手」了。（《雜文》頁一一六—一一七）

案：據《莊譜》，莊嚴發起組織「圓臺印社」時在民國二十年夏，社員五人，導師王福庵，變成社員。缺常維鈞。與臺先生所記略有差異，殆莊譜誤。莊雖為發起人，但從未動過刀，臺先生自二十年入社刻印至六十五年（是年猶為楊聯陞、張大千刻印，見後），歷時四十六年，奏刀鍛鍊，終成一代篆刻名家。

六月，鄭騫（因百）燕京大學中文系畢業，秋受聘任教北京匯文中學，啟功（元白）為其高三學生。後作〈靜農元白之書畫〉文云：

元白則民國二十年辛未，西元一九三一，予任教北京匯文中學時之高三學生也。……元白少我六齡，在匯文時，課餘晤對，談笑論文，予即未嘗以生徒視之。……元白天潢世冑，於溥心畬為宗晚，且曾親炙，傳其詩書畫三絕，幾於青勝冰寒。……（據《紀念文集》節錄）

案：鄭文作於一九九〇年（民國七十九）十二月（見後）。元白，啟功字，又字苑北，其八世祖為乾隆胞弟和親王（見廿二年）。臺先生十四年先認識鄭因百，廿一年又因鄭氏再認識啟功（見後），後三人成為莫逆之交。

七月，由講師改任輔仁大學副教授兼校長秘書。（參〈輔大創校點滴〉）

九月十四日，蔣夢麟領導下新北大開學。

案：二十一年十二月因政治事故被迫辭職（見後）

十八日，日本侵略東北，是為九一八事變。

陳獨秀五十三歲：五月一日托派在上海開統一大會，受推為總書記。二十三日托派多人被

捕。九月創刊《火花》及《熱潮》。

魯迅五十一歲：四月廿五日「左聯」刊物《前哨》創刊，發表雜文〈中國無產階級革命文學和前驅的血〉。十二月十一日「左聯」刊物《十字街頭》創刊。魯參加編輯並發表政治諷刺詩〈好東西歌〉。

胡適四十一歲：二月九日夜函覆聞一多、梁實秋。三月十七日有〈與錢穆先生論老子問題書〉，對「老子晚出」之論，不能心服。四月二十一日有與錢賓四（穆）〈論秦時及周官書〉。五月三日有覆陳寅恪函。六月有覆吳晗函，贊揚吳作〈胡應麟年譜〉。六月十八日作〈悼葉德輝〉白話詩（葉氏十六年三月十日在長沙為共黨殺害）。七月七日有書〈崔述的年譜〉後，稱八年前作崔譜，未成，今由趙貞信補作完成，表示謝意。九月十九日有〈題唐景崧先生遺墨〉（陳寅恪囑題，唐氏，陳夫人唐筼祖父），陳寅恪有謝函。十一月十九日徐志摩（一八九六—一九三一）坐飛機遇難，十二月三日作〈追悼志摩〉文。十九日致李石曾函。三十日在北大中文系講〈中國文學過去與來路〉。

溥心畬卅六歲：九一八事變後，為日人挾持到旅順，繼往長春。《上方山志》十卷出版。

張大千卅三歲：與仲兄同赴日本，為「唐、宋、元、明中國畫展」代表，並審定作品。

莊嚴卅三歲：秋，與申若俠女士在北平結婚。

民國二十一年　一九三二　卅一歲

一月二十八日，日本在上海發動攻勢，是為一二八事變。

年初識啟功（元白）。一九九〇年（八十九年）十月北京啟功作〈平生風義兼師友—懷龍坡翁〉云：

我在二十一、二歲「初出茅廬」時，第一位相識的朋友是牟潤孫先生，比我長四歲。第二位是臺靜農先生，比我長十歲。……他的性格極平易，即受到沉重打擊之後，談笑一如平常。（《名家翰墨》十一期，頁一四）。又一九九五年五月八日，啟功〈臺靜農墨戲集序〉亦云：「我獲識臺先生時不過二十餘歲，臺先生比我十年以長，誼兼師友。」（《墨戲集》，頁七）

案：啟功獲識臺先生在其年二十餘歲（二十一、二歲），臺先生年長其十歲，則當在卅一、二歲，民國二十一、二年時。民國二十年秋開始，鄭因百因在匯文中學執教而認識啟功（見前）。臺先生殆因鄭之介紹及輔仁同事溥忻雪齋（心畬從兄）關係，而獲識啟功。時當在二十年秋以後，茲姑定於廿一年，啟功二十一歲時。

三月九日，偽滿國在長春成立。十九日蔣中正就任軍事委員長兼參謀總長。

四月廿三日，得魯迅來函：

靜農兄：久未問候，因先前之未名社中人，我已無一個知道住址了。社址大約已取消，無法可轉。今日始在無意中得知兄之住址，甚喜。……我年必逃走一次，但身體頑健如常，可釋遠念也。此上，即頌近祺。迅上四月廿三夜（全集十一卷．書信．頁六〇一、二）

《日記》：

二十四日，雲。晨覆詩荃信。寄靜農信，附與霽野箋，托其轉交。（全集十五卷，頁十一）

案：據函與日記，知魯於四月廿三日夜作書，翌日上午寄發，臺先生收到時日當在四月底或五月初。魯迅於一九三〇年三月因參加發起中國自由運動大同盟事被通緝，一九三一年一月因柔石等人被捕，一九三二年一月因一二八事變，均曾離寓暫避。所謂「年必逃走一次」，即指此而言。（參全集十二卷．書信．頁一〇五附註一）

五月五日，〈上海停戰協議〉簽字。

八日，及其後二度致函魯迅，六月五日、六日魯分別復函。五日函云：

靜農兄：今日北新書店有人來，始以五月八日惠函見付，……滬上實危地，殺機甚多，商業之種類又甚多，人頭亦係貨色之一，販此為活者，實繁有徒，倖存者大抵偶然耳。今年春適在火線上，目睹大戮，尤險，然竟得免，頗欲有所記敘，然而真所謂無從說起也。中國舊籍亦尚寓目，上海亦有三四舊書店，價殊不昂於北平，故購求並不困難。若其搜羅異書，摩挲舊刻，恐以北平為宜，然我非其類也，所閱大抵常本耳。惟前幾年

> 《王忠愍公遺集》出版時，因第一集太昂，置未買，而先陸續得其第二至四集，迨全集印齊，即不零售，遂致我至今缺第一集。未知北平偶有此第一集可得否？倘有，乞為購寄，幸甚。……鄭君鋒芒太露而昧於中國社會情形，蹉跌自所難免。……迅上六月五夜
>
> （全集十二卷．書信．頁一一二、三）

《日記》：

> （六月）五日，星期。微雨。……下午得靜農信。（全集十五卷，頁十八）
>
> 六日，晴。……午後覆靜農信。（全集十五卷，頁十八）

案：五日下午魯得臺先生函，當日夜回覆後，六日下午魯又作函回覆。當爲是日上午又收到另一函。五日函所謂鄭君指鄭振鐸。六日函未見全集。

六月，致魯迅函，十七日下午魯得信。《日記》：

> 十七日，雨。……下午得靜農信。（全集十五卷，頁九）

又寄贈魯迅《王忠愍公遺集》（第一集）一函十六本，十八日魯收到。是日下午魯寄臺先生《鐵流》、《毀滅》書各二本。十九日上午魯有函回覆。《日記》：

> （六月）十八日，晴。上午得《王忠愍公遺集》（第一集）一函十六本，靜農寄贈。……下午寄靜農《鐵流》、《毀滅》各二本一包。（全集十五卷，頁十九）
>
> 十九日，星期。雨。上午覆靜農信。（全集十五卷，頁十九）

案：寄贈《遺集》，六月十八日魯收到，翌日魯作書回覆。據以推想，臺先生贈書當另有函致魯。

七月上旬，致魯迅函，十日下午魯收到。《日記》：

十日，晴，大熟。下午得靜農信。（全集十五卷，頁二十二）

案：「大熟」當爲「大熱」之誤。

又寄古燕半瓦二十種拓片四枚。翻版《鐵流》一冊，十一日魯收到。《日記》：

十一日，曇。上午得靜農所寄古燕半瓦二十種拓片四枚，翻版《鐵流》一本。（全集十五卷，頁二十二）

八月一日，臺先生同鄉友人文學翻譯者韋素園病逝，年卅一歲。二日與李霽野、韋叢蕪聯名函告魯迅韋死訊。五日魯函覆云：

霽野、靜農、叢蕪兄：頃收到八月二日來信，知道素園兄已於一日早晨逝世，這使我非常哀痛，……說起信來，我非常抱歉。他原有幾封信在我這裡，很有發表的價值的，但去年春初我離開寓所時，防信為別人所得，使朋友麻煩，所以將一切朋友的信全部燒掉了，至今還是隨得隨毀，什麼也沒有存著。我現在只好希望你們格外保重。迅上八月五日（全集十二卷．書信．頁一二四，魯譜　，頁五〇五）

又《日記》云：

五日，晴，大熱。……得霽野、靜農、叢蕪三人信，言素園在八月一日晨五時三十八分病歿於北平同仁醫院。（全集十五卷，頁二十五）

韋卒後，臺先生與李霽野等為治喪事。越二年，廿三年四月安葬韋於北京西郊萬安公墓，魯迅撰墓表。廿三年四月三日魯《日記》云：

三日，晴。上午蔣經三來，以所書韋素園墓表寄靜農。（全集十五卷，頁一三八）

案：魯迅手書〈韋素園墓表〉收入魯著《且介亭雜文集》（《全集》「墓表」作「墓記」）。一九九〇年七月九日李霽野在天津致函臺先生云：「他（素園）離開我們已經近六十年了，是你我一同把他安葬北京西郊萬安公墓的，墓前立了魯迅先生寫的碑。」（臺灣中時副刊）。韋卒於民國廿一年（一九三二），距民國八十九年（一九九〇）為「五十九年」，與李函所稱「近六十年」語相合。韋，安徽霍邱人，與臺先生有同鄉之誼，並同年生。初就讀安徽阜陽第三師範。民國八年（一九一九）赴蘇聯莫斯科東方大學留學。回國後從事俄國文學翻譯。譯有果戈里小說《外套》、俄國短篇小說集《最後的光芒》，詩歌散文集《黃花集》等。民國十四年結識魯迅，共組「莽原」、「未名社」，出版《莽原》半月刊與《未名叢書》。與魯迅關係密切，魯迅致韋氏函有三十封。魯迅日記提及韋氏有一百三十多處。（魯迅生平史料匯編三輯、頁六六六）

八月，致魯迅函，十日魯收到。十五日魯函覆云：

靜農兄：八月十日收到信。……鄭君治學，蓋用胡適之法，往往恃孤本秘笈，為驚人之具，此實足以炫耀人目，其為學子所珍賞，宜也。我法稍不同，凡所泛覽，皆通行之本，易得之書，故遂孑然於學林之外，《中國小說史略》而非斷代，即當見貶於人。但此書改定本，早於去年出版，已囑書店寄上一冊，至希察收。雖曰改定，而所改實不多，蓋近幾年來，域外奇書，沙中殘楮，雖時時介紹於中國，但尚無須因此大改《史略》，故多仍之。鄭君所作《中國文學史》，頃已在上海預約出版，我曾於《小說月報》上見其關於小說者數章，誠哉滔滔不已，然此乃文學史資料長編，非「史」也。但倘有具史識者，資以為史，亦可用耳。……迅啟上八月十五夜（全集十二卷．書信．頁一二五、六）

案：「域外奇書」、「沙中殘楮」指當時國內外陸續發現失傳已久的我國古籍，如在日本發現的元刊全相平話五種（殘本），在敦煌發現的唐代變文殘頁等。（參全集十二卷，頁一二七附註三）。「鄭君《中國文學史》」，係指鄭振鐸著《插圖本中國文學史》，一九三二年十二月北京樸社出版。（參全集十二卷，頁一二七附註二、四）。「關於小說者數章」指鄭振鐸所作〈《水滸傳》的演化〉，載《小說月報》第二十卷第九期（一九二九年九月）、〈《三國志演義》的演化〉，載《小說月報》第二十卷第十期（同年十月）、〈明清二代的平話集〉，載《小說月報》第二十二卷第七、八期（一九三二年七、八月）等文。

（參據全集十二卷，頁一二七附註五）。

致函魯迅，十五日午後魯收到。翌日作覆並贈修訂本《中國小說史略》一冊。《日記》：

十五日，晴，熱。午後……得臺靜農信。

十六日，曇。上午……覆靜農信並贈《中國小說史》一本。（全集十五卷，頁二六）

案：魯迅於民國十二年七月、九月在北京女高師及世界語專校任講師，講授中國小說史。十二月編講義爲《中國小說史略》上冊。十三年六月編下冊，皆由北京新潮社出版。十四年九月合爲一冊由北京北新書局再版。十九年十一月二十五日修訂《中國小說史略》並作題記。二十年七月由上海北新書局出版。本年所獲贈者，當即去年出版之修訂本。

九月十五日，日本承認僞滿，外交部提出嚴重抗議。

二十一日下午，魯迅寄《三閒集》與臺先生及李霽野。二十八日魯函告錯寄《淑姿的信》，二十九日發信。《日記》：

二十一日，曇。……下午雨一陣。以《淑姿的信》寄季茀，以《三閒集》寄靜農及霽野。（全集十五卷，頁三十）

函云：

靜農兄：前幾天我的《三閒集》出版，因寄上兩本，一託轉霽野，到今才知道弄錯了，……你所收到的大約是《淑姿的信》，這是別人所要的，但既已寄錯，現在即以贈

> 兄罷。……迅上九月廿八日（全集十二卷·書信·頁一三五）

又《日記》：

> 二十九日，晴。上午寄靜農信。（全集十五卷，頁三十一）

案：別人係指許壽裳（參全集十二卷，頁一三六附註一）。壽裳字季茀（或作弗），日記作茀，音同。

十一月十五日下午，魯迅往訪臺先生，不得其居處。《日記》：

> 十五日，晴，風。……下午往北新書局訪小峰，已回上海。訪齊壽山，已往蘭州。訪靜農，不得其居，因至北京大學留箋於建功，托其轉達。（全集十五卷，頁三十七）

十六日下午，與霽野同訪魯迅，並贈《在京及大連所見中國小說書目提要》一本。《日記》：

> 十六日，晴。下午幼漁來。……霽野、靜農來，晚維鈞來，即同往同和居夜飯，兼士及仲澐已先在。靜農並贈《在京及大連所見中國小說書目提要》一本。（全集十五卷，頁三十八）

十九日晚，與魯迅、沈兼士、魏建功等聚會於幼漁府。《日記》：

> 十九日，晴。……下午訪幼漁，見留夜飯，同席兼士、靜農、建功、仲澐、幼漁及其幼子，共七人。臨行又贈《晉盛德隆熙之碑》並陰拓本共三枚。（全集十五卷，頁三十八）

二十日下午，訪魯迅。《日記》：

二十日，星期。晴。……下午靜農來。（全集十五卷，頁三十八）

二十二日下午，陪魯迅往北京大學第二院演講，又陪往輔仁大學演講，晚，應沈兼士邀赴東興樓聚餐。《日記》：

二十二日，晴。……下午紫佩來並見借泉一百。靜農來，坐少頃，同往北京大學第二院演講四十分鐘，次往輔仁大學演講四十分鐘。時已晚，兼士即邀赴東興樓夜飯，同席十一人，臨別並贈《清代文字獄檔》六本。（全集十五卷，頁三十八）

案：魯赴北大演講，講題爲〈幫忙文學與幫閒文學〉，記錄稿收入《集外集拾遺》。輔大講題爲〈今春的兩種感想〉（參《魯譜稿》頁二八八）

二十六日下午，訪魯迅，並攜往沈兼士所贈書《考古學論叢》一本及《輔仁學志》五本。《日記》：

二十六日，晴。……下午幼漁及仲澐來。靜農來，並持來《考古學論叢》一本，《輔仁學志》第一卷第二期至第三卷第二期共五本，皆兼士所贈。（全集十五卷，頁三十九）

是日晚，魯迅出席在北海後門，臺先生家中舉行北平左翼社團歡迎會。與會者有陳沂、于伶、潘訓、宋之的、陸萬美（《魯譜稿》頁二八九）。《臺靜農年表》：

同月（十一月）廿五日晚，魯迅在臺靜農家會見北平左聯、劇聯、教聯、社聯，和文總的負責人共二、三十人。

案：日記：「十一月二十五日，……晚師範大學代表三人來邀演講，約以星期日。」是知魯出席臺家聚會，不在二十五日晚。《魯譜稿》編注：「【二十六日下午】臺靜農來請魯迅往其寓參加北平各左翼社團歡迎會，魯迅在會上講了話。」（參全集十五卷，頁四附註七）所見甚是，年表誤差一日。

二十七日下午，訪魯迅。《日記》：

二十七日，星期。晴。……下午靜農來。（全集十五卷，頁三十九）

二十八日下午，送魯迅至東車站，返上海。《日記》：

二十八日，晴。……下午靜農相送至東車站，矛塵及其夫人已先在，見贈香煙一大盒。晚五時十七分車行。（全集十五卷，頁三十九）

案：送魯至車站係送其返上海。魯以北平母病，十一月十三日，自上海到達北平。留半月作五次演講。二十八日自北平返上海，三十日抵達。（《魯譜稿》頁二九一）

十二月上旬，得魯迅自上海來信及書籍。《日記》：

一日，晴。……下午寄母親信。寄靜農信。（全集十五卷，頁四十）

二日，曇。……下午以書籍分寄其吾、雲章、靜農、仲服。（全集十五卷，頁四一）

案：十二月一日、二日，魯自上海發信、寄書，收到信、書當在是月初旬或中旬。

九日，下午魯迅為臺先生寫一橫幅字。《日記》：

九日，晴。……下午維寧及其夫人贈海嬰積鐵成象玩具一盒。為岡本博士寫二短冊，為靜農寫一橫幅。（全集十五卷，頁四十一）

十二日，臺先生第二次被捕。李霽野〈從童顏到鶴髮〉一文記其事云：

一九三二年十二月十二日，靜農突然被捕，我們很驚訝，因為他從未參加什麼政治活動。報載搜出了「新式炸彈」，我們更莫名其妙了。經過很多周折才查明是高履芳存放在他家裏的她父親遺物——一件小小的化學儀器，並由她去信說明，靜農才很快被釋放了。……一對從俄國回來的朋友，一身外國服裝，很引人注目，但靜農招待他們在家居住。……即使存放的東西中有被誤認的「新式炸彈」，幾乎闖了大禍，他們（指臺家）並不拒絕。……靜農和我保釋孔另境出獄，他深夜回暫居的靜農寓所。見到出了事，便打長途電話通風報信，叢蕪和我一早乘火車到京，躲開了去天津逮捕我們的人。……

（《紀念文集》頁六〇、六一）

案：據此可知：一、臺先生被捕原因有二，其一為與李霽野保釋共黨嫌疑人物孔另境。其二為招待自蘇俄歸來服裝引人注目的朋友（指王冶秋高履芳夫婦）居住，並任其存放所謂「新式炸彈」。二、李霽野因得臺先生長途電話，未被逮捕。三、由高履芳去信說明「炸彈」係「化學儀器」，很快被釋放。《年表》謂十二月下旬釋放，應可信。《行狀》謂二十二年一月中旬公安局投擲試驗「新式炸彈」無反響，臺先生方「取保獲釋」，似未得實。至謂臺先生「西城皇城根七十九號寓所」，遭搜查出所謂「反動文件」和「新式炸彈」，及被迫辭去輔大教職，回鄉小住各節，可補充李文之缺略。

是日下午，魯迅得臺先生信。《日記》：

十二日，晴。大風。下午得靜農信。（全集十五卷，頁四十一）

十三日，魯迅致函臺先生云：

靜農兄：日前寄上書籍兩包，又字一卷，不知已收到否？字寫得極壞。請勿裱掛，為我藏拙也。來函及小說兩本又畫報一份，均收到。照相能得到原印片一份，則甚感。大約時間師大學生自治會中人，當能知道的。記文甚怪，中有「新的主人」云云，我實在沒有說過這樣一句話。此上，即頌近好。迅上十二月十三夜（全集十二卷．書信．頁一五四、五）

案：畫報指《世界畫報》第三六四期（一九三二年十二月四日），其中刊有以《魯迅在師大》為題的照片五枚。（參全集十二卷、頁一五五附註二）

十四日，魯迅午後寄臺先生信。《日記》：

十四日，晴。午後寄靖華信。寄靜農信。（全集十五卷，頁四十二）

下旬，臺先生無罪獲釋後，被迫辭去輔仁教職，回故鄉小住。〈輔大創校點滴〉：

「九一八次年回皖」。

案：民國二十年九月十八日，日本侵略東北，是爲九一八事變。次年爲廿一年。回皖當指回故鄉霍邱葉家集而言。

本年，參子益堅出生。

陳獨秀五十四歲：十月十六日，與宋逢春等被捕，送南京關押。二十三日，蔡元培、柳亞子、林語堂等呼籲國民政府釋放。

魯迅五十二歲：二月三日與矛盾、郁達夫、胡愈之等簽署〈上海文化界告世界書〉，抗議日本侵略暴行。四月編雜文集《三閒集》、《二心集》並作序。十一月廿二日至廿八日，到北大、輔大、女子文理學院、北京師大、中國大學等處演講。

胡適四十二歲：仍任北大文學院長。四月四日夜致蔣夢麟函，推辭代任北大校長。八日夜，覆汪精衛函，辭任教育部長。五月創辦《獨立評論》出版，旨在以獨立精神，公平態度，研究當前問題。五月「上海停戰協定」簽字。八月作〈上海戰爭的結果〉，認是「失敗之中的成功」。五月十九夜《中國中古思想史》前十二章脫稿。六月五日為文贊成廢止內戰運動。二十七夜為文〈贈與今年的大學畢業生〉，認為要深信「今日的失敗，都由於過去的不努力；今日的努力，必定有將來的大收成。」十月三十日在北大國文系演講〈陳獨秀與文學革命〉，推許陳氏建設國民、寫實、社會文學三大主張。十二月一日在武漢大學演講〈中國歷史一個看法〉。與蔣委員長首次見面。溥心畬卅七歲：三月九日，滿洲國在長春成立，以溥儀為執政，作〈臣篇〉以告廟、明志。輯海印上人詩為《碧湖集》。莊嚴卅四歲：四月長子莊申出生。五月撰〈金得勝陀碑跋〉，發表於《學文》雜誌第一卷第五期。

民國二十二年　一九三三　卅二歲

是年春，由啟功（元白）陪同到恭王府訪晤溥心畬。雖是初識，而談話甚為親切。記〈有關西山逸士二三事〉云：

> 我與心畬第一次見面，是在北平他的恭王府。恭王府的海棠最為知名，當時由吾友啟元白兄陪我們幾個朋友去的。王府庭院深深，氣派甚大，觸目卻有些古老荒涼，主人在花前清茶招待，他因我在輔仁大學與美術科主任溥雪〔齋〕先生相熟的關係，談起話來甚為親切，雪齋是心畬從兄。這兩位舊王孫，同負畫苑盛名。兄清癯而弟豐腴，皆白晳疏眉，頭髮漆光，身材都不算高。（《龍坡雜文》，頁一〇五）

案：十八年九月臺先生始受聘輔大講師。從「他因我在輔仁大學與……溥雪〔齋〕先生相熟的關係，談起話來甚爲親切」等語，可知進恭王府訪溥心畬，不可能在十八年九月以前，又廿一年臺先生始識啟功，知進恭王府必在廿一年以後。海棠指海棠樹，春日開花。據「王府的海棠最爲知名」、「主人在花前清茶招待」等語，可知時在春日，茲姑定進王府在廿二年春。啟功字元白，其八世祖弘晝爲乾隆皇帝（弘曆）胞弟，時爲和親王。啟功雖爲宗室遠支，但與溥家關係仍甚密切。啟爲溥心畬早期學生，民國十三年溥心畬從戒壇寺遷回萃錦園，常受邀至萃錦園寒玉堂，溥親加指導。溥雪齋名伒，爲心畬從兄，善詩畫。心畬有〈題雪齋從兄秋江釣艇圖〉等詩，可見其以繪畫著名，甚受推重，因得聘爲輔大美術系主任。恭王府原爲乾隆大學士、權臣和珅宅第。位在北海公園北面。咸豐（奕詝）即位，弟奕訢受封爲恭親王，分得和珅故宅，稱恭王府。奕訢爲心畬祖父（心畬父名載瀅），光緒二十四年心畬兄溥偉繼承爵位。民國後恭王府抵押與輔仁大學。王府背後部分爲花園名「萃錦園」，民國十三年心畬兄弟自戒壇寺回王府租住「萃錦園」。園西院有六株六、七人合抱海棠樹，據傳樹齡近三百年。春日花發，香聞數里。心畬兄弟常邀文人雅士，夜飲賦詩，傳爲盛事。（參《溥傳》頁八六、四三二）啟功引介臺先生入恭王府，一則爲結識心畬，一則爲觀賞萃錦園名花。

初春，長子病卒，年九歲。（參〈年表〉，〈行狀〉）

一月五日，午後魯迅得臺先生信。《日記》：

五日，曇。午後往內山書店，……得靜農信。（全集十五卷，頁五十五）

二十六日，魯迅夜為鄔其山生書一箋，已而毀之，別錄以寄臺先生。《日記》：

二十六日，舊曆申年元旦。曇，下午微雪。夜為季市書一箋，錄午年春舊作。為畫師望月玉成君書一箋……又戲為鄔其山生書一箋云：「雲封勝境護將軍，霆落寒村戮下民。依舊不如租界好，打牌聲裏又新春。」已而毀之，別錄以寄靜農。改勝境為高岫，落為擊，戮為滅也。（全集十五卷，頁五十八）

是日，致函魯迅，三十一日下午魯收到。《日記》：

三十一日，晴。……下午寄紹興朱宅泉五十。得靜農及霽野信，二十六日發，夜覆。（全集十五卷，頁五十八）

二月六日，致魯迅函及照片，十二日魯函覆云：

靜農兄：六日來信收到，並照相四枚，謝謝。民權保障會大概是不會長壽的，且聽下回分解罷。……《文學月報》四期，已托人往書局去取，到後續寄，現所出者為五、六合本，此後聞已秘密禁止云。在輔大之演講，記曾有學生記出，乞兄囑其抄一份給我，因此地有人逼我出版在北平須草成一小冊與之也。……迅上二月十二夜（全集十二卷．書信．頁一七二、三）

《日記》：

十一日，……。下午伊洛生來。得靜農信並照片四枚，六日發。（全集十五卷，頁六十二）

案：民權保障會全稱中國民權保障同盟。是一九三二年十二月由宋慶齡、蔡元培、魯迅、楊杏佛等發起組織的團體；總會設上海，繼又在上海、北平成立分會。

又：「在輔大之演講指〈今春的兩種感想〉，後收入《集外集拾遺》」（參全集十二卷，頁一七三附註四）

十三日，午後魯迅寄臺先生信並《豎琴》六本。《日記》：

十三日，晴。午後覆程琪英信。寄靜農信並《豎琴》六本。（全集十五卷，頁六十二）

廿四日，致魯迅函並寄講稿及白話詩五本，三月一日魯迅函覆云：

靜農兄：二月廿四日信，講稿並白話詩五本，今日同時收到。……聞胡博士有攻擊民權同盟會之文章，在北平報上發表，兄能覓以見寄否？（全集十二卷．書信．頁一七六、七）

《日記》：

一日，晴。午後寄木村毅信。……得靜農信並《初期白話詩稿》五本，半農所贈。夜寄母親信。覆靜農信。（全集十五卷，頁六五）

案：講稿指〈今春的兩種感想〉，後收入《集外集拾遺》」（參全集十二卷，頁一七三附註一）。「胡博士有攻擊民權同盟會」之文章，指胡適在北平《獨立評論》周刊第三十八號（一九三三年二月十九日）發表的〈民權的保障〉中說：「前日報載同盟的總會宣言有要求『立即無條件的釋放一切政治犯』的話，……這不是保障民權，這是對一個政府要求革命的自由權。一個政府要存在，自然不能不制裁一切推翻政府或反抗政府的行動。」「我們觀察今日參加這個民權保障運動的人的言論，不能不感覺他們似乎犯了一個大毛病，就是把民權保障的問題完全看做政治問題，而不看做法律的問題，這是錯誤的。」民權同盟，即中國民權保障同盟；胡適曾擔任北平分會主席，後被開除。（參全集十二卷，頁一七三附註十）

三月七日，致魯迅函並寄晨報一張，十一日魯函覆云：

靜農兄：七日函及另封之《晨報》一張，均於今日收到。……國中諸事，均莫名其妙，但想來北平終當無慮耳。今年本尚擬攜孩子省母，大局一變，此行亦當取消矣。迅啟上三月十一夜（全集十二卷．書信．頁一八二、三）

《日記》：

十一日，雲。午後得靜農信並北平《晨報》一張，七日發。（全集十五卷，頁六六）

案：大局一變指一九三三年一月，日軍侵佔山海關後，又向長城谷口大舉進犯，蔣介石於三月間派何應欽取代張學良為北平軍政首領，進一步推行柔和政策，華北形勢危急。（參全集十二卷，頁一八三附註一）

十三日，下午魯迅寄臺先生信並照片一枚。《日記》：

> 十三日，晴。……下午寄靜農信並照片一枚。（全集十五卷，頁六七）

二十五日，下午魯迅寄函並《蕭伯納在上海》六本。《日記》：

> 二十五日，晴。下午寄靜農信並《蕭伯納在上海》六本。（全集十五卷，頁六八）

三十日，上午魯迅寄來《一天的工作》六本。《日記》：

> 三十日，晴。上午以《一天的工作》十本寄靖華。又以六本寄靜農等。（全集十五卷，頁六九）

五月九日，午後魯迅寄書來。《日記》：

> 九日，晴。……午後寄矛塵信並《兩地書》二。以書分寄季市、靜農、志之等。（全集十五卷，頁七六）

六日，致函魯迅，十二日魯收到。《日記》：

> 十二日，晴，風。……午後得靜農信，六日發。（全集十五卷，頁七六）

六月，致函魯迅，二十八日魯收到，即覆。《日記》：

> 二十八日，晴，熱。下午為萍蓀書一幅云……。得靜農信，即覆。（全集十五卷，頁八四）

八月，臺先生轉任國立北平大學女子文理學院文史系國文組講師一年，講授中國小說史。當時女子文理學院院長兼文史系國文組主任係由范文瀾（仲湖）擔任；國文組同事有沈兼士、曹靖華（聯亞）、白滌洲、沈啟元、孫席珍、侯址、陳君哲等。前臺大國文系教授張

敬即係當年之學生（參年表）

寄魯迅函內為未名社致開明書店函及收據，二十九日魯收到，即覆。《日記》：

二十九日，晴。……晚得母親信。得靜農函，內為未名社致開明書店信並收條二紙。（全集十五卷，頁九十）

十二月，致函魯迅，二十七日下午魯收到。翌日作函回覆。《日記》：

二十七日，雲。上午得志之信。得靜農信。（全集十五卷，頁一一二）

二十八日，雲。上午覆靜農信。（全集十五卷，頁一一二）

陳獨秀五十五歲：三月底以危害民國罪受起訴，四月二十六日判刑十三年。

魯迅五十三歲：在上海。二月赴宋慶齡寓所參加歡迎英國作家蕭伯納午餐會。十二月編雜文集《南腔北調集》作題記。是月與西諦（鄭振鐸）合編《北平箋譜》出版。

胡適四十三歲：仍任北大文學院長。元旦改定〈評論近人考據老子年代的方法〉，文分六章，認為馮友蘭、梁啟超、錢穆、顧頡剛提出老子書晚出説法，論證不充分。二月二十四日英國蕭伯納來華，與之談論日本人決不能征服中國，後寫〈日本人應該醒醒了〉一文。六月十八日自滬啟程赴美，二十七日寫《四十自述》自序。七月在芝加哥大學演講，説明中國文藝的復興。十月回國過日本橫濱，見鈴木大拙，討論北宋六祖《壇經》。十一月二十日「閩變」發生，二十七日夜，發表〈福建大變局〉文，認是一群

「同床異夢」軍人政客，臨時湊合的反國民黨局面。十二月卅一日蔣廷黻發表〈論專制並答胡適之〉文，刊獨立評論八十三期。

溥心畬卅八歲：在寒玉堂舉行南張北溥合畫盛會。以山水畫〈寒巖積雪〉圖參加柏林中德美展。

張大千卅五歲：應南京中央大學校長羅家倫之聘，任藝術系教授。參加巴黎「波蒙博物館」主辦之「中國近代畫展」，〈荷花〉軸為該館購藏。

莊嚴卅五歲：擢昇為國立故宮博物院古物館第一科科長。六月，次子莊因在北平出生。

民國二十三年　一九三四　卅三歲

一月十二日，魯迅自上海來函云：

靜農兄：《北平箋譜》大約已將訂成，兄所要之一部，已函西諦兄在北平交出，另一部則托其交與天行兄，希就近接洽。……迅頓首一月十二日（全集十二卷．書信．頁三四一）

《日記》：

十二日，晴。……午後寄靜農信。（全集十五卷，頁一二六）

致函魯迅，二十五日下午魯收到，翌日回覆。《日記》：

二十五日，晴。……下午得靖農信。（全集十五卷，頁一二八）

二十六日，晴。上午覆姚克信。覆靜農信。（全集十五卷，頁一二八）

案：靖、靜音近，魯或一時筆誤。

二月十一日，函魯迅，時魯居滬，十四日為農曆甲戌元旦，晨，亞丹返北平，魯以火腿一隻、玩具一種託其轉贈臺先生。是日下午魯收到臺先生十一日函，十五日下午魯覆信云：

靜農兄：二月十一日來信昨收到。我的信竟入於被裝裱之列，殊出意外，遺臭萬年姑且不管，但目下之勞民傷財，為可惜耳。……西諦藏明版圖繪書不少，北平又易於借得古書，所以我曾勸其選印成書，作為中國木刻史。前在滬聞其口談，則似意在多印圖而少立說，明版插畫，頗有千篇一律之觀，倘非拔尤紹介，易令讀者生厭，但究竟勝於無有，所以倘能翻印，亦大佳事，勝於焚書賣血萬萬矣。此覆即頌時綏　迅頓首二月十五日午後（全集十二卷．書信．頁三五七）

《日記》：

十四日，舊曆壬戌元旦。晴。晨，亞丹返燕，贈以火腿一隻、玩具五種，別以火腿一隻、玩具一種托其轉贈靜農。下午得靜農信，十一日發。（全集十五卷，頁一三一）

十五日，晴。……下午寄靜農信。（全集十五卷，頁一三二）

案：魯迅廿一年十一月十三日以母病自滬至北平，二十八日返滬。廿三年歲次甲戌，元旦為國曆二月十四日。《日記》「壬戌」為「甲戌」之誤。亞丹似指曹靖華（1897–

1987）。原名聯亞，筆名亞丹，化名爲汝眞。「燕」指北平。

二十六日，魯迅以《北平箋譜》寄贈。《日記》：

二十六，晴。……以《北平箋譜》寄贈蔡先生及山本夫人、內山嘉吉、坪井、增田、靜農各一部。（全集十五卷，頁一三二）

三月十六日，魯迅來函並寄戲作一絕。函云：

橫眉豈奪蛾眉冶，不料仍違眾女心。詛咒而今翻異樣，無如臣腦故如冰。三月十五日夜聞謠戲作，以博靜農兄一粲。旅隼三月十六日（全集十二卷．書信．頁三七六）

《日記》：

十六日，晴。上午覆天下篇社信。聞天津《大公報》記我患腦炎，戲作一絕寄靜農云。……（全集十五卷，頁一三五）

三月，致函魯迅，二十三日，午後魯得信。《日記》：

二十三日，……。午後得李霽城信，……得靜農信。（全集十五卷，頁一三六）

又函魯迅，二十五日魯收到，廿七日晚覆函：

靜農兄：二十五日得惠書，昨始得《右文說在訓詁學上之沿革及其推測（闡）》一本，入夜循覽，豁然發蒙，……素兄墓誌，當於三四日內寫成寄上；我的字而可以刻石，真如天津報之令我生腦炎一樣，大出意料之外。……隼頓首三月廿七日（全集十二卷．書

信．頁三八〇、一）

《日記》：

二十七日……晚覆靜農信。（全集十五卷，頁一三七）

案：《右文說在訓詁學上之沿革及其推測（闡）》是文字學論著，沈兼士著，一九三三年中央研究院歷史語言研究所出版。又：「素兄墓誌」即魯迅應臺靜農等之請而作的〈韋素園墓記〉，後收入《且介亭雜文》。（參全集十二卷，頁三八一附註一、二）

三十一日，上午魯迅寄函臺先生。《日記》：

三十一日，晴。……寄靜農信。（全集十五卷，頁一三七）

四月三日，上午魯迅以所書韋素園墓表寄臺先生。日記：

三日，晴。上午蔣徑三來。……以所書韋素園墓表寄靜農。（全集十五卷，頁一三八）

七日，致函魯迅，十二日魯覆函云：

靜農兄：七日惠函收到。兼士之作，因我是外行，實不敢開口，非不為也，不能耳。令我作刻石之書，真如生腦膜炎，大出意外，筆畫尚不能平穩，不知可用否？隼頓首四月十二日夜。（全集十二卷．書信．頁四〇三）

案：刻石之書指魯迅手書〈韋素園墓記〉，後收入《且介亭雜文》。（全集十二卷，頁四〇三附註一）

致函魯迅，十二日午後魯得信。十三日魯回覆。《日記》：

十二日，曇。午後得李霧城信，……得靜農信。（全集十五卷，頁一四〇）

十三日，晴，冷。上午寄母親信。覆靜農信。（全集十五卷，頁一四〇）

五月六日，致函魯迅，十日魯得信，即覆：

靜農兄：六日函收到。書六本寄出後，忘了寫信，其中五本，是請轉交霽、常、魏、沈、亞五人的。……北平諸公，真令人齒冷，或則媚上，或則取容，回憶五四時，殊有隔世之感。……豫頓首五月十日（全集十二卷．書信．頁四二五）

《日記》：

十日，晴。上午內山夫人來邀晤鈴木大拙師，……得靜農信，即覆。（全集十五卷，頁一四四）

案：書六本指《解放了的堂．吉訶德》。（全集十二卷，頁四二五附註一）

六月，致函魯迅，談有關拓印畫像事，九日魯得信，即覆：

對於印圖，尚有二小野心。一，擬印德國版畫集，此事不難，只要有印費即可。二，即印漢至唐畫像，但唯取其可見當時風俗者，如遊獵、鹵簿、宴飲之類，而著手則大不易。五六年前，所收不可謂少，而頗有拓工不佳者，如《武梁祠畫像》、《孝堂山畫像》、《朱鮪石室畫像》等，雖具有，而不中用；後來出土之拓片，則皆無之，上海又是商場，不可得。兄不知能代我補收否？即一面收新拓，一面則覓舊拓（如上述之三種），雖重出不妨，可選其較精者付印也。此覆即頌時綏豫頓首六月九日（全集十二卷．書信．頁四七一）

《日記》：

九日，雨。午晴。得靜農信，即覆。（全集十五卷，頁一五〇）

案：此信不全（參全集十二卷，頁四七一附註一），應是開頭部分缺文。魯與臺先生同好收集有關漢唐社會風習畫像拓印本，據此函知，「五六年前」，即民國十八、九年，即開始收集。

十三日，致函魯迅，又寄北平石印本《南腔北調集》，十七日午後、十八日晚，魯先後收到書、信。魯覆函託請代購濟南圖書館藏石拓片事：

靜農兄：今晚得十三日函，書則昨已收到。如此版本，可不至增加誤字，方法殊佳，而代為「普及」。意尤可感，惜印章殊不似耳。倘於難得之佳書，俱以此法行之，其有益於讀者，當更大也。石刻畫像，除《君車》殘石（有陰）外，翻刻者甚少，故幾乎無須鑒別，為舊拓或須問人。我之目的，一、武梁祠，孝堂山二種，欲得舊拓。其佳者即不全亦可；二、嵩山三闕不要；三、其餘石刻，則只要拓本較可觀，皆欲收得，雖與已有者重出亦無害，因可比較而取其善者也。但所謂「可觀」者，係指拓工而言，石刻清晰，而拓工草率，是為不「可觀」，倘石刻原已平漫，則雖圖像模糊，固仍在「可觀」之列耳。濟南圖書館所藏石，昔在朝時，曾得拓片少許；聞近五六年中，又有新發現而搜集者不少，然我已下野，遂不能得。兄可否托一機關中人，如在大學或圖書館者，代為發函購置，實為德便。凡有代價，均希陸續就近代付，然後一總歸還。……隼頓首六月十八夜（全集十二卷．書信．頁四七六、七）

《日記》：

十七日，星期。晴，風。午後得北平翻印本《南腔北調集》一本，似靜農寄來。

十八日，雲，風。……晚得羅清楨信。得靜農信，夜覆。（全集十五卷，頁一五二）

案：一、書指《南腔北調》的北平翻印本，係照相石印。（全集十二卷，頁四七七附註一）。二、《君車》殘石未詳。三、嵩山三闕指河南登封嵩山的東漢石刻，分太室石闕（隸書），少室石闕（篆書）和開母廟石闕（隸書、篆書及畫像）三種。（參全集十二卷，頁四七七附註三）。

二十九日，上午魯迅寄臺先生信。《日記》：

二十九日，晴，風而熱。上午寄靜農信，附致季市函及覆霽野箋。（全集十五卷，頁一五三）

案：季市（茀），許壽裳字，是年夏辭中研院幹事，赴任北平大學女子文理學院院長。

致函魯迅，並寄漢畫像等拓片十種。七月一日午後魯收到拓片。二日上午收到書信。《日記》：

一日，晴，大熱。午後得周權信，……得靜農所寄漢畫像等拓片十種。（全集十五卷，頁一五五）

二日，晴。上午得靜農信。（全集十五卷，頁一五五）

七月三日上午，魯覆信並寄還畫像拓本三種。《日記》：

三日，晴，熱。上午覆陳鐵耕信，……覆靜農信並寄還畫像拓片三種。（全集十五卷，頁一五五）

五日，魯迅上午寄臺先生信並銀元百元。《日記》：

五日，晴。上午寄《自由談》稿一篇。寄靜農信並泉百。（全集十五卷，頁一五五）

案：泉百，指銀元百元。

十四日，又致函魯迅信並寄畫像及造象拓本一包。十五日午後，魯分別收到。十六日下午魯覆信並寄還大部分拓本。《日記》：

十四日，晴，大熱。……午後得達夫信，……得靜農所寄畫像及造象拓本一包。

十五日，晴，熱。午後得靜農信。

十六日，晴，熱。下午寄靜農信並還石拓本，只留三種，其值三元八角……作〈憶韋素

園〉文一篇，三千餘字。（全集十五卷，頁一五六）

十四日，劉復（半農）卒，年四十四。胡適有〈記劉復的死〉，刊〈獨立評論一〇一號〉。

十七日，魯迅寄〈憶韋素園〉文與臺先生。《日記》：

十七日，曇，熱。午前以昨所作文寄靜農。（全集十五卷，頁一五七）

案：「所作文」，指十六日所作〈憶韋素園〉一文。

廿六日，又以共產黨嫌疑被捕。隨後解送南京司令部囚禁，李霽野、范文瀾亦同時被捕。

李〈從童顏到鶴髮〉云：

一九三四年七月二十六日，靜農第三次被捕。並被送到南京關了半年之久。我受牽連，被捕關了一周。（《紀念文集》，頁六一）

案：七月在南京「關了半年」，獲釋當在二十四年一月。《年表》、《行狀》俱言范文瀾同時被捕囚禁。范時任北平大學女子文理學院院長兼國文組主任，臺先生於去年八月轉任文理學院國文組擔任講師，與范同事。又魯迅卅一日下午方得知消息，《日記》記其事云：「得業丹信，言靜農於二十六日被擄。」

本年，次女純行出生。

陳獨秀五十六歲：七月二十一日改判刑期八年，是年作《金粉淚》五十六首。

魯迅五十四歲：七月作〈憶韋素園君〉，八月作〈憶劉半農君〉，九月編《譯文》月刊創刊號作前記。十二月作〈重印《十竹齋箋譜》說明〉，魯與鄭振鐸以「版畫叢刊會」名義重印明代胡正言《箋譜》第一冊。

胡適四十四歲：仍任北大文學院長。一月五日發表〈報紙文學應該全用白話〉文，刊〈大公報星期論文〉。五月十九夜，〈說儒〉五萬字脫稿，提出新看法：認為「儒」是殷民族傳教士，職在治喪相禮。孔子大貢獻是把殷商民族部落性的儒推大到「仁以為己任」的儒，把柔懦的儒；改變到剛毅進取的儒。七月十四日北大教授劉復（半農）過世，為文記其病逝經過，並做輓聯哀悼，有「老朋友之中，無人不念半農」之語。十月八日作〈校勘學方法論〉（序陳垣先生的《元典章校補釋例》），要點為：一、發現錯誤，二、改正，三、證明所改不誤。稱許陳氏「十一法」校書是科學的校勘，奠定新校勘學第一大功。十二月在北平師範大學演講〈中國禪學的發展〉。

溥心畬卅九歲：由華北政府委員長黃郛推介至國立北平藝專任教授，在萃錦園題張大千〈三十自畫像〉、與張大千合作〈秋林高士圖〉。

張大千卅六歲：辭去中大教職，在北平舉行畫展。

莊嚴卅六歲：十二月三男莊喆出生。

民國二十四年　一九三五　卌四歲

去年七月被捕後，經蔡元培、許壽裳、沈兼士等營救，本年一月獲釋。

案：此案經蔡元培、許壽裳、馬裕藻、沈兼士、鄭奠等師友多方面呼籲與竭力營救，在關押近半年後，終於翌年一月無罪釋放。臺先生後兩次被捕押，皆肇因與魯迅關係密切，且又暗中支援北平左翼文學活動。（參《年表》、《行狀》）

一月，出獄後，賦無題詩云：

又是早春寒料峭，小桃風片雨如絲。倘知此際情蕭索，燈火搖搖欲淚時。

案：此詩六十四年手抄本，次於第一首題〈題墨筆牡丹〉詩之後，〈題畫〉詩及〈金陵病院中寄友〉詩之前。不入《白沙草》，自非入川後作。廿三年七月以共黨嫌疑與范文瀾同時被捕，翌年一月獲釋。心情極爲不佳，不久，病發住院（詳後）。此詩有「情蕭索」、「欲淚」語，又云「早春」疑爲廿四年一月出獄後作。

出獄後，因病住院，病中賦寄友詩一首、書感詩二首。〈金陵病院中寄友〉云：

高樓濁酒明燈夜，紅袖殷勤已醉時。今日竟成隔世感，虬公消息最堪思。

〈金陵病中書感〉云：

萬木飄零感逝波，西風一夜渡黃河。難平孤憤惟餘淚，休向人前喚奈何。

血冷孤懷意猶嗔，怕聞桀犬吠唁唁。魯連明辨成何濟，舉目無人不帝秦。

案：民國廿三年七月被捕後，送南京囚禁，廿四年一月釋放。是年四、五月有函致魯迅並寄拓片，可知其時當已病癒出院。疑因囚禁期間身心受損，出獄後病發住院。寄友、書感當在二、三月住院時作。去年范文瀾同時被捕，寄友詩所稱「虬公」，初疑指范氏。後故友莊申教授惠告：「注史齋」係牟潤孫書室名。白沙草有〈寄注史齋〉詩云：「苦憶山東虬髯公，久無尺素到荒居。」（詳後），則此虬公當指牟潤孫。牟氏（一九〇八—一九八八）山東福山人，民國廿一年自燕京大學國學研究所畢業後，嘗任輔仁大學歷史系講師。臺先生十八年九月受聘爲輔大講師，二十年改任副教授兼秘書，廿二年八月轉任北平大學女子文理學院文史系國文組講師。殆有一年時間與牟氏在輔大共事。又三詩見詩集《白沙草》，民國六十四年六月手抄《白沙草》付與臺大中文系林文月教授（見名家翰墨十一期）。七十八年手抄《白沙草》、《龍坡草》稿本共六十九首。此三詩連同其前三首皆置之不錄。揆其用意，殆因此六首乃廿七年入川前所作，不合入《白沙草》詩稿。

二月三日，陳垣致贈扇骨一持，並函云：

昨遊廠甸，在大雅齋見有舊仿小松刻扇骨一持，尚似有意，敬以奉呈，迄哂存為幸。

（《陳垣來往書信集》頁三八一，據《陳譜長編》頁三八四引）

四月，函魯迅，並寄拓片兩包，魯收到拓片未收到函件。

五月二日，再函魯迅，六日下午魯收到，十四日魯覆函云：

青兄：二日函收到了；上月之函，卻未收到。至於拓片兩包，是都收到的。「君車」畫像確係贗品，似用磚翻刻，連簠齋印也是假的。原刻之拓片，還要有神彩，而且必連碑陰，乃為全份。又包中之《曹望禧造像》，大約也是翻刻的，其與原刻不同之處，見《校碑隨筆》。……豫頓首五月十四夜（全集十三卷．書信．頁一五四）

《日記》：

六日，……下午得王志之信。得青曲信。（全集十五卷，頁二二一）

案：簠齋即陳介祺，字壽卿，號簠齋，山東濰縣人，清代古文物收藏家。《曹望禧造像記》，北魏石刻。據《校碑隨筆》稱：原石「正書二十二行，行九字，後餘一行，未刻一大字」，「摹刻本全失原石筆意」。《校碑隨筆》，周秦至五代碑碣五百餘通的校勘記，方若著，一九二一年杭州西泠印社出版。（參全集十三卷，頁一五五，附註一、二）

又案：函稱名「青」，日記稱名「青曲」，後或稱「辰」、「青辰」皆拆「靜農」字偏旁及上下部分爲名。此後至廿五年十月十五日止，魯覆函皆拆字爲名，偶或稱其字「伯簡」。意或與臺先生繫獄有關。

十五日，魯有覆箋。

《日記》：

十五日，晴。上午覆閻揚信。覆靖華信，附覆靜農箋。（全集十五卷，頁二二二）

案：覆箋疑覆臺先生四月函。

出獄後，謀教職未成。

六月一日致函魯迅，六日午後魯收到，二十四日覆函，稱北方謀事，「更無頭緒」。

辰兄：一日信早到。買拓片餘款，不必送到平寓，可仍存兄處，但有文學社稿費八元，想乞兄轉交段幹青君，款即由拓片餘款中劃出。……北方情形如此，兄事想更無頭緒，但國事我看是即以叩頭暫結的。此後類此之事，則將層出不窮。……豫上六月廿四日（全集十三卷．書信．頁一八三、四）

《日記》：

六日，晴，風。午後得胡風信。……得青辰信。（全集十五卷，頁二二六）

二十四日，晴。午後寄靖華信附與青曲箋。（全集十五卷，頁二二八）

案：「兄事」指臺先生被捕出獄後正在謀求大學教職事。「以叩頭暫結」指一九三五年五月，日本向中國提出統治華北權，七月，國民黨政府代表何應欽與日軍代表梅津治郎簽訂《何梅協定》事而言。（全集十三卷．書信．頁一八四附註三、四）

又日記二十四日「附與青曲箋」當指二十四日覆函，附寄於靖華信中。

七月二日，上午魯迅得靖華信，附靖華與臺先生箋。《日記》：

二日，晴。上午寄望道信。……得靖華信，附與靜農箋。（全集十五卷，頁二二九）

三日，魯迅以《小說二集》兩本托曹靖華轉交臺先生。《日記》：

三日，晴。……得靖華信，即覆，並寄雜誌一包，又《小說二集》兩本，托其轉交霽野及靜農。（全集十五卷，頁二三〇）

十六日，致函魯迅，並寄拓片一張，二十二日魯收到，覆函云：

青兄：十六日函併拓片一張，頃收到。山根陰險，早經領教，其實只知樹勢，禍學界耳。廈門亦非好地方，即成，亦未必能久居也。……豫頓首七月廿二日（全集十三卷．書信．頁二〇二）

《日記》：

二十二日，時晴時雨。上午得靜農信並拓片一枚，即覆，附與汝珍箋一。（全集十五卷，頁二三二）

八月，由胡適推薦，臺先生往任福建私立廈門大學中國文學系教授，聘期一年，講授中國文學史等課程（參年表）

是月應聘廈大教職後，七日函告魯迅應聘事，十一日魯覆函稱「既已答應，姑且去試試」。

青兄：七日函收到。廈門不但地方不佳，經費也未必有，但既已答應，亦無法，姑且去試試罷。……南陽畫像，也許見過若干，但很難說，因為購於店頭，多不明出處也，倘能得一全份，極望。《漢壙專集》未見過，乞寄一本。……豫上八月十一日（全集十三卷·書信·頁二一五、六）

《日記》：

十一日，星期。晴。下午貴慎祥來，……得靖華信及靜農信各一，至晚並覆。（全集十五卷，頁二三五）

案：「南陽畫像」指河南南陽縣境內所存漢石刻畫像，一九二三年起陸續發現。《漢壙專集》即《漢代壙磚集錄》，王振鐸編。一九三五北平考古學社影印出版。（參全集十三卷，頁二一六附註一、二）

又案：臺先生函內容不可知，但觀魯迅覆函口氣，當是函告應聘廈大事，徵求魯之意見。魯於十五年九至十二月到廈門大學任教（詳前）。

三十日，下午訪魯迅，贈四盒果脯，魯報以書籍四種。《日記》：

三十日，晴。……下午青曲來並贈果脯四合，贈以書籍四種。（全集十五卷，頁二三七）

案：青曲即靜農之拆字別名。

三十一日，寄贈魯迅《漢代壙磚集錄》一本。《日記》：

三十一日，曇。……靜農寄贈《漢代壙磚集錄》一部一本。（全集十五卷，頁二三八）

九月二日，夜訪魯迅。《日記》：

二日，小雨。……晚河清來並持來《世界文庫》一本。伯簡來。（全集十五卷，頁二三九）

案：伯簡爲臺先生字。

十一日，致函魯迅並寄校本《嵇中散集》。十七日魯收到。二十日魯覆函云：

伯簡兄：十一日信收到，知所遇與我當時無異，十餘年來無進步，還是好的，我怕是至少是辦事更頹唐，房子更破舊了。書兩種，已分別寄出。圖書目錄非賣品，但係舊版，據云須十月才有新本。《新文學大系》則令書店直接寄送，……校嵇康集亦收到。此書佳處，在舊鈔；舊校卻劣，往往據刻本抹殺舊鈔，而不知刻本實誤。戴君今校，亦常為舊校所蔽，棄原鈔佳字不錄，然則我的校本，固仍當校印耳。專此布達，並頌時綏。樹頓首九月二十日（全集十三卷．書信．頁二四七）

《日記》：

十七日，晴。……得伯簡信並校本《嵇中散集》一本。午後往良友公司為伯簡定《中國新文學大系》一部。（全集十五卷，頁二四一）

二十日，晴。上午覆伯簡信。（全集十五卷，頁二四一）

案：圖書目錄指《全國出版物目錄彙編》，一九三三年生活書店出版。後由平心重編，改名《生活全國總書目》，一九三五年十一月生活書店出版。（參全集十三卷，頁二四七、八附註一）。《嵇康集》指《嵇中散集》，一九三五年上海商務印書館據明嘉靖四年汝南黃氏南星精舍刊本影印，爲《四部叢刊初編》之一。臺先生寄此書時，曾朱筆過錄戴荔生的校勘批註。「我的校本」指《嵇康集》。（參全集十三卷，頁二四八附註二、三）

十月，致函魯迅，六日午後魯收到。《日記》：

六日，星期。曇。午後霽。……得靜農信。（全集十五卷，頁二四四）

十一月十一日，致函魯迅並寄《南陽漢畫像訪拓記》一本。十五日魯收到。覆函云：

伯簡兄：十一日信並《南陽畫像訪拓記》一本，頃同時收到。關於石刻事，王冶秋兄亦已有信來，日內擬即匯三十元去，托其雇工椎拓，但北方已冷，將結冰，今年不能動手亦未可料。印行漢畫，讀者不多，欲不賠本，恐難。南陽石刻，關百益有選印本（中華書局出版），亦多凡品，若隨得隨印，則零星者多，未必為讀者所必需，且亦實無大益。而需鉅款則又一問題。我陸續曾收得漢石畫像一篋，初擬全印，不問完或殘，使其如圖目，分類為：一，摩崖；二，闕、門；三，石室、堂；四，殘雜（此類最多）。材料不完，印工亦浩大，遂止。後又欲選其有關於神話及當時生活狀態，而刻畫又較明晰者，為選集，但亦未實行。南陽畫像如印行，似只可用選印法。瞿木夫之《武梁祠畫像考》，有劉翰怡刻本，價鉅而難得，然實不佳。瞿氏之文，其弊在欲誇博，濫引古書，使其文浩浩洋洋，而無裁擇，結果為不得要領。近來謠言大熾，四近居人，大抵遷徙，景物頗已寂寥。上海人已是驚弓之鳥，固不可詆為「庸人自擾」。但謠言則其實大抵無根，所以我沒有動，觀倉皇奔走之狀，黯然而已。專此布覆，並頌時綏。樹頓首十一月十五午（全集十三卷．書信．頁二七七、八）

《日記》：

十五日，雨。上午寄章雪村信。……得伯簡信並《南陽畫像訪拓記》一本，即覆。（全集十五卷，頁二四九）

案：《南陽畫像訪拓記》即《南陽漢畫像訪拓記》，孫文青撰，一九三四年南京金陵大學出版。（參全集十三卷，頁二七八附註一）。「關百益」名葆謙，字百益，河南開封人，金石學家。其選印本指《南陽漢畫像集》，一九三〇年九月中華書局影印出版。（參全集十三卷，頁二七八附註三）「瞿木夫」名中溶，字萇生，號木夫，江蘇嘉定人，清代金石學家。《武梁祠畫像考》即《漢武梁祠堂石刻畫像考》，共六卷，並附圖一卷，前石室畫像考一篇，一九二六年吳興劉氏（劉翰怡）希古樓曾刻印。（參全集十三卷，頁二七八、九附註三、四）

二十三日，致函魯迅，二十九日魯收到。十二月三日魯覆函，四日寄發。《日記》：

伯簡兄：十一月二十三日函已收到。拓漢畫款，先已寄去卅，但今思之，北方已結冰，難施墨，恐須明春矣。關百益本實未佳，價亦太貴，倘嚴選而精印，於讀者當更有益。顧北事正亦未可知，我疑必骨奴而膺主，留所謂面子，其狀與戰區同。珍籍南遷，似未確，書籍價不及鐘鼎，遷之何為。校長亦未紛來，二代表則有之，即白與許，曾見許君，但未問其結果，料必不得要領而已。上海亦曾大遷避，或謂將被徵，或謂將徵彼，紛紛奔竄，汽車價曾至十倍，今已稍定，而鄰人十去其六七，入夜闃寂，如居鄉村，蓋亦「閒適」之一境，惜又不似「人間世」耳。《死靈魂》出單行本時，《世界文庫》上亦正登畢，但不更為譯第二部，因《譯文》之夭，鄭君有下石之嫌疑也。此祝康吉　樹上十二月三夜（全集十三卷．書信．頁二八八、九）

《日記》：

二十九日，……得徐訏信，下午覆。得靜農信。（全集十五卷，頁二五一）

【十二月】四日，雨。……午後寄靜農信。（全集十五卷，頁二五二）

案：「北事」指一九三五年十一月，日本爲併呑華北，唆使漢奸殷汝耕成立冀東防共自治委員會，發動「華北五省自治」，國民政府亦於十二月指派宋哲元等成立「冀察政務委員會」，以滿足日本關於「華北政權特殊化」的要求。「珍籍南遷」指國民政府曾有南遷鐘鼎文物的事。一九三三年一月，日本侵佔山海關後，國民政府曾將歷史語言研究

所、故宮博物院所藏鐘鼎等文物分批從北平運至南京、上海。「鄭君」指鄭振鐸。（參全集十三卷，頁二八九附註一、二、三）

十二月六日，下午魯迅寄來《圖書總目錄》一本。《日記》：

六日，晴。……下午寄靜農《圖書總目錄》一本。（全集十五卷，頁二五二）

十六日，致函魯迅。十二月二十一日魯收到。二十二日覆函云：

伯簡兄：十六日信已到。過滬乞惠臨，廈門似無出產品，故無所需也。北平學生遊行，所遭與前數次無異，聞之慘然，此照例之飾終大典耳。上海學生，則長跪於府前，此真教育之效，可羞甚於殞亡。南陽楊君，已寄拓本六十五幅來，紙墨俱佳，大約此後尚有續寄。將來如有暇豫，當併舊藏選印也。賤軀無恙，可釋遠念。專此布覆，並頌時綏

豫頓首十二月二十一夜（全集十三卷．書信．頁三〇二、三）

《日記》：

二十一日，上午鎌田夫人來，……得伯簡信。（全集十五卷，頁二五四）

二十二日，晴。……午後覆臺伯簡信。（全集十五卷，頁二五四）

案：魯覆函末署「二十一夜」與日記相差一日，此從日記。「北平學生遊行」指一二九運動。「上海學生長跪於府前」，指一九三五年十二月二十一日《申報》「本市新聞」欄，曾刊有上海學生為聲援北平學生遊行而跪在國民黨市政府前請願的照片。「楊君」

指楊廷賓，河南南陽人。當時在南陽女子中學任教。（參全集十三卷，頁三〇三附註一、二、三）

陳獨秀五十七歲：在南京監獄服刑。

魯迅五十五歲：一月重訂《小説舊聞鈔》作再版序。二月始譯俄果戈里小説《死靈魂》第一部，十月譯畢。四月譯畢高爾基《俄羅斯的童話》。十二月編雜文集《花邊文學》作序。是月作歷史小説〈宋薇〉、〈出關〉、〈起死〉與前作〈不周山〉、〈補天〉、〈奔月〉等五篇，集為《故事新編》作序。

胡適四十五歲：一月南下到香港，五月接受港大法學名譽博士學位，（自此至三十八年共獲美、加、英等國卅六個博士學位）。十一日至二十日抵梧州、邕寧、柳州、桂林等地演講、遊覽。作《南遊新憶》。二十六日坐船出國。四月八日有〈我們今日還不配讀經〉，認為古經字義未明，不易懂。十三日《楞伽宗考》脱稿，論者謂為佛教史學上學術研究大文章。五月〈論讀別字〉文，刊《獨立評論》一五二號，認為約定俗成，別字別音即正字正音。八月十一日有〈辜鴻銘〉文，刊《大公報、文藝創刊》六十四期，九月七日選為中研院評議員。十二月九日北平學生罷課遊行請願，中共自以為〈青年革命運動〉，胡適與蔣夢麟、傅斯年等發言指斥，胡責之尤力，稱：「有意見好好説，不要下流。」

要鎮定，要在敵人威脅下照常讀書，不能假冒抗日教育來宣傳馬克思主義。」

溥心畬四十歲：慶四十壽，在萃錦園設宴、演戲慶壽，冠蓋雲集。

張大千卅七歲：在北平舉辦第二次畫展，筆下大幅黃山奇景，震驚藝壇。首次在英國「伯靈頓美術館」展出作品。

民國二十五年　一九三六　卅五歲

春，臺先生代廈門大學洽聘胡適為校長，胡婉謝，未成。《胡譜長編》：

二十五年……今春，廈門大學擬聘先生為校長，托由臺靜農代為接洽，先生婉謝。（四冊，頁一五〇二）

案：時廈大校長爲林文慶（夢琴），胡適是年四十六歲，時任北大文學院院長。

一月，自廈門至上海，七日訪魯迅並餽贈蜜餞等物。《日記》：

七日，微雪。上午靜農來並贈蜜餞二瓶，麵二合，文旦五枚，又還泉十五。（全集十五卷，頁二六九）

二月二十五日上午，訪魯迅並贈桂花酸梅鹵。《日記》：

二十五日，微雪。上午靜農來並贈桂花酸梅鹵四瓶，代買果脯十五合。（全集十五卷，頁二七六）

不久，回廈大任教上課。

三月，致函魯迅，十六日午後魯收到。《日記》：

十六日，晴。午後得伯簡信。（全集十五卷，頁二七九）

四月，廈大因經費嚴重不足，緊縮編制，將中文系與外文系合併為文學系，由周辨明擔任系主任。臺先生任教至七月即辭職北上。

五月二日，致函魯迅，七日魯得信即覆云：

伯簡兄：二日信收到。此信或可到在月半之前。……「第三種人」已無面目見人，則驅戴望舒為出面腔，冀在文藝上復活，遠之為是。《文學》編輯，張天翼已知難而逃，現定為王統照，其實亦系傅鄭輩暗中佈置，操縱於後，此兩公固未嘗衝突也。……樹頓首

五月七日（全集十三卷．書信．頁四〇二、三）

《日記》：

七日，晴。上午寄母親信。……得靜農信，即覆。（全集十五卷，頁二八八）

案：「第三種人」指杜衡、施蟄存和戴望舒，三人曾計劃復刊《現代》雜誌，由戴望舒出面向各地作家招股和徵稿，後未成。（參全集十三卷．書信．頁四〇三附註一）

作〈《擇偶的藝術》序〉，此書為陳夢韶著，一九三六年十月由上海北新書局出版，收入

《文集》。序言介紹該書大致內容和自己的印象。其要點為：

一、「儒家的本身思想」是「極可愛」的，「單就男女的關係來看」，便「具有人性的美」；只是「後來儒家學說被御用了」、「戴了儒家面具」，變得「玄虛」和「討厭」了。二、擇偶本來是有「藝術」的，如「淑女」宜配「君子」；後來變了，「那藝術便是所謂門第」；現在又變了，「時代潮流，衝破了封建文化」，「男女相悅」除了「感情」、還要「冷靜與理智」的。

六月十一日，在廈門南普陀山居，著〈從杵歌說到歌謠的起源〉，九月十九日載《北大歌謠周刊》二卷十六期。要點如下：

一、歌謠產生應先於文字，時代久遠，歌謠最早風格隨著改變。今從「杵歌」尚可看出歷史蛻變的痕跡。

二、荀子「請成相」，俞樾認為此種特殊體製，是從「杵歌」演變而成。

三、半開化民族，初以杵臼和聲而歌，繼則以此為喪樂，又因喪樂演變為獨立樂歌。就荀子「請成相」，或當時「杵歌」已脫離「杵聲」而成為民間通行歌曲。

四、研究歌謠該從題材觀察其生活背景，從形式發現其技巧演變。由某種題材發現某一社會階段及其生活姿態，此即自然科學方法，至於形式上音節的調諧，詞類的引用，則屬於文藝史範圍。

案：自序稱著此文動機是一九三六年任教廈門大學時，見上海《申報》畫刊「番女杵歌」照片，一時興會而作。投北方《歌謠周刊》，得馮沅君、佟晶心著文補證。知早在南宋「杵歌」已成爲獨立樂隊。馮著〈論杵歌〉、佟作〈夯歌〉均附錄於本文之後。由此可見臺先生於早年所著此文，相當受重視。

六月廿七日，廈門大學文學院院長李相勗具函，發二十五年度聘書（廿五年八月－廿六年七月），續聘臺先生任國文學系教授一年。

在廈大氣候不宜，常為疾病所苦，七月辭去廈大教職，北上青島，八月專任山東大學中文系講師。講授詩經、中國文學史、歷代文選等課程。

本年十二月廿一日，臺先生在山大致函胡適云：「生本年度原係仍留廈大，惟因今春在廈，身受溼熱甚重，常為疾病所苦。適有友人在山大，遂來此充任一專任講師。」（見後）又〈我與老舍與酒〉：「我初到青島，是廿五年秋季。」（文集頁一四三）

案：據「本年度原係仍留廈大」語，知臺先生在廈大有二年教授聘約。爲健康只得暫時屈就山大講師職位。疑當時山大未有教授空缺，聘爲講師不得不然。臺先生手札自記經歷，有「二十四年八月－廿六年七月廈門大學教授」及「廿四年度至二十六年任廈門大學教授」二條（見輯存遺稿頁五八、五九），而不記山大講師一節，殆以廈大二年聘約而言。

到青島後有函致陳垣，九月二十一日陳覆函，語多勸勉，謂「人情複雜，似不必介意」、「待遇之多寡，更不足計較」、「仍望努力，勿作五日京兆之想」。

前晤莊公，知臺從（疑當作終，原文誤。）有到青機會，即極力慫恿玉成其事。今奉來示，知已到青，為之大慰。青地絕佳，常在海邊獨坐，即是無上快樂，人情複雜，似不必介意。待人處世，只有忠信篤敬四字。以弟飽經憂患，定能領略，至於待遇之多寡，更不足計較矣！仍望努力，勿作五日京兆之想為幸。……皖峰又病，其勢不輕，幸已好轉。仍在西什庫醫院，如有去信，勿作憂鬱之譚，令其傷感為要。（《陳垣來往書信集》頁三八一，《陳譜長編》頁四〇二引）

六日後，二十七日覆陳垣函：

奉到二十一日示諭，教以處世之道，謹當永佩勿忘。……皖峰又病，曾接儲夫人書告以情形，至以為念。（《陳垣來往書信集》頁三八二，《陳譜長編》頁四〇三）

九月三十日，致函魯迅。十月四日午後魯收到，十五日魯覆函云：

伯簡兄：九月三十日信早到，或憊或忙，遂稽答覆。……我鑒於世故，本擬少管閒事，專事翻譯，藉以糊口，故本年作文殊不多。繼嬰大病，槁臥數月，而以前以畏禍隱去之小丑，竟乘風潮，相率出現，乘我危難，大肆攻擊。於是倚枕，稍稍報以數鞭，此輩雖猥劣，然實於人心有害。兄殆未見上海文風，近數年來，竟不復尚有人氣也。今年由數人集資印亡友遺著，以為紀念，已成上卷，日內當托書店寄上，至希察收，其下卷已校畢，年內當可裝成耳。專此布達，並頌時綏。樹頓首十月十五夜（全集十三卷．書信．頁四七五）

《日記》：

四日，晴。午後得靜農信。（全集十五卷，頁三〇五）

十六日，晴。上午覆李虹霓信，……覆靜農信並贈《述林》。（全集十五卷，頁三〇七）

案：魯覆信所署時日與日記相差一日，是月十九日魯迅病逝，此爲二人最後一次通信。函中所謂「報以數鞭」指魯迅所作〈論我們現在的文學運動〉、〈答徐懋庸並關於抗日統一戰線問題〉和〈半夏小集〉等文，後均收入《且介亭雜文末編》。（全集十三卷．書信．頁四七五）「數人集資印亡友遺著」「數人」指魯迅、鄭振鐸、陳望道、胡愈之和葉聖陶等。《海上述林》係由他們集資刊印。（參全集十三卷．書信．頁四七五、六註一、二）

秋末冬初，首晤老舍（舒慶春）。時老舍攜家眷，住青島山東大學附近，專事寫作，嘗贈臺先生新著小說〈老牛破車〉。〈我與老舍與酒〉云：

我在青島大學教書時，一天，他到我宿舍來，送一本新出版的《老牛破車》，我同他說，「我喜歡你的《駱駝祥子》」，那時似乎還沒有印出單行本，剛在《宇宙風》上登完。他說，「只能寫到那裡了，底下咱不便寫下去了。」笑著，「嘻嘻」的——他老是這樣神氣的。

我初到青島，是二十五年秋季，我們第一次見面，便在這樣的秋末初冬。先是久居青島的朋友請我們吃飯，晚上，在一家老飯莊，室內的陳設，像北平的東興樓。他給我的印象，面目有些嚴肅，也有些苦悶，又有些世故；偶然冷然的衝出一句兩句笑話時，不僅僅大家轟然，他自己也「嘻嘻」的笑，這又是小孩樣的天真呵。

從此，我們便廝熟了，常常同幾個朋友吃館子，喝著老酒，黃色，像紹興的竹葉青，又有一種泛紫黑色的，味苦而微甜。據說同老酒一樣的原料，故叫做苦老酒，味道是很好的，不在紹興酒之下。直到現在，我想到老舍兄時，便會想到苦老酒。有天傍晚，天氣陰霾，北風雖不大，卻馬上就要下雪似的，老舍忽然跑來，說有一家新開張的小館子，賣北平的嫩羊肉，於是同石蓀仲純兩兄一起走在馬路上，我私下欣賞著老舍的皮馬褂，確實長得可以，幾乎長到皮袍子的一大半，我在北平中山公園看過新元史的作者八十歲翁穿過這麼長的一件外衣，他這一身要算是第二件了。

那時他專門在從事寫作，他有一個溫暖的家，太太溫柔的照料著小孩，更照料著他，讓他安靜的每天寫兩千字，放著筆時，總是帶著小女兒，在馬路上大葉子的梧桐樹下散步，春夏之交的時候，最容易遇到他們。彷彿往山東大學入市，拐一彎，再走三四分鐘路，就是他住家鄰近的馬路，頭髮修整，穿著淺灰色西服，一手牽著一個小孩子，遠些看有幾分清癯，卻不文弱，原來他每天清晨，總要練一套武術的，他家的走廊上就放著一堆走江湖人的傢伙，我認識其中一支戴紅纓的標槍。（節錄《文集》頁一四三—一四六）

案：此文卅三年九月載重慶抗戰文藝月刊三、四期合刊。時任教於江津白沙女子師範學院（詳後）。

十二月二十一日，致函胡適，報告廈大及山大有關人事。

適之吾師：……山大校長為林濟青氏，省政府委員，曾任教會齊魯大學校長，此次長山大，聞系（係）韓主席保薦。此校無文學院，僅有國文、英文兩系，全校學生四百餘人，國文系學生六十餘人。

至於廈大，過去兩年，辨明先生任校長，力加整頓，情形漸好。本年因辨明先生與陳嘉庚氏有改革學校之約，後為林文慶氏所知，因與其左右力攻辨明先生，陳嘉庚便中途返漢，辨明先生不安其位，辭去文學院院長，廈大一切從此操縱於林氏左右兩三人之手，（教部有國立東方語言學校之創辦，趙元任先生推薦辨明先生任校長，就否尚未定。）開學後，學生一度罷課，要求國家收回，校方懇請廈門市長出面調解，風潮始息。政府年初十餘萬之津貼，竟任其腐敗下去，實為可惜。

往年生在北平任事，於南方情形，實為隔膜，近年以來，據所知者與北平較之，相差誠遠。如學校當局，除對外敷衍政府功令外，對內惟希望學生與教員相安無事而已；至於如何提倡研究風氣，如何與學生及教員研究上之方便，均非所問。長此以往，誠非國家之福。

專此，即詢

康和

學生臺靜農敬上【民廿五】十二月廿一日

（節錄《胡適書信選》，頁九四七—九四八）

案：民國十一年九月至十六年臺先生在北大求學期間，胡適在北大講授「國語文學史」等課程，自有機會列其門牆聽講，因有師生之誼。又臺先生與胡適姪兒思永，頗有交情。思永十二年卒，翌年嘗作新詩悼念（見前）。

本年或其前後，編寫《中國文學史方法論》講義，共七講，綱目如下：

第一講中國原有之文學方法要籍分類

第二講形式的研究：一、體製。二、意境。三、詞藻。

第三講作者的文學環境：一、作者與其當時風氣之關係。二、作者與其家庭之關係。三、作者與朋友之關係。

第四講社會環境：一、家世與生活：甲、世家。乙、平民。丙、居地。丁、境遇。二、政治階段：甲、太平時代。乙、紛亂時代。丙、國祚交替。丁、文士所屬之政治關係。

三、社會型態：甲、制度。乙、生活。丙、貧富貴賤之階級。

第五講傳記的研究：前言：作品與作者人格因果的聯繫：甲、文士自作的傳記。乙、史家文士傳記。丙、私家文士傳記。

第六講年譜的研究：甲、年譜的考訂法。乙、年譜的體例：壹、時代的背景。貳、記載人物和文章。參、批評與附錄。

第七講作品的研究：甲、題目。乙、內在的思想。壹、顯示的。貳、暗示的。丙、內在的情緒研究：壹、情感心理或適宜。貳、情感的活躍或有力。參、情緒的繼續或真實。肆、情緒的範圍或變化。伍、情緒的階級式性質。丁、文字表現法：壹、描寫法。貳、表情法。參、聲韻法。肆、風格。（《輯存遺稿》頁六六－一三四）

案：廿四年八月臺先生應聘廈大後，始講授中國文學史課程，廿五年八月應聘山東大學亦講授此課程，至廿六年六月。是年秋入川後，在白沙九年書寫文稿多用或「一曲書屋」稿紙，或國立編譯館稿紙。（見《輯存遺稿》頁一三五－一九六），此編講義稿紙，其中有標示出「松雅齋」者（見頁七九、九九、一〇一、一一三、一一五、一一七、一二三等），據此推想，松雅齋稿紙疑是臺先生在廈大或山大編寫《中國文學史方法論》講義所用，講義編寫年代當在廿四年八月至廿六年六月任教廈大、山大期間。

陳獨秀五十八歲：在獄中。

魯迅五十六歲：三月肺病轉劇，六月與巴金等聯名發表〈中國文藝工作者宣言〉，十月與郭沫若、茅盾等聯名發表〈文藝界同人為團結禦侮與言論自由宣言〉，十月九日作雜文〈章太炎先生二、三事〉，十七日又作〈因太炎先生而想起的二、三事〉，十九日逝世於上海寓所。

胡適四十六歲：去年九月七日與蔣夢麟、羅家倫等聯名致書蔡元培，以其年近七十尚無可住家藏書房屋，擬合力新建房屋以贈。一月一日蔡氏函覆「決然謝絕」，其中云：「元培因沒有送窮的能力，但諸君子也不是席豐履厚的一流，伯夷築室供陳仲子居住，仲子怎麼敢當呢？」「僅拜領諸君子的厚賜，誓以餘年，益盡力對國家文化的義務，並勉勵子孫，永永銘感，且勉為公爾忘私的人物，以報答諸君子的厚意。」一月五日丁文江（一八八七—一九三六）病逝。二月初作紀念丁在君詩二首。二月九夜有〈丁在君這個人〉文，三月九日作〈《歌謠周刊》復刊詞〉，是春廈大托臺先生代接洽請胡適來任校長，胡婉謝。八月初到美國出席太平洋國際學會。十二月十二日西安事變發生，十八日作〈張學良叛國〉文，與傅斯年文〈論張賊之叛變〉同印成傳單，開飛機投擲西安，二十五日蔣委員長脫險。

張大千卅八歲：由上海中華書局出版《張大千畫集》，徐悲鴻撰序，五月與方介堪、於非閣在北平舉行書畫篆刻聯展。

莊嚴卅八歲：七月撰〈倫敦中國藝術國際展〉，刊於《國立故宮博物院年刊》，後收入《山堂清話》。

肆、始經喪亂到半山草堂——華髮江鄉住九年

（民國廿六年八月。一九三七——卅五年七月，一九四六）

民國二十六年　一九三七　卅六歲

任教青島山東大學。

作小說〈登場人物〉，三月廿五日載上海胡風主編《工作與學習叢刊》第二輯《原野》，署名孔嘉。（參據《年表》）

案：此篇多種臺先生著作目錄均未載。

七月一日，離青島，應朋友約到北平度暑假。搭膠濟路火車至濟南，遊大明湖、千佛山。

〈始經喪亂〉云：

一九三七年七七事變發生時，我到北平剛四天，我原在青島山東大學教書，暑假快到，北平朋友要我去度暑假，而我自離北平後，也時有流落異地之感。學校既放假，遂搭膠濟路火車到了濟南，當地朋友陪我遊了大明湖及千佛山，湖水已經淤積，千佛山亦頗荒涼。可是這一古城，給我直覺的印象，彷佛一個人樸厚而有真氣。（《龍坡雜文》頁一四一）

案：廿六年七七事變發生，臺先生到北平剛四天，抵達日期當為七月一日。此與卅三年九月作〈我與老舍與酒〉所謂「廿六年七月一日，我離開青島去北平，接著七七事變。」（《文集》頁一四五）一語相合。

四日，到北平，七日，蘆溝橋事變發生，抗日戰爭爆發。〈始經喪亂〉云：

到了北平剛休息過來，盧溝橋轟然一擊，震驚了整個中國人民的心。幾天後，聽說我們的駐軍撤退了，偌大的歷史古都，已無防禦，空了。可是北平城的老百姓走不了，而且還要活下去。其實他們也是飽經憂患的，自八國聯軍後，民國以來，大小軍頭兒稱霸，他們都算過來了。而自九一八後，日本人與漢奸在華北的種種活動，已使北平人敢怒而不敢言，因而凜然於這次事變的嚴重。（《龍坡雜文》頁一四一、一四二）

二十日，為好友李霽野在北平中山公園來今雨軒證婚。是日，在來今雨軒晤張大千，獲邀至其寓所，觀其所藏。〈記張大千〉云：

去年夏初余為吾友霽野證婚，由青島去北平。七月二十日舉行婚禮於中山公園之來今雨軒。是日大千由蘇州回平，來此茗坐晤談甚歡，並約至其寓觀其所藏。……（文集頁八二）

案：該文發表於廿七年十一月二十五日（詳後），「去年夏初」自指二十六年。惟臺先生確於是年七月一日啓程赴北平，四日到達（詳前）。此「夏初」當是「秋初」之誤。

《全傳》，廿六年七月初，大千居士自四川回滬，十七日乘火車離滬，十九日抵北平，二十日去西四牌樓錢粮胡同拜訪湯爾和。又赴寒玉堂訪溥心畬。（《全傳》上冊，頁一四四）未記臺、張相晤一節。又臺先生稱大千居士自蘇州回平，而傳稱自上海回，疑大千乘火車先至蘇州，後回北平。

三十日，日軍進北平城。時臺先生住北大教授魏建功家。是日中午與啟功同醉於魏家。啟畫荒城寒鴉圖贈別。〈始經喪亂〉云：

七月三十日敵軍進了北平城，是在盧溝橋事變二十多天以後。到處張貼「日軍入城司令」的佈告，宣佈佔領了中國的北京城。同時站在坦克車上武裝士兵，敵視著北京城的人民，坦克車巡迴馳駛著，地都是動的。中午我與苑北兄同醉在魏建功兄家，苑北擅書畫，信筆為我畫了一幅荒城寒鴉圖，象徵了這一歷史古都的劫運。今已事隔半世紀，偶一展視，當年國亡之痛猶依稀於蕭疏淡墨中。（《龍坡雜文》頁一四二）

案：苑北，啟功字，又字元白。約二十一年臺先生始與之認識（見前）。

在北京魏建功寓所「獨後來堂」過錄魯迅詩二長卷，各三十九首。其一卷八月七日鈔成。九年後在四川白沙贈同事方重禹（名管，筆名舒蕪。詳卅五年）（《法書集》（一），頁四、五著錄）。

案：魯迅詩凡三十九首，七日臺先生所鈔一長卷，其前有魯夫人景宋題記云：「迅師對詩文雖工而不喜作，偶有所成，多應朋友邀請，或抒一時性情，每隨書隨棄，不愛拾集。間嘗以珍藏請，亦時遭哂笑。所鈔存凡三十九首，乃從集外集及日記中得來。」後有款識云：「一九三七年於八月七日晚寫於北平獨後來堂。靜農」。鈐印：靜農之印。其後跋云：「一九三七年七月四日余自青島到平寓魏建功兄處之獨後來堂。又三日盧溝橋事變起，余遂困居危城，不得南歸。時建功兄方輯魯迅師遺詩，鈔寫成卷，余因過錄兩卷，此一卷鈔成於八月七日，明日敵軍進城。……」（見《法書集》二）

之後（約八月八、九日），乘火車離開北平，擬先到南京見胡適，轉達有關北大將來問題。再到蕪湖挈家眷。車到天津，南下火車已中斷，轉搭小火輪到煙臺。煙臺古名之罘，神仙所居，秦皇漢武曾到此。〈始經喪亂〉記當時經過觀感。

我住在魏建功家，他是北京大學教授，負了歷史文化使命的北大，一旦侵掠者炮火當前，其光與熱也就黯然無色。而留守北大者除了事變發生時令他們守護這一文化古堡外，竟斷了聯繫。約在八月初平津鐵路通車了，我定在通車第三天離北平，因為我的家人還寄居在蕪湖。建功告訴我，留守北大的朋友們，有關北大將來的問題，必得向胡適之先生請示，希望我能為之當面轉達。於是我決定先到南京再去蕪湖。

到了火車站，立刻感到不同尋常，人聲嘈雜，擁擠不堪，既不分頭二三等，搶上車就好，遇到熟人，也不過冷冷的對看一下而已，其中有大學教授與知名之士。此一行程，正常不過兩小時，竟走了加倍的時間。車到天津車站不能即刻下車，要等日軍先走。看到一小隊日本兵，每人手捧著布包的骨灰盒子，低著頭目不斜視的走過，那坦克車上的威風完全沒有了。這倒使我大為高興，可是沒有抵抗，哪有這樣事，這當然是民間志士游擊的壯舉。

從天津到南京浦口的火車，早已斷了，只有搭開灤煤礦的小火輪先到煙臺。船經過唐山時，船上執事人通知大家得躲進艙裏，以防敵人在岸上開炮。這隻小船上的人已經夠多了，一下都擠進艙裏，有人受不了嘔吐起來，所幸為時甚短也就過了這一關。

到了煙臺，我因沒有什麼行李，只提了一個布包袱就上岸了，又累又渴，急想找一小店買瓶汽水喝。可是有一警員有意無意的跟蹤著我。到了汽水店，他走到我的面前，我以為發生了什麼事，可是不然，他直截了當的問我一句話：「看見了咱們飛機沒有？」原來後方有此謠傳，我們的飛機去炸了敵人，他特來證實這一事實。不幸我的答覆使他失望，沮喪的走開了。

煙臺古名之罘，位居高巖，俯臨大海，一眼望去，浩蕩無際，是神仙窟宅，方士膜拜的勝地。紀元前兩位大君秦始皇與漢武帝為求不死之藥，都到過此地。後來明朝在此設狼煙臺以防倭寇，始名煙臺，至清英法條約，闢作商埠。先是防東來的倭寇，既則為西方侵掠者所控制，今東寇且挾其火力深入，對此茫茫碧海，前途已不可想像。（《龍坡雜

文》頁一四三—一四四）

案：八月七日猶在北京魏建功寓所鈔寫魯迅詩卷，估計其離開北京當在八月八、九日。**從煙臺搭長途汽車經蓬萊縣，不能進城，車上望去，碧海之濱，林木茂密，城郭人家，隱約其中，直如一幅奇麗山水畫。到濰縣，夜宿城外飯店，城中有楊氏海源閣藏書樓，藏善本書數萬卷，欲參觀而不可得。〈始經喪亂〉記其事云：**

從煙臺搭長途汽車去濰縣，途中小雨，公路泥滑，行駛甚慢，到達城外時，已經天晚，不能進城，即在城外飯店住下。於是同幾個鄉友自動到廚房燒火下麵條，沒有青菜，只有大蔥，這是山東名產，果然，每人一大碗都吃得香美。意外的，每人碗底都有兩三隻紅頭綠蒼蠅。原來交秋晚涼，蒼蠅都躲到鍋灶屋頂上，忽然一大鍋熱氣衝上去，蒼蠅只有翻觔斗似的落下來了。人站在鍋前，油燈無光，又是熱氣，並看不出來。所幸都煮熟了，細菌不會有什麼作用，不過大家都不免有些噁心，但在流離中也就不計較這些了。濰縣城內有楊氏海源閣藏書樓，聚宋元本以下善本數萬卷，知名海內外，當時想：能到海源閣大門前看看也是好的。又車經蓬萊縣時很想進城走走，當然不可能。只得在車上望去。碧海之濱，林木茂密，城郭人家，隱約其中，直如一幅濃鬱奇麗的水墨畫，車上少年不覺對之大叫，我卻想到小學時學寫顏魯公麻姑仙壇記中的事，麻姑說：曾見東海三為桑田，今見蓬萊水比往年淺了一半，恐將又要變成陸地了。這神話使我感慨的不只

是蓬萊一地。（《龍坡雜文》頁一四四—一四五）

案：從煙臺到濰縣，須先經蓬萊縣，所謂「又車經蓬萊縣時」一節，乃倒敘，依序當次於濰縣前。

八月中，到濟南，在火車站上遇到山東大學同事。彼稱變賣家產，將逃往江南。〈始經喪亂〉云：

> 到了濟南，火車站旁行李如山，及大大小小的兒童，有三四位山東大學同事，神色沮喪與妻子行李窩在一起。有一同事原是青島人，帶著父母妻子兄妹們八九口，我問他，你是本地人為什麼也要走？他說：青島已經掌握在日本人手中，一旦正式佔領了，還有好日子過？老人家流著眼淚將祖產店鋪賣了，全家逃往江南，有政府在，總不會作亡國奴。（《龍坡雜文》頁一四四）

案：卅三年九月作〈我與老舍與酒〉一文稱：「廿六年七月一日，我離青島去北平，接著七七事變，八月中我又從天津搭海輪繞道到濟南，在車站上遇見山東大學同學，知道青島的朋友已經星散了。」（文集，頁一四五）知到濟南時在八月中旬。此稱「從天津搭海輪繞道到濟南」當指繞道煙臺、蓬萊、濰縣到濟南而言。「山東大學同學」似當作「山東大學同事」爲是。

下旬，自濟南乘火車抵達蚌埠，住進旅館，遇日本飛機轟炸。次晨與同伴分手，獨往南京

見胡適。〈始經喪亂〉云：

搭上火車抵達綰淮南交通的蚌埠，市面繁華，勝於省會懷寧。雖然報紙上喧騰上海江灣已發生了戰事，市民熙來攘往仍像平常一樣。我們住定了旅館，都鬆了一口氣，卻立刻感到一身油膩，於是拿了兩件乾淨衣服往澡堂去，沒想到剛坐下，敵機轟炸起來。這是蚌埠首次遭遇，市面雖未破壞，人民卻騷亂起來。次晨我與同伴分手，獨自去南京看胡先生。（《龍坡雜文》頁一四五）

案：八月中到濟南，似未停留。自濟南到蚌埠再轉南京，行程不算太遠，時日當不會久，估算抵南京約在八月下旬或九月初。

八、九月間，到南京住張目寒家。翌日晨見胡適，轉告北平淪陷後有關北大事。後胡氏化名「藏暉」函北大秘書長鄭天挺，言及「臺君（靜農）見訪」一節。〈始經喪亂〉記其事云：

到了南京，時已傍晚，直去張目寒兄家，他住的是一樓一底的房子。一進門就見到用四張老式靠椅駕一床板，上面覆著棉被，地面也鋪了棉被，像一長方帳篷，我問目寒，這是做什麼的？目寒笑著說是孩子搭的防空洞，我也不覺大笑。當晚同胡先生通了電話，他知道了我從北平來，即說「你來得正好」，約定明天早晨見面。見到了胡先生，好像剛起床，倦容滿面，第一句仍說「你來得正好。」原來這天下午教育部召開會議，討論北方大學問題，蔣孟鄰校長也要從杭州趕到。於是我向他報告留守北大的朋友們要我轉達的兩點：一、七七事變後，只接過一通電話，要他們維持下去，可是現在日軍已進了北平，變化甚快，究竟要他們維持到什麼時候。二、目前學校經費日形拮据，將來怕無法支援。胡先生聽了，還用筆記下來。

事隔半世紀，《胡先生年譜長編》一六一五頁記云：九月九日給北京大學秘書鄭天挺信，化名「藏暉」，商人語氣，答覆了我所轉達的兩點：一、「弟唯一希望諸兄能忍痛維持松公府內故紙堆，維持一點研究工作。」松公府是北大紅樓的前身，即北大文學院所在地。二、「弟與孟兄已託興業兄為諸兄留一方之地，以後當繼續辦理。」這是說他與蔣孟鄰校長委託浙江興業銀行，按月交一萬元供北大維持費。至於說：「弟自愧不能有諸兄的清福，故半途出家，暫作買賣人，謀蠅頭之利，定為諸兄所笑。然寒門人口眾多，皆淪為困苦，亦實不忍坐視其凍餒，故不能不為一家糊口之計也。」這是說為國難而出國作國民外交，心情是沈重的。胡先生這封信，是在出國動身前寫的，足見當時教育當局對於北平淪陷的大學，尚沒有辦法，當然這是要取決於國策大計的。（《龍坡雜文》頁一四六、一四七）

案：據《胡譜長編》：胡氏以廿六年九月八日離南京去武漢，再飛香港，轉機赴美。九日致函北大鄭天挺，其中云：「弟前夜與孟、枚諸公分別，攜大兒子西行，明日可到漢

口。……臺君見訪，知兄與莘、建諸公皆決心居留，此爲最可佩服之事。……船中無事，早起草此。」（五冊，頁一六一五）

案：孟，指北大校長蔣夢麟；枚，指枚孫即周炳琳；臺君，指臺靜農；莘，指莘田即羅常培；建，指魏建功。函亦見鄭堯晟〈「七七事變」時的北京大學—憶先父鄭天挺先生〉文（傳記文學．七四卷六期．八十八年六月刊）引。函稱「船中」，據鄭文，知係九月九日在九江長江船中作。臺先生訪胡適，距胡發函日不太久，時當在九月初或八月底。

當日見胡適後，到中央研究院訪前北大同學董彥堂（作賓）**，又往城南見酈衡叔，午後又往訪少年同學潘伯鷹，轉致北平方介堪所刻印章。回張目寒住處，傍晚，遇日本飛機轟炸。〈始經喪亂〉云：**

當日我與胡先生談了後，就去中央研究院看董彥堂兄，時彥堂兄正與徐仲舒兄忙著檢點圖書，準備搬遷。再去城南看酈衡叔兄，他見到我，既驚訝又感傷的說，正要在下午去武昌暫避。他是南京人，有老母妻子家累頗重的。我回到目寒處，時方中午，目寒說：我以為你早晨出門後，不知什麼時候才能回來呢，居然沒有遇到警報。

午飯後，去看潘伯鷹兄，因離北平時方介堪兄為他刻的幾方印，要我帶交給他。他是我少年同學，習古文，作舊詩，又擅長書法，也寫張恨水派的小說，筆名「鳧公」，久居幕府，有舊京名士習氣。見他神態悠然，方據書案，欣賞古帖。他的家人已疏散到別處，有一女傭人為他燒飯，留我多坐些時，晚飯可以小飲，我辭了，仍回到目寒處。傍晚時，忽然警報大響，接著就是飛機聲轟炸聲。開始時目寒還鎮定，以為跟前幾次一樣未炸市區，漸漸感到嚴重，我們自動地走下樓，竟向孩子所搭的防空洞躲進。據說這次是南京炸得最厲害的第一次。目寒也緊張起來，檢點他收藏的字畫，打算運到安全地方去。

我從淪陷了的北平出來，經過海陸線，不知千幾百里，都平靜無戰事似的，而到了首都，竟置身於敵人的彈火下，真是出乎意外而無可奈何之事。雖然，「國破山河在」的時會，這不過是我身經喪亂的開始。（《龍坡雜文》頁一四七、一四八）

案：酈衡叔，籍貫南京，居城南。任教於杭州浙江大學文理學院。十餘年後（三十七年八月）嘗來臺，在省立師範學院國文系任教一學期。（詳後）

十月，流寓蕪湖與家人相聚。因有病人，走動不得，心中抑塞。一日偶在書店買得知堂老人所著《瓜豆集》，甚是高興。〈老人的胡鬧〉一文云：

在廿六年十月我正流寓於蕪湖，那時整個的街市上，都充滿了兵、難民，我因為有一病人的關係，走動不得，心下十分抑塞。一天，偶在一家書店的玻璃櫃中見到一本素白的封面上，以疏淡的字體寫著《瓜豆集》，其下又以渴筆行草簽署「知堂自題」四字，其旁鈐一長方「知慚愧」小印，印文工整而流動，想是琉璃廠同古堂張樾丞的鐵筆罷。知堂老人喜歡印章的，如日常用的有「山上水手」、「冷煖自知」同這書上的「知慚愧」，都同樣的有意思。那時我是非常喜歡買到這本小書，一因這是知堂老人在七七事變前三個月出版的新書，二因知堂老人文章的雋永處大可以消磨些時日。（《文集》頁一三八）

案：〈始經喪亂〉文稱：「我決定先到南京再去蕪湖」、「因爲我家四人還寄居在蕪湖」（見前引）可知流寓蕪湖是爲攜眷入川。據〈記張大千〉文謂「今年（廿七）年七月余侍親攜眷過宜昌」，（《文集》頁八一），知臺先生寓居蕪湖家人，包括父母、妻、子（益堅民國廿一年生）、長女（純懿，民國十六年生）、次女（純行，廿三年生）。

陳獨秀五十九歲：七七事變，日本侵略中國，八月中，日機轟炸南京，監獄被炸坍，躲在桌下未受害，二十三日獲釋，拒絕國民政府安排。託人轉告中共願回黨工作，並派代表至延安，九月離南京至武漢，與董必武見面表示願回黨，但不願書面檢討。十二月，王明反對中共中央與陳獨秀談判。

胡適四十七歲：一月十九日〈給魏建功書〉論孟森（心史）證實戴東原偷趙東潛《水經注》一案，初認為「似無可疑」，後自己研究結果，完全平反誣陷戴東原的罪案。蘆溝橋事變後，八月，發動北京各大學南遷長沙，繼遷昆明。九月八日自南京至武漢，再飛抵香港，十六日赴美抵舊金山。從此到二十七年八月，在美、加等地演講，宣傳政府抗日決心。

溥心畬四十二歲：農曆十一月二十六日，其母項氏逝世。義子溥毓岐於本年入溥家。

張大千卅九歲：在上海舉行大規模個展，蘆溝橋事變起，返北平接眷，遭日人軟禁。

莊嚴卅九歲：三月奉命自故宮博物院北平總院調職南京分院。後負責押運故宮文物精品八十箱由南京運至貴陽。

民國二十七年　一九三八　卅七歲

年初，回鄉霍邱葉家集，與夫人、父、母分別獲難民證。證稱：

安徽霍邱縣葉家集難民　臺靜農

安徽霍邱縣葉家集難民　臺于氏

安徽霍邱縣葉家集難民　臺佛岑

安徽霍邱縣葉家集難民　臺樊氏（見遺存資料）

案：廿六年十月與家人流寓蕪湖，廿七年二月七日受霍邱縣長聘爲自衛隊副主任（見後）。回鄉至葉家集當在廿六年末至廿七年初。其目的似是辦理難民身分證以便出亡赴四川。

二月七日，受霍邱縣長萬崑山委任為壯丁自衛隊總隊部政訓股副主任，又聘為人民自衛隊

政治部副主任。（遺存資料）

七月初，至漢口，獲母樊氏、子益堅二人難民證。文云：

> 非常時期難民救濟委員會漢口市支會難民證。臺樊氏廿七年七月七號，編五十五號。臺益堅年月日同，編十七號。（遺存資料）

案：據難民證頒發年月，可知是年七月初已自霍邱縣抵達漢口。

七月，挈家人過湖北宜昌，因病困，不能西行。時張大千居士兄善子亦至宜昌，告知大千已逃離北平，抵達上海。〈記張大千〉云：

> 今年七月，余侍親攜眷過宜昌，因全家病困，不能西行。時大千令兄善子先生亦流寓此間。一日善子先生欣然謂余曰：「大千來電，已抵上海矣！」余不禁為之快慰。蓋以大千之重名，輕離敵人範圍，實多困難。大千卒以計脫敵人之環伺，並攜其收藏以歸，世之知大千者當知其苦心也。（《文集》頁八二）

案：大千居士廿七年六月十日隻身乘火車脫離北平赴天津，乘輪船到上海，居租界李秋君家。七月，二十四箱字畫由北平運抵上海。八月初大千與家人由上海抵香港，十月輾轉抵達重慶與兄善子聚晤。（《全傳》上冊，頁一五七—一六〇）。是年七月臺先生滯留宜昌，正當大千離平到滬第二個月，從其兄善子得知其脫險訊息年月正相合，惟據《全傳》考察張善子行蹤，善子是以廿六年八月率家人自蘇州西上。十一月到宜昌，十二月底抵重慶。廿七年春去昆明，秋自昆明返重慶（上冊，頁一五一、一五二、一六二）。善子廿六年十一月流寓宜昌，與臺先生廿七年七月過宜昌相距六、七個月，自不可能在宜昌相晤。頗疑廿七年秋善子自昆明返渝，或繞道三峽，路過宜昌，得大千脫險電報，因以轉告臺先生。其時善子家已定居重慶，善子至昆明時，似未帶家人往返，廿七年七月到宜昌，當是路過，出亡流寓應在去年十一月。

是年秋（七、八月）入川，居江津縣白沙鎮柳馬岡當地富紳莊園。臺益堅〈追悼父親臺靜農〉文稱：

> **剛入川第一年，由老友幫忙，住進白沙鎮當地一富紳的莊園。（《紀念文集》頁一〇二）**

案：莊園位於白沙鎮柳馬岡。其地或稱「白沙場溜馬崗」（見卅八年五月十二日陳獨秀致臺先生函封面，《珍藏書札》頁四）、「白沙場柳馬岡」、「白沙場外柳馬岡」（廿八年五月十七、十八日陳函封面，同前，頁七、九）。馬或作麻（同前頁二二、二三）。富紳，〈年表〉謂為鄧燮康。據臺先生〈懷詩人寥音〉（《龍坡雜文》頁一一三）及臺益堅〈身處艱難氣如虹〉（《名家翰墨》卅三期，頁一〇〇）二文所稱，臺先生朋友四川大學葉石蓀教授再三來信要臺先生攜眷入川，為安排居住白沙，由其岳父鄧禰仙照顧一切。鄧安排居住其子侄輩的柳馬岡莊園，由是可知鄧燮康應是禰仙子侄輩。

抵白沙後不久，受聘為編譯館編譯委員會委員，時陳可忠任館長。

案：「遺存資料」有紙聘書：沙編聘（文）第00014號，正文爲：「茲聘請先生爲本館編譯委員，此致臺靜農先生　館長陳可忠」。不詳年月，臺先生以廿七年秋（約八、九月）抵江津白沙鎭，此聘爲編譯委員，應是初抵白沙時所任職務。廿八年九月改聘爲特約編譯，廿九年七月再改聘爲專任編譯（見後）。據此知任白沙編譯委員約有一年之久。又編譯館地在白沙鎭黌渥居，（見二十九年四月十四日陳獨秀函封面。）

回憶六年前朝鮮勇士尹奉吉炸死日本駐滬派遣軍司令白川義則，賦詩追記其事、詩題〈滬事〉：

一擊真堪敵萬夫，翻憐此局竟全輸。他年倘續荊高傳，不使淵明笑劍疏。（《龍坡丈室詩稿．白沙草》）

舒蕪云：「此詩詠朝鮮愛國志士尹奉吉投炸彈襲擊日本上海派遣司令官白川義則。時爲一九三二年四月廿九日（一二八事變三個月後），白川參加上海慶祝日本天皇誕辰受襲重傷，延至五月廿六日斃命。」（《詩集．白沙草》頁五注引）

案：六十四年抄本題下有「廿七年」三字。自是指民國二十七年在白沙作。舒蕪，方管筆名，字重禹，卅三年秋末至白沙女師學院任教，與臺先生談詩論文，過從甚密（詳後）。此詩本事，殆是詢之臺先生而獲知。尹奉吉炸死白川時在廿一年，臺先生詩作於廿七年，年代未合，應是回憶之作。

廿六年七七事變後不久，北平駐軍不戰而退，深感山河蒙羞，翌年在白沙賦〈誰使〉一詩云：

誰使神州錯一籌，山河兩戒盡蒙羞。要拚玉碎爭全局，淝水功收屬上游。（《龍坡丈室詩稿．白沙草》）

案：廿六年七月臺先生到北平後四天即發生七七事變。幾天後駐軍撤退，卅日日軍進城，故都淪陷，河山變色，親歷目睹，國亡之痛，五十年後作〈始經喪亂〉一文，猶未能忘懷。（詳見前年）。八月初臺先生自北平出亡，輾轉入川，廿七年秋暫居於江津白沙鎮。此詩見《白沙草》，當為廿七年秋後在白沙作。詩旨一則以寄慨，一則亦寄諷諭之意。

七月五日，陳獨秀自長沙嶽麓山入川抵重慶，八月三日遷居江津。（《陳譜》）

陳獨秀遷居江津，住黃荊街八十三號，鄧仲純開的延年醫院的後院。生活清苦，每日作文送《時事新報》發表。有胃病、高血壓症，不能低頭寫字，時有潘蘭珍照顧起居。（陳獨秀傳，頁二四四）。

十月八日，農曆中秋節，感懷賦詩云：

玉宇無塵桂魄寒，天風吹夢遍人間，燈前兒女分瓜果，未解流亡又一年。（《龍坡丈室詩稿．白沙草》）

案：詩題〈丙寅中秋〉一本作〈丙寅避地江津白沙〉。自民國廿六年七七事變後，八月初自北京出亡，廿七年秋入川至江津白沙，「流亡又一年」自是指二十七年，是年歲次「戊寅」。「丙寅」爲民國十五年。應是一時筆誤。據中西曆對照表，廿七年戊寅中秋爲十月八日。「兒女」指長女純懿（十二歲）、參子益堅（七歲）、次女純行（五歲）。

十月前後，作詩寄貴陽莊嚴，題〈寄秋夢盦貴陽〉詩云：

久缺天南一紙書，故人意緒近何如？亦狂亦醉歌哭耶！更有秋堂蝶夢無？《龍坡丈室詩稿．白沙草》）

案：「秋夢盦」，莊嚴號，臺與莊結交於民國十二年。臺先生在北平因參加共黨活動，遭追捕，莊曾予以掩護，是後兩人遂爲莫逆之交。（見前十二年、十四年）。民國十三年莊北大畢業後，即任職於故宮，清點、保管故宮文物，十七年六月至十九年三月曾就讀日本東京帝大研究考古學，回國後任古物保管委員會秘書，廿二年升任故宮博物院古物館科長。廿六年一月故宮博物院南京分院成立，莊負責押運古物自上海至南京分院。廿六年七七事變，八月押運南京分院古物至漢口、長沙，十二月又運至貴州，農曆除夕到達，時爲國曆廿七年一月三十日。十一月又由貴陽運至安順縣藏於縣南華嚴洞內。廿七年秋七、八月，臺先生自宜昌抵四川江津白沙，詩題稱「貴陽」，可知自天南江津寄詩至地北貴陽，時當在十一月以前，八、九月以後。茲姑定於十月前後。

老舍在重慶主持文藝協會，將於十月十九日舉行魯迅逝世二週年紀念會。函邀臺先生出

席，並作報告。臺先生以是月十八日到重慶，十九日紀念會上演講〈魯迅先生的一生〉。十日後，文刊於《抗戰文藝》月刊二卷八期（見下）。〈我與老舍與酒〉云：

以後回到故鄉，偶從報上知老舍兄來到漢口，並且同了許多舊友在籌備文藝協會。我第二年秋入川，寄居白沙，老舍兄是什麼時候到重慶的，我不知道，但不久接他來信，要我出席魯迅先生逝世二週年祭報告，當我到了重慶的晚上，適逢一位病理學者拿了一瓶道地的茅臺酒，我們三個人在X市酒家喝了。幾天後，又同幾個朋友喝了一次紹興酒，席上有何容兄，似乎喝到他死命的要喝時，可是不讓他再喝了。這次見面，才知道他的妻兒還留在北平，武漢大學請他教書去，沒有去，他不願意圖個人的安適，他要和幾個朋友支援著「文協」。但是，他已不是青島時的老舍了，真個清臒了，蒼老了，面上更深刻著苦悶的條紋了。（《文集》，頁一四五）

案：臺先生與老舍廿五年秋末在青島相識，至翌年七月分別，在青島一年期間，時相過從聚會。

演講後（大概二十日或稍後）搭船自重慶至江津，在同鄉鄧仲純醫師家，初見陳獨秀。〈酒旗風暖少年狂—回憶陳獨秀〉記其事云：

原來仲甫（獨秀字）先生同家父還有幾位同鄉前輩都在他家（指鄧仲純家）。仲甫先生聽家父說我這一天會由重慶來，他也就在這兒等我，這使我意外的驚喜，當他一到江津城，

我就想見到他，彌補我晚去北京，不能作他的學生，現在竟在等著見我，使我既感動又驚異。

案：此文提要見後（七十八年）。臺先生十九日在重慶演講之後，似未曾停留，約二十日或稍後回江津。據《陳獨秀年譜及年表》，陳獨秀（一八七九—一九四二）以廿七年（一九三八）八月三日自重慶遷到江津，原住留日同學鄧仲純醫師家，因鄧妻與獨秀家眷不和，遂改居於鄧所開延年醫院後院。十月二十日臺先生至鄧家與獨秀相見，殆在延年醫院後院。臺父肇基歷任地方法院推事、院長等職，其時或因公務至江津，順便看望同鄉鄧仲純。陳視臺先生長二十三歲，民國六年（一九一七）一月十五日至北京大學任文科學長至八年（一九一九）四月十日離職。臺先生十一年方至北京，九月初考入北大國文系爲旁聽生，時陳獨秀已離開北大三年，故無機緣受教於陳。臺先生以師輩視陳獨秀，從此二人開始密切交往，直至卅一年五月陳逝世，前後五年之久。

十月廿九日，〈魯迅先生的一生〉報告文刊出，收入《文集》。內容重點在突顯魯迅一生的作為及其精神性格，全文概略如下：

一、時代家世

二、求學、擔任職事歷程

三、棄醫學文，從事文學寫作與學術工作

甲、翻譯域外小說，一九〇九年結集出版，為一拓荒先知者。乙、整理《嵇康集》。丙、輯佚小說作《小說鉤沈》、《會稽郡故事雜集》、《小說舊文鈔》。丁、校勘小說，撰《唐宋傳奇集》、《嶺表錄異》。戊、收集石刻，編《六朝造像》、《六朝墓誌》。己、收輯古代美術，輯《漢畫像》。庚、著述《中國小說史略》。辛、一九一八年發表《狂人日記》、《阿Q正傳》，兩書表現封建社會的民族性，暴露古老民族的思想、生活及其病根。

四、作鬥士，針對現實，發表雜文

甲、一九一九年開始發表雜文，後編為《熱風》一書。

乙、一九二五年單刀匹馬反擊北洋軍政下部分士大夫。

丙、一九二六年離開北京，就任廈門大學文科教授。

丁、一九二七年任廣東中山大學文學系主任兼教務主任，一學期後回上海。

戊、放棄教書生活，作一猛士用鋒利匕首反擊現實，發表救亡路線，民族革命大眾文學，反抗日帝國主義的進攻。

己、翻譯世界名著及新文學理論，主辦翻譯雜誌《奔流》、《譯文》，為文藝土壤輸送肥料。

庚、提倡青年從事版畫藝術。

辛、編輯青年作家著作。

壬、指出民族生存問題，使全國一致對日鬥爭。

作〈記張大千〉，十一月二十五日刊重慶《時事新報．青光》，收入《文集》。通過記張大千點滴，表現藝術家張大千的藝術造詣與愛國情懷。要點為：

一、張大千不僅是一位「以畫筆震海內」的畫家，也是一位「喜收藏」且頗有「識鑒」的收藏家。「故大千所得宋元以來精品獨多」。二、大千又是一位愛國的藝術家，他身居危城北平，且負「重名」，卻能「以計脫敵人之環伺，並攜其收藏以歸」，由平至滬，其「苦心」可感；並將展其近作，「為前方戰士募寒衣，斯真能盡其所有奉獻祖國者。」

十二月十二日，作小說〈電報〉，次年二月二十一日刊《文摘戰時旬刊》第四十四和四十五合期。

內容是寫一對戰時從北平流落到重慶的上層階級夫婦，如何過不慣戰時的重慶生活，而夢想著去上海享樂的故事。旨在諷刺這些有錢人的卑劣行為：正當全國人民浴血奮戰之際，他們想到的卻是自己如何才能過著紙醉金迷、醉生夢死的生活。大意是：

姜太太坐在轎中，心裏很是氣悶：一是為了重慶多霧，一是為了今天打牌輸了錢。到得自家門口，正是晚飯時候，姜太太偏又遭著了一連串的不順心：「馬桶間真汙齪」；

「老爺說有飯局，不用來了」；因為漢口淪陷，沒有蟹黃餡的餃子了。而且連蝦仁的也沒有……正氣惱間，竟如願地接到一份電報，果然是她父親從香港拍來的，「果真是要她夫婦立刻乘飛機去香港，然後一同赴滬。」她的丈夫姜景行將應聘上海任一棉業公司的總經理，在她父親的手下辦事，因為她父親是華北棉業公司的老闆，此公司又有兩個子公司，一在天津，一在上海。這電報立刻使姜太太快樂非常，她沒有吃飯便去戲院聽戲，好消磨丈夫回來前的這幾個小時。但她丈夫卻提前回來了，而且「神情有些狼狽，有如一隻狗咬架失敗後的樣子。」原來他是一位納粹德國和希特勒的崇拜者，只要有機會，他便會照例發表一遍宏論，宣講「德國的復興」、「希特勒的偉大」，今天卻碰了一鼻子灰，叫人狠狠挖苦了一頓。回來的路上，他就立刻想到岳父的許諾，切盼著岳父的電報。回到家裏，才知道太太又去聽戲去了，便更加覺得不堪。所以當太太回來時，儘管她一再撒嬌挑逗，他還是置之不理。直到太太從皮包裏拿出了那份電報，他才「眼睛發光」，「急忙來搶」，而且應妻子之命、立刻跪下，並哀求說：「馬伊的爾，給我罷！」（一九九〇年十月臺北遠景版《地之子》，頁一三九—一五二）

劉以鬯〈臺靜農的短篇小說〉：他在抗日戰爭時期寫的〈電報〉，就是一篇含有「輕淡的諷刺」與「輕淡的詼諧」的小說。在〈電報〉中，臺靜農企圖把握抗戰時期某種人物的性格與心態，塑造出一個戰時腐敗份子姜景行的形象。這個人物與華威先生不同。華威先生是個「救亡要人」；姜景行則是只會空談的「救亡理論家」。此人雖然有個商學博士的頭銜，「卻以政治家自許」。因爲「跳不上政治舞臺」；只好希望「隨侍岳父，努力於實業的發展」，言行相悖，是個現實生活中的小丑。這篇小說的結尾「刺」得有力，一份電報使這個腐敗分子現了原形。（臺北遠景出版公司版《地之子》，頁八、九）

楊義《中國現代小說史》第一卷：「小說〈電報〉批判一個抗戰事業的蠹蟲，他充當『吹希特勒法螺』的角色，從事政治投機不成，便潛回淪陷區當漢奸買辦去了。作者在貌似平靜的筆端，傾進諷刺的辣味，這種格調是他以前的小說所未曾用過的。」（北京人民文學出版社一九八六年九月版，頁五〇〇）

夏明釗評說：「本篇是一幕頗有滑稽意味的喜劇。在臺靜農的小說中，用這樣手法的，似是絕無僅有。總的來講，臺氏對人生是抱有濃重的悲涼意識的。他的『悲心』又常源自他的『憤心』，源自他對人生和對人性的失望。這幕喜劇便是又一個證明，證明他的『悲心』與『憤心』實乃一體。大敵當前，黑雲壓城城欲摧的危急時刻，卻有人打牌飲酒、醉生夢死；這怎能叫臺先生不憤？千里烽煙、萬里流離、瘡痍滿目，人民生活在水深火熱之中，卻有人視錦衣玉食作『折磨』，動則怨天尤人；這怎能叫臺先生不憤？希特勒德國明明同日本強盜爲一丘之貉，卻有人認賊作父；這又怎能叫臺先生不憤？……臺先生用〈電報〉作線索，貫串全文，精巧地結構了一幕出人意表的喜劇：強烈地諷刺

了這些靈魂糜爛的有產階級和上層人士，既表達了民衆的憤慨，又透露了作家的隱憂。」（手稿）

作小說〈大時代的小故事〉，十二月十八日載重慶《文摘戰時旬刊》第三十九期。主要內容寫作者家鄉人民英勇抗日的故事；主題歌頌英勇無畏的人民，表達抗日戰爭必勝的信念。大意是：

安徽的葉鎮，是皖西的門戶，與河南、湖北接壤，是交通要道。這葉鎮歷史悠久，物產豐饒，人民勤勞，一代又一代的人們在這兒滋生繁衍。但奇怪的是，這裡的人卻總是過著艱難竭蹶的生活；對此，老年人的解釋是「命運」，青年人的解釋是「洋鬼子作祟」。「日本鬼子佔據合肥了！」這消息傳到葉鎮有如喪鐘，「這喪鐘在每個葉鎮人心中響著。」年輕人動員起來了，開始練習跑步、爬山、射子彈。葉鎮上到處都是潰退的傷兵和難民；唯有鎮西的河沙灘還寧靜如常。小夥子們就集中在這裡演習他們的武藝，「武裝保衛安徽」是他們的歌詞。日本鬼子的炸彈使葉鎮「顫慄」了，但年輕人組成的抗日隊伍——「一群山貓子」卻潛伏起來了。他們果然伏擊了日本鬼子，最後還來了個「甕中捉鱉」。葉鎮笑了！（一九九〇年十月臺北遠景版《地之子》頁一三一——一三七）

夏明釗評說：「這篇小說像是一個急就章；但它卻洋溢著著者對家鄉、對家鄉父老的深摯情感。作者幽默而親切地把故鄉葉鎮比擬成一位老鄉紳，把鎮西的河沙灘比擬成『老鄉紳』的老長兄，—這種習見的擬人手法，表現了作者對家鄉的感情：爲了她的古老歷史，也爲了她的苦難現實。再圍繞著這兩個人格化的處所，描述了她們歷史的辛酸、現實的苦難和人民的奮起，從而使小故事映現了大時代：到處是抗日的烽火！黃河在怒吼！中華民族確已到了生死存亡的危急關頭！一群山貓子已經起來了；而且已經初戰告捷！我們不難想見作者其時的心緒：懷念戰火中的家鄉，同時堅信抗戰必將勝利。此篇與蕭紅的長篇小說《呼蘭河傳》的寫法有些相似，都把處所人物化了。」（手稿）

陳獨秀六十歲：一月二十八日受中共康生誣衊為日本漢奸。二月初至長沙岳麓山下小住。三月十六日，國民黨要員高一涵、段錫朋等為陳氏辯誣。三月二十一日登報聲明「不屬任何黨派」。七月二日入川，五日抵重慶，八月三日遷至江津。

胡適四十八歲：在美各地演講。七月二十六日，到倫敦，不久同意蔣委員長徵調，出任駐美大使。九月十七日國府正式發布命令，十月五日赴華盛頓就職。全力進行借款談判，十月二十五日美政府宣布借貸二千五百萬美元。題照片贈陳光甫，中有「做了過河卒子，只能拼命前進」之語。十二月到各處演講宣佈抗戰，譴責「日本為世界之公敵」。

溥心畬四十三歲：為辦理母親喪事，將家傳陸機《平復帖》售予收藏家張伯駒，藏北京燕京大學。

張大千四十歲：用計逃離北平，經滬、港返蜀，卜居成都灌縣青城山上清宮。

莊嚴四十歲：主持國立故宮博物院安順辦事處務，四子莊靈在貴陽出生。

民國二十八年　一九三九　卅八歲

作〈談「倭寇底直系子孫」〉

一月二十一日刊重慶《抗戰文藝周刊》第三卷第五、六合刊；收入《文集》。本文旨在控訴侵華日軍的暴行，同時也指斥國內「發國難財」和「當國難官」的人。大意是：

文章首先引用「有名的社會主義作家林房雄」的從軍中國的旅行記中的一段話，然後加以駁斥。林說，看到我們「威嚴」的海軍，我就「展開了浪漫的空想」，「海軍的將兵裡面，或許就有倭寇底直系子孫」。著者駁斥道，這「其實不算是『空想』，更不必猶疑」，這有「歷史的根據。不僅現在日本的海軍，而且現在日本的陸軍，他們的血管裡，同樣流著當年倭寇的血液」；「單拿過去同現在的事實對照一下，也就證明了。」林說，「倭寇不是簡單的海賊」，他們「是日本民族底活力底氾濫」。著者駁斥道，林是從軍作家，一定親眼見到「這獸行」，也就是「活力底氾濫」的；「這一次又『氾濫』在中國的領土裡了。」林是以「社會主義作家」聞名的，著者於此揭露道，「屈膝於猙獰的軍閥之前」，這就是林的真面目了。不過，「敢於正視軍閥的狂暴」的日本作家「還是有的」；也不是所有的日本人都是「倭寇的直系子孫」；正像不是每一個中國人都是「黃帝的直系子孫」一樣，中國人中「也有『發國難財』的，也有『作國難官』的。」話說回來，林房雄最後將為其主子「唱出滅亡的喪歌！」

作〈國際的戰友〉，一月二十八日刊重慶《抗戰文藝》半月刊第三卷七期；收入《文集》。文章著重表現中國人民與「國際的戰友」之間的純樸真摯的感情，同時也批評了地方當局對「國際的戰友」的不應有的冷漠。本文主要內容表現兩個方面：

一、所謂「國際的戰友」是指「有三位乂乂的飛機駕駛員」從作者家鄉附近的一所小學經過，前去漢口，同我們並肩抗擊日本侵略者。他們中的兩人傷尚未痊癒，沒有我們習見的洋人的「高視濶步」的模樣，只是「對我們微笑」，有著「兄弟一樣」的「親切」。這意外的「招待外賓」的消息使得小學校的所有師生都「興奮」、「喜悅」，大家立刻忙起來了：先「將那油膩的桌子板凳，統統搬開，單留下兩張桌子」，鋪上白布；又從鎮上買來蛋糕招待他們；到了吃晚飯時，苦於完全沒有準備，便只好用蛋糕和雞蛋招待，一位同事殺掉了他家裡剛送來的一隻母雞，「那同事像中了頭彩似的高興」；第二天早晨，三位「國際的戰友」要走了，「大家一起忙著燒開水預備早餐」，小學生們竟於拂曉時自動的互相通知，「不久，二百多學生統統集中在學校的院中了」；當他們三人「經過三里長的市鎮」時，「鎮上的青年、老人、婦人、小孩，莫不被感動的以熱情目光送著我們的國際戰友」；三位向大家表示謝意，說「這盛意實在不敢當……」。

二、與廣大民眾對「國際的戰友」的盛情形成對比的是地方當局的冷漠：當局給三位只派了一個「引路兵」，這兵還趁機要了「戰友」十元法幣；當局先是招呼說晚飯由他們準備，結果卻自食其言；……。

作小說〈被侵蝕者〉，二月五日刊重慶《全民抗戰》第五十二期，收入《文集》。內容寫一個老實而有些硬氣的農民吳福全，只因在縣長面前告了聯保主任一狀，便被聯保主任整治得家破人亡的悲慘故事；旨在揭露戰時大後方的政治腐敗和民不聊生的社會現狀。大意是：

吳福全今年五十歲，長相怪，脾氣也怪，說話聲音像支破竹筒。吳家同聯保主任「小鱉蛋」家是「世仇」：小鱉蛋的老子，王老六為了佔有吳福全的「八石田」，竟誣告吳「通匪」，於是打了場官司，吳便賠進了「八石田」。抗戰了，「小鱉蛋」當了聯保主任，便抓去吳的大兒子作壯丁，又覬覦著吳的女兒，要她做偏房。吳有兩個兒子，一個女兒。二兒子十八、九，女兒才十六，卻「長得多俊」、又「會做活」。替聯保主任來傳話的，是余保長。吳福全聽了，大為光火，罵余保長是畜生，把他轟走了。可沒多久，聯保主任便又抓了他的二兒子去當壯丁。這可氣壞了吳福全—這不明擺著是仗勢欺人嘛！便攔路在縣長面前告了「小鱉蛋」；可是沒扳倒他，卻叫他給扳倒了：「小鱉蛋」聯保主任誣告吳福全是「漢奸」，把他關進了大牢。吳福全在牢裡卻仍然是「硬骨頭」一個，他說：「俺的兩個兒子被姓王的害了，老子早不想活了，現在又說俺是漢奸，俺就算是漢奸，老子只有這一條命，他姓王的厲害，總砍不了俺的兩個頭！」可就在這時，吳福全卻又被意外地釋放，大家並稱他是「吳大爺」。這可使他糊塗起來。等到回了家，這才知道：為救他出獄、免遭以漢奸處決，女兒已自願給聯保主任當偏房，昨天就用轎子抬走了；吳福全聽了，「全身發抖」，說不出一句話來。

夏明釗評說：「這篇小說給人印象最深的是，作者憂國傷時、關心民瘼的精神。讀本篇後，就像讀了杜工部的〈三吏〉、〈三別〉一樣。官吏們的巧取豪奪、狼狽爲奸、欺壓百姓、無惡不作，直是令人髮指。百姓們如吳福全者，竟是任人羅織罪名、任人宰割、哭訴無門，就像小說結尾描寫的吳家桌上的『那兩條魚，尾巴時翹時落的拍著桌子，一息的生命還在掙扎著，然而已經是沒有用了……』。這篇小說給人另一種最深的印象是：作者的大衆化的能力。尤其是小說語言，極富農村生活氣息，也頗有民衆和特定形象的日常口吻，生動、潑辣、老到，讀後使人如見其人、如聞其聲。情節的跌宕起伏、故事性強、引人入勝，也是其大衆化的表現。小說中幾次用夢境描繪主人公心裡，雖似有佛洛伊德式的影響，卻究竟是民族風貌，是大衆化形式的又一表現。」（手稿）

在輔仁大學任教職聘書遺失，四月三日北平輔大校長陳垣發給證明書。

十八年九月任北平輔大講師，二十年七月改聘副教授兼秘書，計在校任職五年。（遺存資料。）

四月九日，「文協」在重慶舉行年會，並改選二屆理事，臺先生當選為候補理事。

作小說〈么武〉，四月十五日刊重慶《抗戰文藝》半月刊四卷二期；收入《文集》。寫一位民間抗日英雄的一生，旨在讚美這位英雄光輝的品格。大意是：

得到一封家書，使我喜出望外，因此卻又知道「么武陣亡」，不禁使我憶起他的形象，想起他的一生。么武是山東濟南府人。「彷彿辛亥那年秋末」，他不知從什麼地方打我們那兒經過，叫民團抓著了。因為他「穿的挺壞，沒有行李，又是異鄉的口音」，便被當作壞人關了起來，卻又沒有證據可以證明他是壞人。我哥哥便把他領回家來，同其他雇工一道幫著幹活。看著他那幅形象，所有的雇工都不願同他接近，並且公然的歧視他。但這些「於他似乎並沒有什麼損害，他不屈己向人，他也不感到寂寞。」最後被派去幫老張種菜。他有力，又勤快，老張很滿意，別人也漸漸改變了對他的看法。老張去世後，大哥便將菜園交給了他。近十畝地的菜園，他竟幹得輕輕鬆鬆；因此他的收入也很可觀。每當他年終拿到工資的時候，沒有別的預算開支，有兩筆錢卻是得一定列入的：「春天的清明、秋後的冬至」得給他爹娘燒些紙錢。他娘在他小時就沒了；他爹在他出逃時雖尚未死，但別後十來年，保不準他也早過世了，所以也給爹燒紙錢；么武說：「樹有根，人有親，爹娘養咱一場，不燒紙錢，怎過得去？」大家都說么武是孝子。後來發生了「中原內戰」，從河南一帶逃來的人很多。么武便用錢買了一個還戴著孝的寡婦作妻，把寡婦帶著的三歲娃也收養著，並且看的就自己親生的一樣。但兩年未到，這寡婦就死了；於是么武便帶著那男娃兒生活，並逐漸把他培養成了一個好幫手。但么武卻明顯的孤獨了，一個人常喝醉酒在月下的菜園裡「跛來跛去」，因為他曾當過兵（打敗仗時逃走的）受過傷是個跛子。前年冬天，南京失守，我回家一趟，看到么武，他變得「蒼老瘦削」，「儼然是一位倔強的五十歲的老人了」。他聽說家鄉濟南府已淪陷，氣恨得罵了起來。他打算參軍，並帶著兒子一道，「咱爹兒倆拼去！」他果真「說到那裡便做到那裡」；「參加遊擊隊不過三個月，他竟斃了十一個敵人」；一個半月前，他自己也陣亡了。他的事蹟已被編成了歌謠，「人人口頭上唱著他的歌，紀念他，學習他！」

夏明釗評說：「作者用第一人稱和回憶的形式寫小說，是他喜用的方法。這種方法常給人一種眞實感；本篇又是一例。從文中有關背景時間的確切交代（如辛亥秋末、中原內戰、前年冬天等）和對人物經歷、形象的敘述與描寫來看，卻也像是實有其人、實有其事；只是做些必要的虛構（例如『大哥』竟斃了十一個敵人等）罷了。么武忠厚、耿直、勤勞、能幹、明於大義，有著民族的傳統美德。作者由他聯想到中華民族，想到五千年古國的艱難和戰鬥，從而充滿了自豪與信心。」（手稿）

五月三、四日，日機轟炸重慶，死三千九百九十一人，傷二千三百二十三人。

十二日，陳獨秀致函臺先生商量前往聚奎過夏。時陳寓江津黃荊街八十三號。

靜農兄左右：弟病血壓高五十餘日，迄未輕減。城中煩囂，旦日漸炎熱，均於此病不宜。燮、逸勸往聚奎過夏，云彼處靜、涼、安全，三者均可保。弟意以為連接校舍之房屋，未到暑假以前恐未必靜。倘一、房租過多；二、床、桌、椅、無處借用；三、確定無人赴場買菜、米、油鹽等，有一於此，則未便貿然前往。兄意以為如何？倘兄亦贊成我前往，上述三樣困難，請就近與鄧六先生一商，賜知為荷，此祝教安　弟獨秀手啟五月十二日（《珍藏書札》頁二、三）。

案：燮，指鄧燮康、江津地方紳士；逸，指雲逸。聚奎，指黑石山聚奎第一中學。信封書臺先生住址，「白沙場溜馬岡」，陳住址為江津黃荊街八十三號。

十五日，復陳獨秀函。十七日陳來函請臺先生往看另一處租屋。

靜農兄左右：十五日手示敬悉。柏先生婿係在馬項埡自租屋，以樓房炎熱。去否尚未定。並無為弟租房子兩間之事，想係傳說之誤。頃晤雲逸兄云，聚奎周校長已回信來歡迎我去住，我亦決計去。房租一節，雲逸兄云不要，我以為多少總要出一點才好，傭人，雲逸云不必專僱，有學校代辦。我以為自僱一人（男工）較為方便。家俱一層，雲逸不大有把握，此事必須準備好，倘聚奎借不出，只好到白沙場小住一、二日，購齊再去。（床一、飯桌一、廚桌一、書桌一）頃仲純又云，聞之令弟彼校（服務團所辦中學）左近有屋三間出租，可否勞吾兄親去一看。倘地點安全，光線空氣可用，住此比聚奎交通較便也，尊見以為如何？或日內即赴白沙場在銀行小住一、二日，往聚奎或另租屋，候見兄時再決定，如何？望即示知。此祝痊安　弟獨秀手啟　五月十七日（《珍藏書札》頁五、六）。

案：「聚奎周校長」，當指聚奎第一中學校長，校長名待考。臺先生弟名傳澤、傳鼎。傳鼎早逝，此當指傳澤，時任教於某地中學。信封臺先生住址「柳馬岡」與前稱「溜馬崗」。音同字異，自是同一地方。

十八日，陳再來函，談及租屋事。

靜農兄：昨晚檢驗血壓，又由三〇三（疑誤寫，或當作二〇三）度高漲到二三〇度，非得極靜、極涼之地休養不可。聚奎允借之房屋或另租他處之屋，都以不朝西、不鄰近課堂操場或大家庭兒童吵鬧為必要條件。……此祝痊安　弟獨秀手啟

五月十八日昨函諒達。令弟所云彼校鄰近有屋三間出租，倘係不朝西之獨立小院，決捨聚奎而租此屋。又及（《珍藏書札》頁八）

廿一日，陳來函，稱已託友人在鶴山坪找到房屋，坐滑竿兩小時可達。

靜農兄：讀楊君與兄函，略見聚奎覓屋不易。且弟日來頭暈耳轟，有加久遠。由江津赴白沙四小時輪船之擠鬧，非病體所能堪，已託友人在鶴山坪找屋，弟曾親往一次，涼、靜、可靠，坐滑竿二小時可達，三、五日即去，白沙之行作罷矣！特此奉聞，此祝痊安　弟獨秀手啟五月廿一日。（《珍藏書札》頁八）

案：六月六日陳函云：「移來鶴山坪已十日」，則離開江津黃荊街八十三號延年醫院後院居處當在五月廿六、七日，正合廿一日函所謂「三、五日即去」之語。

廿七日，陳獨秀自江津黃荊街八十三號延年醫院後院移居鶴山坪。

六月五日，重慶近萬人為躲避轟炸在大隧道內窒息擠壓而死。

六日，陳來函云移居鶴山坪已十日。此間無風景可言，空氣比城中較好。

靜農兄如握：弟移來鶴山坪已十日，一切均不甚如意。惟只有既來則安之而已。據脈搏似血壓已減低，而耳轟如故，是未恢復原狀也。此間毫無風景可言，然比城中空氣總較好也。來示望仍寄舊居，其中有友人看守，函件可轉達也。此祝大安　弟獨秀手啟六月六日。（《珍藏書札》頁十二）

案：函稱來鶴山坪已十日，作函時在六月六日，其離開黃荊街應在五月二十六、七日。《陳獨秀傳》云：一九三九年夏天，六十歲的陳獨秀又搬到江津城外三十餘里的山村鶴山坪。先住江津一中校長施德清家，再遷石牌院楊魯承舊居，楊爲前清進士；家富藏書，其孫慶餘要求陳獨秀協助整理祖父遺著—讀皇清經解手稿等。(頁二四四、二四五)又五月廿一日陳函稱江津至鶴山坪坐滑竿二小時可達。諒兩地相隔應不到三十餘里。據陳傳所附年表(年表據王光遠《陳獨秀年譜》編製)，再遷楊氏舊居，在是年七月。

七月，擔任國立編譯館專任編譯。

案：臺先生應邀於七月先任編譯，三十年七月升編審，三十一年十月辭職。(參《年表》)編譯館地在白沙鎮膏渥居。見二十九年四月十四日陳函封面。

八月，作〈魯迅先生整理中國古文學之成績〉，以孔嘉筆名，刊重慶《理論與現實季刊》一卷三期。收入《文集》(頁二一二至二五一)。全文分四節，二萬餘言。以魯迅《中國小說史略》為主，《古小說鉤沈》、《唐宋傳奇集》、《小說舊聞鈔》三書為副，簡介其內容，揭示其要點、創見，以突顯魯迅研究中國小說成績與卓見。茲抄錄敘言及四節概要如下：

敘言：

魯迅先生自民國十三年完成《中國小說史略》以後，即未專力於中國古代文學之整理。

關於此種著作，遺留下來的雖不多，然皆不朽之著述。又能得風氣之先，為近世學術界導夫前路。如《中國小說史略》一書，即為研究中國小說文學者開山之著作。其他如漢畫石刻以及六朝造像與墓誌之搜集與編目，近世學者始稍稍注意及此，而先生則已探討於二三十年之前矣。惟《六朝造像目》與《六朝墓誌目》僅屬草稿，漢畫石刻迄未編製，是至可惜。其治學之範圍，知堂分為搜集、輯錄、校刊、研究四項（見《關於魯迅》）。本篇所述，頗異此例。茲以《中國小說史略》為首，而以《古小說鉤沈》、《唐宋傳奇集》、《小說舊聞鈔》附之。因此三書皆為《中國小說史略》之副冊，其體系第七篇可為一部份，時代自漢迄隋，此時期之作品多已散佚，今悉見於《古小說鉤沈》中。其第八篇至第十一篇可為一部份，此時期之單篇傳奇文，今悉見於《唐宋傳奇集》中。其第十二至第二十八篇可為一部份，此時期除擬晉唐小說外，皆係白話小說，凡有關於考訂之材料，今悉見於《小說舊聞鈔》中。再次為輯本《會稽故郡雜集》，與校本《嵇康集》。尚有《漢文學史綱要》雖已印入全集中，然此為先生一時之講義稿，後來先生撰著之《中國文學史》，體例與此異，俟後述之。一九三九年，八月，孔嘉記於歇腳庵。

各節概要：

一、《中國小說史略》民國七年（一九一八）著手編撰，十二、三年自費印行上下卷，二十六年正式出版。全書從小說見於著錄至清末止，共分二十八篇，篇目標定：一就體例分，如〈唐之傳奇文〉、〈宋之話本〉、〈元明傳奇之講史〉等；一就內容分，如〈六朝之鬼神志怪書〉、〈明之神魔小說〉、〈明之人情小說〉、〈清之狹邪小說〉等。以文學史家嚴謹態度寫作此書。

分三方面述其要點：

（一）流別：指小說史發展演變而言。簡括敘述每種小說新的內容與形式產生之歷史背景與環境。論中國古代神話無整個有系統的記載，「其故殆尤在神鬼之不別」，此種見解最為真切。六朝志怪書的產生是由於釋道二家張皇鬼神，稱道靈異，市井間別有藝文興起，因產生宋之話本。

（二）考訂：小說史料不易搜集，較之一般考訂尤為困難。魯於材料搜集、整理，費甚多精力。所輯《古小說鉤沈》、《唐宋傳奇集》、《小說舊聞鈔》其份量超過《小說史》數倍。此皆《小說史》的別冊。最有意義的是取《唐宋傳奇集》的〈稗邊小綴〉和第七八二篇〈唐宋傳奇文〉對讀，可知其考證態度與方法。兩書同屬考訂：然一為長編，一為定文。定文中所引所略，益見匠心，而《小說史》的謹嚴史例，亦於此見之。

（三）批評：讀《小說史》不僅明白中國小說歷史的演變，並得到每一作品本身的價值。如將《儒林外史》列為諷刺小說，《官場現形記》列為譴責小說，諷刺與譴責似同而絕異。至小說史各時代作品，亦多精要的批評。如論《封神演義》云：「似志在演史，而侈談神怪，什九虛造，實不過假商周之爭，自寫幻想，較《水滸》固失空架，方《西遊》又遜其雄肆，故迄今未有以鼎足視之者也。」如論《西遊補》云：「其造事遣辭則豐贍多姿，恍惚善幻，奇突之處，時足驚人，敢間以徘諧，亦常俊絕，殊為同時作手所敢望也。」如論《金瓶梅》云：「作者之於世情，蓋誠極洞達，凡所形容，或條暢，或刻露而盡相，或幽伏而含譏，或一時並寫兩面，使之相形，變幻之情，隨在顯見，同時說部，無以上之。……西門慶故為世家，為搢紳，不惟交通權貴，即士類亦與周旋，著此一家，即寫盡諸色，蓋非獨描摹下流言行，加以筆伐而已。」又如論《儒林外史》云：「能燭幽索隱，物無遁形，凡官紳、儒者、名士、山人，間亦有市井細民，皆現身紙上，聲態並作，使彼世相，如在目前，惟全書無主幹，僅驅使各種人物，行列而來，事與其來俱起，亦與其去俱迄，雖云長篇，頗同短制。……」又如論《官場現形記》云：「然臆說頗多，難云實錄，無自序所謂『含蓄醞釀』之實。……況所搜羅，又僅『話柄』，聯綴此等以成類書，官場技倆，本小異大同，匯為長編，即千篇一律。」

二、《古小說鉤沈》輯錄漢至隋小說之散佚者，自《青史子》至《旌異記》共三十六種。輯於著《小說史略》之前。

三、《唐宋傳奇集》輯六朝以下唐宋單篇小說，八卷四十五篇，勘定完成於民國十六年九月十日。但不知始輯於何年。唐宋傳奇，因非載道之高文，向不見重於文苑。清代學者校勘輯佚之風雖盛，然皆視為小道，不關經史，無人注意及此。書估貿利，撮拾雕鐫，往往妄制篇目，改題撰人，本來面目，割裂不可復辨，輾轉翻刻，訛誤削奪，不能卒讀。此書則將一切紛誤，廓而清之，末附《稗邊小綴》一卷，中多精心之考證：要項有四（一）考證撰者之生平。（二）正撰人之誤題。（三）正篇名之誤題。（四）探討故事之淵源及後來之影響。如沈既濟、許堯佐之《柳氏傳》據孟棨《本事詩》所記，知屬實事，並非虛造。蔣防之《霍小玉傳》據杜甫〈少年行〉知所述非幻設，而實有因。傳奇故事影響於後世詞曲者，明湯顯祖本〈枕中記〉作〈邯鄲記傳奇〉明吳長儒本〈柳氏傳〉作〈練囊記〉等。

四、《小說舊聞鈔》：搜集宋元以後小說的史料，為在北大講《中國小說史略》時所集史料之一種。印行於一九二五年（十四年）。是書分類為：（一）以小說為綱，得四十一部。（二）源流。（三）評刻。（四）禁黜。（五）雜說。末附引用書目，計引書七十六種。雖名為《小說舊聞鈔》實有總結舊聞，考證舊聞之意，使人讀其書知其淵源及其演變，非尋常鈔掇之書可比。

案：魯迅先以數年時日編輯考證中國歷代小說為三編：即《古小說鉤沈》、《唐宋傳奇集》、《小說舊聞鈔》，然後提煉出《中國小說史略》一書。讀者僅知《小說史略》功力精深、文字簡潔、精義紛陳、見解卓犖，而少注意魯迅先用多年時日做好堅實基礎工作。莊子云：「水之積也不厚，則負大舟也無力。」魯迅此書可謂「積厚」的成果。

作〈「士大夫好為人奴」〉，八月二十五日刊上海《現實半月刊》第三期；收入《文集》。本文旨在揭示「士大夫」一類人的奴才根性，沒有特操、沒有民族氣節，叛主叛國，於史有徵。其要點是：

（一）「好為人主」的吳三桂為了預防臣下的「反戈」，便「變百官為奴隸，選將帥於奴子」，結果還是被眾奴所欺，落天下笑。（二）這是因為「士大夫好為人奴」，這類人本無特操，更談不上民族氣節，有奶便是娘，朝秦暮楚自是常事。

九月，受聘為白沙國立編譯館特約編譯，聘期自廿八年九月起至二十九年六月止。（遺存資料）

作〈魯迅眼中的汪精衛〉，十月一日刊重慶《中蘇文化月刊》第四卷第三期；署名聞超，收入《文集》。通過對魯迅幾篇雜文的解讀，「剝露了『無恥之極』的汪精衛的嘴臉」。大意是：

今值魯迅先生逝世週年紀念，「僅將他在幾年前論汪精衛的話，摘抄寫來」，以見出「魯迅眼中的汪精衛」，究是怎樣的一副「嘴臉」：（一）「汪精衛：蚯蚓，鯽魚。」日本的吉岡文六曾說「小白」汪精衛是條「伸縮自在」的「蚯蚓」；魯迅則於〈查舊帳〉中說，「今之名人」愛「抹殺舊帳」，方法很多、花樣百出，很像一條「鑽來鑽去」的「鯽魚」。「綜觀汪精衛的一生：從刺攝政王到擁護袁世凱，從十三年國民黨改組到武漢大革命—從『向左來』又『向右去』，從九一八後回國到被刺未死出洋，從西安事變投機回國到去東京磕頭止，其中四種變化，不悉如魯迅先生所云麼？」（二）「汪精衛：小丑，老鴇，花旦。」魯迅先生曾於〈大觀園的人才〉一文中描述一種「會媚笑」又「會撒潑」的「花旦而兼小丑」的角色，還描述了一種「賣人而兼包賣」的「從窯姐兒升任了老鴇婆」的形象。試比照一下汪精衛今日的所作所為，「不是魯迅先生說的『雖在賣人，還兼自賣，自賣容易，而賣人就難』麼？」「不是魯迅先生所說的『似戰似和，又戰又和，不降不守，亦降亦守的醜戲麼？』」「魯迅先生還編過一齣『平津會』雜劇，主角為一丑一旦，丑是放棄熱河的湯玉麟，旦就是今日的汪逆，當日行政院長汪精衛氏。」（三）「會看太白懸其首」。汪精衛曾著有《雙照樓詩詞稿》，其中有一首翻譯雨果（囂俄）的詩：「此輩封狼從瘈狗，生平獵人如獵獸，萬人一怒不可回，會看太白懸其首。」魯迅先生曾於自己的一篇文章中引用過這首譯詩，說「汪先生譯這幾首詩的時候」，白話尚未通行；但這譯的「似懂非懂」的「文言詩」實在叫人「拍案叫絕」：「自己明明是畜生，卻偏偏把人當做畜生看待：畜生打獵，而人反而被獵！」我們重溫魯迅「這名文」，「恍然大悟」：「萬人一怒不可回，會看太白懸其首」！（《文集》頁九六—一〇四）。

夏明釗案：「魯迅的雜文本是犀利深刻的；其畫出的形象多有典型性和類型性。著者巧取其文意和本事而加以闡釋，不僅深化了魯迅的思想，也突顯了他的現實戰鬥品格。」（手稿）

十二月三十日，家人得病，陳獨秀來函問疾，並寄詩一首。

靜農兄：久未箋候矣；讀兄與仲純書，知兄幾於闔家皆病，不知華蓋運近已走過否？呈上拙作一篇，略抒胸臆耳，不是言詩也。此祝轉好運　弟獨秀手啟十二月卅日（《珍藏書札》頁一四）

案：陳有〈自鶴山坪寄懷江津諸友〉詩云：「竟夜驚秋雨，山居憶故人，干戈今滿地，何處著孤身，久病心初靜，論交老更肫，與君共日月，起坐待朝暾。」（《珍藏書札》頁三〇〇）二十九年陳嘗應臺先生之請，書舊近所作詩若干首以贈。此首包括其中，今年所寄，疑即此篇寄懷詩。

是年遭喪子之痛，第四子小名德寶得病夭折，未及四歲。臺益堅〈身處艱難氣若虹〉一文記其事：

住進……柳馬岡莊園，殊不可料驚魂未定，在燕湖出生的二弟突染惡病，當時白沙只是一農村小鎮毫無醫療設備，僅靠江湖郎中開方抓藥，不數日即夭亡。尚未及四歲，家人都悲痛不已。九〇年父親纏綿病榻時，我無意間在其書架上發現二弟墓碑拓本，竟保存了四十年，墨跡猶新，我給父親看時，他當即說，你有三個兄弟，都在亂世中誤在庸醫手中。（《名家翰墨》三三，頁一〇〇）。

案：臺先生第四子，廿五年（一九三六）生於蕪湖，未及四歲而亡，時當在二十八年，抵達白沙第二年。是年益堅八歲，排行第三，夭亡者當爲其大弟。作「二弟」恐誤。二弟益公，卅一年出生（見後）。是年底陳獨秀來函有「知兄幾於闔家皆病」之語（見上條）。當與四子夭折，家人傷痛有關。

陳獨秀六十一歲：七月遷至江津城外鶴山坪楊魯承舊居。九月表達最後見解，贊揚民主主義。十一月二十八日發表〈我的根本意見〉十五條。

胡適四十九歲：仍任駐美大使。四月十九日謁美總統羅斯福，九月八日再謁羅斯福，十二月十二日又謁羅斯福。是年在美寫多篇政論文章，到各地演講，廣播有關抗戰及時事。

溥心畬四十四歲：遷居頤和園，租用介壽堂。自號「西山逸士」、「羲皇上人」，稱其室為「寒玉堂」。作〈溥心畬先生自傳〉一篇。收藏金石、埋首著述；先後著有《秦漢瓦當文字考》、《陶文釋義》、《漢碑集解》等。

張大千四十一歲：是年五月二十日至三十日與張目寒遊劍門，又與黃君璧同遊峨嵋。在重慶舉行畫展。

莊嚴四十一歲：與家人寓居貴州省。

民國二十九年 一九四〇 卅九歲

認識俞大綱夫婦，時有宴飲之會。〈懷詩人寥音〉云：

我與俞大綱先生初次見面，是在抗戰時期江津縣白沙鎮。……大綱之來白沙鎮是陪夫人回娘家的。夫人是本地鄧家小姐，而我這時住白沙已經兩三年了。……當南京失守時……吾友四川大學教授葉石蓀兄，再三來信要我攜眷入川。為我安排寄居白沙，有他岳父鄧禱仙先生照顧一切。鄧家在白沙是大姓。……石蓀夫人與大綱夫人為姑姪，而石蓀與大綱則是鄧家兩代的「嬌客」。……石蓀夫人住在「柳馬岡」，大綱夫人家在「上松林」。鄧家為了接待大綱夫婦，時有宴會，總有我在座。……每次宴會，酒不饒人，尤其是太太小姐們敬酒，被敬者得先喝三杯，說這是鄉規。……而在鄉言鄉，只有服從了。……大綱不能飲，而夫人酒量似乎不弱。我也曾以六杯賺了她三杯。（《龍坡雜文》頁一二五—一二六）。

案：臺先生廿七年七、八月入川居白沙鄧家莊院，云「居白沙兩三年」與俞大綱夫婦見面，時當在二十八、九年，此姑繫於二十九年初。俞大綱，筆名寥音，浙江紹興人。其兄大維曾任國防部長。姐大綵任臺大外文系教授，爲臺大校長傅斯年夫人。大綱在大陸曾任職於中研院史語所，工作與性情不合，自動改行，來臺經營旅行社。爲臺大中文系兼任教授，講授李商隱詩。擅詩詞，著有《寥音閣集》。又改進國劇，著有貢獻，編有〈王魁負桂英〉一劇。六十六年過世，臺先生作聯輓之，稱其具「溫李清才」，七十六年又爲文悼念。(見後)

作〈填平恥辱的創傷〉，一月二十九日刊香港《星島日報．星座副刊》第四百八十九號，收入《文集》。本文記兩個「土匪」接受招撫事，表達一個題旨：大部分作「土匪」的人其實本來都是好人，他們作匪是為環境所迫；他們盼望著上前線抗日，用自己的實際行動「填平恥辱的創傷」。其要點是：

本篇是一個速寫，用粗線條勾勒了兩個為「收撫」事前來接洽的「土匪」：一個人「披著簑衣戴了一個小斗笠，膝蓋以下，全是泥漿」，「兩隻手掌真同牛皮一樣的粗糙」；他告訴我「一年以前，咱還是個莊稼漢」，「這年月人家都忙著打……咱們在後方幹土匪，真洩氣。話又說回來了，這年月七捐八稅的，莊稼也難幹，咱就是這樣光的，要不，誰幹這一道？」「我明白他內心的苦痛和慚愧」，「更相信他是生長於泥土而被泥土窒息過的人」。第二個人「是個二十多歲的青年，橢圓的棕色的臉，濃黑的眉毛下，一雙帶有英氣的眼睛」，「有著一種天賦的溫雅」，好像見過，「或許作過我的學生」。他「是三個月從前線退下來的」。他說，「八一三咱就在大上海作戰」，掛過彩，從南京退卻的時候，「是抱一條板凳渡過江的」；因為「歸不上隊」，便「落了草」，「真丟臉啊！」「我們就希望收撫了以後，趕快把咱們調到前方去」。他說，「咱不怕死」，「咱怕的是這一段丟臉的事！」我發覺「他是從荊棘中發現了坦途，他又要從這坦途爬上人生的高峰。許久許久，我們默默的相對著，然而彼此的心，光澈的映照著，就是將以……的血，填平恥辱的創痕！」（《文集》頁一〇五—一一二）。

夏明釗評述：「這篇速寫，不僅給我們提供了那一時代的特定的歷史和社會風貌，還給我們提供了一種深刻的啓示：人的本性常受到現實的壓制；在任何情況下，人與人都有共通的本性。以心靈點燃心靈是獲得信任的最好方法。我們由此文還可見出，著者的文化人格，主要來之於中國文化的優良傳統的薰陶。」（手稿）

春，陪同老舍至鶴山坪訪陳獨秀。三月九日陳來函言及三人相聚事。

靜農兄左右：兄與老舍來此小聚而別，未能久談為悵，聞兄返白沙時頗涉風濤之險，甚矣蜀道難也，魏建功同學倘已到白沙，請代向其乞贈天壤閣甲骨文存一冊寄下。甲骨文以最初王、劉所收及最近研究院所獲者為最可靠也。聞蔡先生故耗，心頗悲痛。留白沙之北大同學有舉動否？留江津者不知有幾人，能會合而公祭之否？此祝健康　弟獨秀手啟三月九日（《珍藏書札》頁一七、一八）

案：自鶴山坪至江津白沙鎭當有水路可通。臺先生回程「頗涉風濤之險」，殆係乘扁舟往返。魏建功北大教授，以是年五六月間到白沙。蔡元培故耗，蓋謂蔡元培死訊，蔡以是年三月五日在香港養和醫院逝世，年七十四。

作〈歷史之重演〉，三月十一日刊重慶《新蜀報．蜀道副刊》第六十八期，署名「聞超」，收入《文集》。本文主旨是指歷史中常有驚人的相似之處，例如為善者，常有惡報，而為惡者則是善終。本文分三個層次：

（一）「陳登原君的《歷史之重演》一書」，「書名頗奇」，卻「大有道理」。（二）「其中〈歷史由沿襲古之語言而重演例〉一章」，說明「惡不可為，善亦難為」的道理—「漢人故語」，盡為「南北朝人沿襲」；「其在今日，豈無沿襲之者哉？」（三）「陳君此書，上下古今，引證甚博」，然「此條所引，似尚未盡」，「補上兩條」；由此「足見這幾句話來源甚古，在范孟博以前的西漢人就感受到了，故陳登原君說『其在今日，豈無沿襲之者哉？』」

夏明釗評述：「這是一篇讀書筆記式的散文。文章雖短，內涵卻極爲廣博而深刻：它不僅概括了全部的歷史事實，也概括了全部的人生哲理；『一生爲善，未蒙善報；常不爲惡，今爲惡終』。這一類『言語』的『重演』和當事人的心情，『正和黨錮名賢范孟博遺囑一樣的沈痛』。尤其叫人沈痛的是，這種善惡的悖論，永無破解之日，正如臺氏所

言，『一旦瞭解過來時，恐怕已經踏上自己父母的足跡了』；『這妙處，我想只有熟於世情者方能得之』。」（手稿）

作《秀才》，三月十三日刊重慶《新蜀報．蜀道副刊》第七十期，署名「釋豐」；收入《文集》。文章以宋元間「秀才」的際遇，說明讀書人與統治者之間的複雜關係：既相互依存，又相互排斥。其要點是：

（一）秀才之所以「得天獨厚」，「自然是為了讀聖賢書，明白許多大道理，寫得一筆好文字，故能在任何時會都受優待」；例如北宋末年，秀才們為「橫行中原」的金人「爭持紙筆陳山川險易」，弄得宋高宗「逃來逃去」，所以「秀才依然是值錢的」。

（二）南宋亡國時，秀才們的處境「亦不見佳」，他們過著「飢寒困苦」的生活，而其時臨安「另一批的秀才，似乎永遠熬著『飢寒困苦』，到死為止」的生活。到了元朝恢復科舉之前，秀才們因「無入仕之階」，便「不得不改行」，「其時已經是三四等的奴隸了」；秀才之是否值錢，是要看統治者的需要的，有違之者，其際遇會更慘，如「北宋太學生陳東之被殺」；後來宋高宗也拿出了包括對付秀才們的「法寶」，於是便遭到秀才們的諷刺。

夏明釗評述：「此文頗有魯迅雜文之風：曲折含蓄，洞燭幽隱。它的深刻性在於：中國的『秀才』，永不是一個自為或獨立的階層，它總是依附於統治者，或榮或枯，或相互

依存、或相互排斥；秀才們有其甘爲人奴的脆弱一面，也有『不馴』的一面；似乎前者的人數多而後者的人數少。」（手稿）

三月末，接到成都華西大學講座教授許壽裳來函，談及有關中國小說史事。四月十日覆函云：

季茀先生賜鑒：頃奉到上月杪手教，欣悉起居康和為慰。前撰迅師古文學一文，因刪節過多，手本誤植亦多，故未奉請教正。茲擬略加訂補，俟得為訂稿後再奉教正。關於中國小說史，除來示所開者外，尚有鄭振鐸之中國文學論集（旁注：「大概開明出版」）及中國文學史。鄭書拉雜，然其中頗有不易見之材料也。此外有孫開（楷）第之中國小說書目及東京大連一明見之中國小說書目（案孫開（楷）第小說書目旁注：兩目錄均北京圖書館印），兩書所述小書版本至詳。原為馬隅卿之稿，被孫竊去發表，亦近世學術界一異事也。靜農在北平時曾搜得木版章回小說頗多，今全失於皖中矣。草草即詢著安　靜農頓　四月十日（《輯存遺稿》頁五二）。

案：季茀，許壽裳字。據《許壽裳年譜》：一九四〇年（民國廿九年）五十八歲。「二月七日自昆飛渝，次日復自渝飛蓉，就任華西大學文學院英庚款國學講座，講授《傳記研究》及《中國小說史》」，至一九四一年（民國三十年）「六月……二十二日辭華西協合大學之聘，離蓉赴渝」。是知許壽裳致臺函詢問有關中國小說史事在二十九年三月，就任華西大學講座之後不久。臺覆函「四月十日」自是指二十九年，時在白沙國立編譯館任職。函末有二行附註云：「一九四〇年先父壽裳公（季茀先生）就任華西大學文學院英庚款國學講座，講授《中國小說史》，請友好提供參考資料。許世瑮敬注，新店市民權路四十二巷七號」。世瑮，壽裳次子，隨父來臺，卅七年二月十八日壽裳在臺大宿舍遇害，世瑮得其部分遺物。此函殆其遺物之一，因係臺先生手札，因送與臺先生收藏。

四月一日，致函陳獨秀，十四日陳覆函，稱傅孟真轉來一部《甲骨文存攷釋》，編譯館欠稿費二百元，請代為一言。

靜農兄左右：一日書並轉下唐君函已收到。唐君之天壤閣甲骨文存攷釋，已由傅孟真轉來一部。與魏君通信時，望便及之。編譯館尚欠我稿費二百元，弟以尚未交稿，不便函索，幸兄向該館一言之。賤恙日來無大變化，知注特聞。此祝健康　弟獨秀手啟　四月十四日（《珍藏書札》頁一九）

案：孟眞，傅斯年字。時在四川南溪李莊任中央研究院史語所所長，並兼任立法委員。唐君指唐蘭，研究甲骨文專家。陳函封面書地址：江津縣東門外中國銀行宿舍，當是陳臨時寄居之處。又《甲骨文存攷釋》一書，當是爲撰寫《大學識字教本》參考之用，言及編譯館欠稿費事，當是應編譯館之約作《識字教本》應得之稿費。據此亦可知陳着手撰寫識字教本殆始自本年春。

四月廿二日，陳未得復信，又函請代為催取編譯館稿費。

靜農兄：日前寄函至編譯館，迄未獲復，不審收到否？唐蘭君書已由傅孟真轉來，編譯館尚欠我稿費二百元，稿尚未寄去，不便催取，兄能為我婉轉一言之乎？此祝健康　弟獨秀手啟四月廿二日

十七日，回函陳獨秀，稱將往江津訪晤，廿九日陳收悉，云迄未見駕臨，擬等候來晤，再回鶴山坪。

十七日惠書敬悉，日前曾寄編譯館及柳麻岡各一函，察來書語氣，似皆未達覽，來書謂：一週後來遊，至今未見駕臨何也？擬候兄來晤日始赴鶴山坪，倘一時不能來，亦望示知，此祝靜農兄　弟獨秀手啟

案：明信片左方署「江津縣東門外中國銀行宿舍陳四月廿九日」，知陳獨秀離鶴山坪至江津，寓中國銀行宿舍。

廿六日，致函陳獨秀。廿九日下午，陳覆函，大意謂：(一)編譯館有款直寄住處。(二)任北大講座，勢不能行。(三)願為編譯館編書，分月接受稿費。

靜農兄：今晨明信片發後，即獲讀廿六日手書，知前上兩函均已達覽，館中有款望直寄弟寓，或由農工銀行轉下，萬萬勿再寄第九中學鄧康宣(？)轉。請即切告館中出納室辦事者！任北大講座，固弟之所願，然以多病路遠，勢不能行。為編譯館編書(不任何

名義）事或可行，惟館中可以分月寄稿費，弟不能按月繳稿，館中倘能信任，弟所受館中之錢，必有與錢相當之稿與之，不至騙錢也。餘待面談，不贅。此祝健康　弟獨秀手啟四月廿九日下午（《珍藏書札》頁二四）

案：此信封面書「本縣白沙膏渥居國立編譯館」。膏渥居當為編譯館所在地或一莊屋名稱。第九中學鄧康宣待考。

五月，獲陳獨秀自傳手稿。傳文末附記：

此稿寫於一九三七年七月十六日至二十五日中，時居南京監獄，敵機日夜轟炸，寫此遣悶，茲贈靜農兄以為紀念。一九四〇年五月五日獨秀識於江津。（《珍藏書札》頁三六八）

案：自傳分二章：第一章沒有父親的孩子，第二章江南鄉試，共三十五頁，近八千字。卅五年臺先生來臺攜稿以隨。七十九年臺先生逝世後，連同與獨秀來往函件送中研院文哲所珍藏。八十五年六月影印出版。

十八日，陳獨秀來函，稱《識字教本》上卷，約在下月內完成。

靜農兄：回鄉已十餘日，賤恙並未見劇。識字教本已勉強續寫若干，倘病不再發作，上卷大約在下月內可以完成，兄帶去之稿亦望能於下月半鈔好。居時建功兄倘能偕兄來江津城一遊，即可將原稿帶來。弟亦可將續寫之稿交兄帶去也。兄等如能來遊江津城，務於動身前十日函告我，以便按期入城也。兄帶去之稿尚遺漏一字，今附上，望加在甲介

字前後。編譯館二百元已寄來，收據附上，請交該館會計。此祝健康　弟獨秀手啟五月十八日（《珍藏書札》頁二八）

案：四月廿九日，陳猶住在江津城中國銀行宿舍，五月十八日稱回鄉（鄉指鶴山坪）十餘日，其離去江津當在五月初。函稱「建功兄倘能偕兄來」，乃盼望之辭，實則建功時尚未至白沙。

數發瘧疾。五月十二日致書陳獨秀。廿八日陳覆函云：

靜農兄如握：讀十二日惠書及與仲純兄信，知兄瘧疾數發，不知近日如何也？日前奉上一函，內附字稿一條（加入鳥獸蟲魚類介甲前後）並收據一紙，已收到否？賤恙仍未加劇，勉力寫作，未完之八十餘字，既已只餘十餘，下月半當可寫完。兄帶去之稿已鈔若干？建功兄已到白沙否？日來敵機又來開玩笑，不知下月底我等能否從容到江津城一會也。兄帶去之稿每類字若干？（解說除外）請檢查示下。弟記得六類共計約在二百至三百字之間也。此祝健康　弟獨秀手啟五月廿八日（《珍藏書札》頁三十）

案：據此可知下列數事：（一）五月臺先生罹患瘧疾數發。（二）《小學識字教本》上卷稿，六月中可寫完，十八日函已言及。（三）六月底擬在江津城與臺先生聚會。（四）託臺先生抄寫《教本》稿。（五）請臺先生計算《教本》每類字數。自估約二百至三百字。

作劇本《出版老爺》，五月二十四日刊重慶《新蜀報．蜀道副刊》第一百二十八期，署名「孔嘉」，收入《文集》。旨在表現戰時文人生活的困窘和出版商對作家千方百計的盤剝。登場人物有三：出版老爺、作家、僕人。全劇分作三場：

（一）作家花費了三年時間，寫成一部文稿，本想再作「斟酌」，無奈「一家老小餓得慌」，只好找出版老爺去求賣，誰知在老爺的門房裡就遭到了僕人的一頓搶白。（二）作家好不容易被引進了老爺的客廳，又恭候了多時，才見著了老爺本人。老爺一聽說文稿有三十萬字，便說「成本太大」，拒絕接受；作家央求老爺通融，老爺要作家去掉中間、「來個『燒頭尾』」；作家「終於忍心」的從中間撕下文稿的一半；出版老爺用算盤撥拉了一大會，終於說「為了宣揚抗戰文化，就是賠本也要印」；作家聲言要立刻付給自己的版稅，否則一家八口得挨餓；老爺不答應，因為書還沒印沒賣，要說家中人口，他家可有二十四口，單是妻妾便有三房……。（三）作家無奈，只得簽了合同，正待走出大門，卻被僕人攔住，要作家請先賞了他的「回扣」；作家不依，僕人便翻臉不認人，「抓著作家衣領」，要請他去「吃官司」；作家無奈，因為身上確實一文不名，便表示願意脫下褲子當「回扣」，一邊脫，一邊說，「快回家，快回家，家裡老小等得慌呀！」幕落，劇終。

夏明釗評述：「這像是一齣頗具滑稽味的諷刺劇：忠實表現當時文人生活的艱難困苦，作者本人當年的生活便一度靠典當舊衣物過活。從此劇還可看出作者的幽默性格。」（手稿）

作《關於販賣牲口》，五月二十八日刊重慶《新蜀報·蜀道副刊》第一百三十一期，署名「孔嘉」，收入《文集》。文章通過有宋一代、尤其是「南宋十六路中無告之流民婦女，皆有被充牲口販賣之可能」的歷史揭示，對照「抗戰中的今日」的「發國難財者」，得出「後之視今，猶今之視昔。千古同轍，不足為奇」的結論。其要點是：（一）「宋高宗建炎紹興之際」，「國難」「比起現在來，自然還要嚴重」；但「就從事國難生意者而論」，仍有牟取暴利之法，「即以流人婦女為對象」，不僅可以賺錢，而且「可以賺金子」。（二）須知「販賣牲口」這類勾當，「不僅南宋變亂之際有此情形，北宋已經有了」。其時「邊疆之間，互以牲口為買賣」；可見「販賣牲口，既不是偶然，亦不是一時一地之事」，只是南宋時更為嚴重罷了。（三）南宋時「從事國難生意者」，無論是就「出路」、「工具」或「貨物」言，都「不如現在」，他們卻仍有「辦法」：「販賣牲口」；則今日之發國難財者，其漁利之「辦法」之多，可以想見，「而大部分的老百姓之生命線皆繫之於走私的『發國難財者』之手」，便是「不足為奇」了。

夏明釗評述：「本文大部篇幅是議論；其目的是以史爲鑒，這從『首句標其目，卒章顯其志』的結構可知。」（手稿）

作〈關於買賣婦女〉，五月二十九日刊重慶《新蜀報·蜀道副刊》第一百三十二期，署名「孔嘉」，收入《文集》。本文主要通過《續古逸叢書》之三十七《名公書判清明集》一書，單就南京婦女因被轉賣而起訴到當時名公面前的數事舉出，以作婦女命運之一例。其要點是：

（一）「女已受定而復雇當責還其夫」：姜一娘之父姜百三始將一娘賣與康宅；康宅則將一娘賣與吳姓；姜百三復將一娘轉賣於徐姓：「是姜一娘一身被輾轉三賣也」。「名公」於此判云：「其計出於貧困無聊！」（二）「定奪爭婚」：吳重五家貧妻死，其女為同姓人吳千乙、吳千二兄弟「折合」挈往，竟欲謀娶，卻「自知同姓不便」，便由吳千二賣與翁七七；卻「又被自家父親劫賣於李三九，是一身三嫁，其命運正不亞於姜一娘也」。（三）「名公審判裡亦有兩事關於女婢的」，如「時官販牲口礙法」；「賣過身子錢」等。所謂「賣過身子錢」，即是「雇賣」，「所謂雇賣者，即後來典當的辦法，特輾轉典賣，斯為奇耳。有如今日從事國難生產者，往往一轉手間，獲利數倍，真好買賣也。」只是此種買賣，「在宋初時便有禁令」，卻又一直難以禁止，即如今日，有無此類事，「更難言矣」。

編譯館傳言，陳獨秀從教育部領到三百元。廿九日，陳來函請為之闢謠。（《珍藏書札》頁三二）

六月四日，有函致陳獨秀，十五日陳覆函稱《識字教本稿》（上卷）已完成。廿日前送編譯館。

靜農兄如握：四日手教讀悉，稿已完全寫好校過，擬廿前後派火房送至白沙編譯館交兄手收。前稿望早日鈔好，以便將原稿交來人帶回。敵機每日光顧，江津城天天有警報，人心慌亂，仲純兄幾乎天天跑警報不在家，月底趣江津聚會勢必延期矣！此次續寫之稿，約為期月餘（日寫五六小時，仲純若在此必干涉也）。甚勉強，至於左邊耳轟外，又加右邊腦子時作陣痛，寫信較長，都不能耐，勢必休息若干時日不可，下卷□□成，雖非完璧，好在字根半字根已寫竟，漶算告一大段落。法幣如此不值錢，即止此不再寫稿給編譯館，前收稿費亦受之無愧也。此祝健康　獨秀手啟六月十五日（《珍藏書札》頁三五）

案：此函可注意者數事：（一）《識字教本》已完成，將送交編譯館。（二）前約在六月底聚會，須延期。（三）法幣貶值，不再寫稿給編譯稿。

八日，陳函告《識字教本稿》已完成，不日可交卷。（《珍藏書札》頁三四）

案：函係明信片，署「江津陳寄六月八日」。

十二日，致函陳獨秀，十六日陳覆函稱《識字教本稿》上卷五冊派人送達，望即轉編譯館，速鈔速印，能於秋季開學前出版。

靜農兄左右：昨函發後，即獲讀由仲純兄轉來十二日手書，敬悉一是。茲派焦姓火房將全稿五冊送上，收到望即交館中速鈔速印，希望能於秋季開課前出版。如此時局，此稿一天不出版，皆有散失之可能。香港印刷固佳，但隨時皆有被日本佔領之可能。倘川中能刻篆文，弟極端贊成也。在川雕版之提議，成都太遠，校對不易得人，歐陽先生在江津城所刻諸書，均可用。詞品用小字刻頗精美。毛詩石印，稍次之。均附上一閱。館中如同意，兄可函仲純兄向歐陽一調查刻印處在何所，及刻價紙價若干也。弟意好的毛邊紙亦比洋紙價賤，最好館中自己買紙，雇工到白沙開雕。焦火房白沙鄉下人，彼須回家看看，明後日可回到白沙場到兄處取回信也。此祝健康　弟獨秀手啟六月十六日（兄前所帶去之稿一冊，倘已不用，望交火房帶回）（同前書，頁三七）。

十七日，陳寄明信片來示，以為白沙危險過於江津，希望勸編譯館在黑石山聚奎中學租屋一、二間儲放要件，鈔錄《識字教本稿》上卷。

靜農兄：稿子昨日火房送上，諒已收到。江津縣城謠言甚熾，人心甚為恐慌，弟以為白沙之危險過於江津城，望兄勸編譯館在墨石山聚奎中學借屋一、二間，存儲要件。鈔錄拙作之稿即派人在彼處為之，以免萬一損失。是為至盼，此祝（下附二行：倘弟稿鈔好，一時不能付印，望寄存聚奎）

健康

弟獨秀手啟六月十七日午

十九日，陳來函，言及印《識字教本》事，以為「川中如能刻篆字，終以川中雕刻為宜也。」又云：「在川刻印，亦宜加工速成，時局變化，今日不知明日之事也。」（《珍藏書札》（一）頁三九）。廿八日，陳函云稿費二千元編譯館已寄來。教本「出版後原稿贈編譯館，或圖書館均可。惟在大局未平之前，弟堅決主張寄存聚奎中學，以白沙有隨時被炸之可能也。」又云：「何以魏君羈留瀘州如是之久耶！」

案：魏君指魏建功。

七月十日，陳來函稱，擬以稿費印《教本》。魏建功已來白沙，擬借讀其《古音系》一書。（《珍藏書札》（一）頁四四、四五）

二十六日，改聘為專任編譯。聘約效期由二十九年七月起至卅年六月止。薪俸每月三佰貳拾元。收到編譯館館長陳可忠具名所發聘函並附聘書、聘約。函曰：

茲聘

臺先生為本館專任編譯，自民國二十九年七月起至三十年六月止，支薪俸三佰貳拾元（教育部發給部分在內）。國難期間依照本館規定，成數致送。茲檢奉聘書、聘約各一份，即希查收見復為荷，此致

臺靜農先生

國立編譯館啟七月廿六日（遺存資料）

案：〈年表〉以為二十八年七月「擔任國立編譯館專任編譯」，提前一年，未確。

九月，白沙女子師範學院成立。

六日，陳來函，請代為修改《教本稿》數條。（《珍藏書札》（一）頁四七）

致函陳獨秀並《教本稿》三冊，交專人帶上。十日陳覆函稱：望代為刪去教本稿「第十部分（象器用）弋字條……一段四十八字」。又稱「此稿既鈔三副本，不妨寄一套至香港商務付印，另籌貲開雕恐不易實現也」。（《珍藏書札》（一）頁四九）

十五日，陳來函並寄中國古史表一紙，要求編譯館油印廿餘份，分寄同好。（同前，頁五一）

二十日，陳來函希代為增訂教本稿七處。（同前，頁五四）

有意遷居鄉間黑石山，九月廿五日陳獨秀來函勸阻：

敵人不入川，則到處可居，倘入川，則大難矣，弟尤大難。又果真有此一日，不知鄧六先生有可靠之親友在鄉間能容我避居否？……敵人入川，土匪必蜂起，黑石山必不能安居也。兄此時往處，尤不妥。前聞合江曾被炸，想尊翁平安也。（《珍藏書札》頁五七）

案：臺先生父名肇基，據陳函，知時居四川合江。

三十日，陳獨秀函請代為改正《教本》稿四條。（同前，頁五九）

案：函稱：「聞黑石山梁漱溟搬走，有屋五間可租住，不知實否？弟居彼處為養病計，極便來客訪談，不租可惜也。」是知梁漱溟嘗居白沙黑石山，陳獨秀有意搬遷居黑石山養病。

作〈記錢牧齋遺事〉，十月刊重慶《七月》月刊五卷四期，署名「孔嘉」。要旨在揭示錢牧齋迎降清豫王（多鐸）事，並寓借古諷今之意。提要如下：

> 此書乃佚名所輯諷刺詩，諷刺著眼處，乍看是專為牧齋寵柳如是而發，細讀則是諷刺錢謙益（牧齋）迎降，引清豫王（名多鐸）入南京。是採取「以史證詩」法，據多種史籍、筆記、證明趙之龍、錢謙益為首倡迎降人物。並從董潮《東皋雜鈔》中發現謙益鄉人王應奎《柳南隨筆》所載錢謙益上大清豫王貢品單。末署「順治二年五月二十六日太子太保禮部尚書兼翰林學士臣錢謙益」，《隨筆》引豫王記室王佐云：「是日錢公奉帖入府，叩首墀下，致詞於王前，王為色動，禮接甚歡」。
>
> 文末附記云：「我鈔完了錢牧齋遺事後，不禁有所感喟，全謝山說此公平生瓦裂，而我偏想將瓦裂了的瓦片，收集起來，真是無聊之極。因為即使把這些破瓦片，合攏一起，也不會成一個像樣子的東西了！於是我又想到大的問題上去了。今日的時勢，在任何方面都不能和晚明相比，而比跡於錢牧齋者，卻偏有其人，反正經不起霜雪的瓦，遇了微風也會裂的，這沒有用的東西，只有讓它裂罷。」（《文集》頁二五四—二六一）

案：此文發表於二十九年十月（見著作目錄），是時對日抗戰方殷，局勢艱困。是年汪兆銘自重慶出走至南京投降日本軍閥，三月成立國民政府，汪任主席。附記所謂「今日的時勢……比跡於錢牧齋者卻偏有其人」。殆指汪兆銘及其僚屬文士。借古諷今之意，至爲明顯。

錄明清雜史有關洪承疇記事七例：《研堂見聞雜記》、《甲申朝事小記·洪承疇紀略》各二則。《鹿樵紀聞·卷上·使臣碧血》、《鮚埼亭外編卷四崇明沈公神道碑銘》、《明詩記事引闕氏成仁錄》各一條。（《遺稿》頁二七—三一）

案：本年十月初嘗將撰成《晚明講史稿》，寄請陳獨秀修正（見後）。此七則記事疑爲寫作《講史》預備參考之資料，其抄錄當在本年寫《講史》之前。

十月四日，陳獨秀再函請改正《教本稿》二條。（同前，頁六一）又稱收到古史表二十份，請代改正數處。

案：九月十五日陳獨秀寄中國古史表一紙，要求編譯館油印二十餘份。

二、三日，致函陳獨秀，並寄自作《晚明講史》及陳作《史表補文》。十四日，陳獨秀覆函建議《晚明講史》不如改為《明末亡國史》，「望極力使成為歷史而非小説」。附《史表補文》修改處一張。

靜農兄：二、三兩日函及《史表補文》均收到。史表則已由農工行轉來。《史表補文》有修改處奉上一張，《晚明講史》不如改名《明末亡國史》，修改時，望極力使成歷史而非小說。蓋歷史小說，如《列國》、《三國》雖流傳極廣，究於歷史及小說兩無價值也。拙稿付印事，頃已發函陳館長言之。鄙意倘寄商務印亦不成，在白沙油印亦較善於束之高閣，油印能手亦可印五百份，擇其清晰者可裝成二、三百份。白沙鄉間醫藥太不便，稍遲擬移居江津城中。（旁注：已託仲純兄代為租屋。）筆者案：此下一行不清）此祝健康

弟獨秀手啟十月十四日（《珍藏書札》頁六四）

案：《晚明講史》當是臺先生在白沙所作之歷史小說，寄與陳獨秀請正者。民國卅五年攜稿來臺，從未談及或示人。約三十五年後，民國七十年左右，臺先生曾囑筆者找人謄清，似有整理出版之意。筆者當時未積極找到適當人選，因循時日而延誤。後臺先生親自取回，另找人鈔寫。逝世後，其遺稿送中研院文哲所收藏，八十九年移臺大圖書館收藏。《晚明講史》原稿及代鈔稿均雜在遺稿中。十一月廿三日臺先生百歲冥誕，臺大中文系舉行「臺靜農教授手稿書畫展」，此原稿及鈔本稿，均隨同展出。

十九日，陳獨秀寄來虞石拓本一。又函請改正《識字教本》稿中，豊字、黽字、玄字、赤字共四條。（《珍藏書札》（二）頁六五、六六）

作〈跋後漢兩碑文〉，十月廿八日發表於重慶《新蜀報．新蜀副刊》二六七期，署名「孔嘉」收入《文集》。內容據《安徽通志．金石古物考》記兩篇後漢碑文：一是太監曹騰碑陰，二為幽州刺史朱君碑。曹騰為曹操祖父，碑與史傳盛稱其為人，皆不可信。後者碑文

與史傳相符，而史傳所記較具體。跋文簡短，茲迻錄於下：

理學家輕視歷史者，以為玩物喪志，無關身心；非理學家所以輕視歷史者，大概是以今例古，則歷史上的好人，也黯然無色了。偶檢《安徽通志金石古物考》，有兩首漢碑文，正是關於歷史的，可信與不可信的。

一是太監費亭侯曹騰碑陰。碑文缺字甚多，已不能貫串，觀其斷句，不外是進賢納士，

約身自持，孝行純篤云云。《後漢書》本傳說，桓帝得立，定景有功，所近又多海內名士。看來碑文與史傳，兩相符合，曹騰果真是個好太監了，然以太監而參與定策，其政權之敗壞可知；以名士而走太監的門路，則其賢吝可知；況後漢黨錮之禍，正成之於桓帝時代，則碑文史傳俱不可信也。至於曹騰究竟如何？卻不難知道：陳琳為袁紹〈討曹操檄文〉云：「司空曹操，祖父騰，故中常侍，與左悺徐璜，並作妖孽，饕餮放橫，傷化虐人。」這檄文很普遍，古文觀止裡就有。後來陳琳投降了曹操，曹操還不能釋然於懷，說道，「卿昔為本初移書，但可罪狀孤而已，惡惡止其身，何乃上及祖父耶？」（見《魏志．陳琳傳》）這意思就是說，身作身當，不必連祖宗三代都翻了出來。《隸釋》作者洪適，對比殘碑，竟發了一通感慨，說：「嗚呼，東漢之亡也以閹官，雖小人道長，作福作威，履霜堅冰，勢之必然者，蓋上失其道。……騰用事省闥，三十餘年，其養子嵩，至於竊位臺輔，至孫曹遂問鼎矣。」

二是漢故幽州刺史朱君碑。碑文亦多缺失，其中有云「永昌太守曹鸞上疏解黨，以不糾摘獲戾胥靡。」證以《後漢書・黨錮列傳敘》云：「熹平五年，永昌太守曹鸞上書，大訟黨人，言甚方切，帝省奏大怒，即詔司隸益州檻車收鸞，送槐裏獄掠殺之。於是又詔州郡，要考黨人，門生故吏，父子兄弟，其在位者，免官禁錮，爰及五屬。」據此看來，碑文史傳，正相符合，且史傳所記較具體而陰森，是歷史上的記載亦不失其真實也。

這裡得交代出來：此兩碑俱在安徽亳縣，不特同與曹府有關，並且又同屬於桓靈之際，所不同者，又未免太大了：即一係施威者，一係被禍者；一要「惡惡止其身」不必上及，一則「惡惡止其身」爰及五屬；其差異如何算小。然無太監專權，則無黨錮之禍；既有黨錮之禍，則有覆亡之日；這議論又蹈於肐搭題的魔障了，還是算了吧！（《文集》頁二五二—二五三）

案：卅五年十月十八日發表〈黨錮史話〉一文（見後），共分三節，此篇爲其第三節。前後文意相同，未加刪改。

十一月十六日，陳獨秀致便箋請添改《識字教本》三條。箋末附言：「鶴山坪已漸轉冷，於弟病極不相宜，擬二十左右，赴江津城覓屋移居，覓不得屋，或赴渝住一時期」。

案：十月十四日陳函稱，「白沙鄉間醫藥太不便，稍遲擬移居江津城中。」白沙鄉間即指鶴山坪。

十八日，致函陳獨秀，二十日陳便箋回覆，請增加《教本》稿二條。附言：「今日已入城，暫住仲純兄處，十八日手示，已收到。（《珍藏書札》頁七〇）

廿一日，致函陳獨秀，廿三日陳覆函稱，撰寫《識字教本》意在便利現代高初小學教育，希望早日付印。

靜農兄：日前接讀十八日手書，適奉書將發，匆匆未及詳復。拙稿託建功兄校正，有可修改或加注，為益實多，惟後半尚未見有疑問示下，想尚未校竟。甚望能早日校竟，以便早日交陳館長寄出付印。下篇寫成時，字數略與上篇相等（旁注「甚或稍多，然亦相差不甚遠」），望告陳館長。弟寫此書用意在便利現代高初小學教育，非以考古，人視為普通讀物，那便最好。衡以古義，識字本屬小學，亦可通也。弟現仍暫住仲純兄處，新租之屋，尚未大定，但必移入城也。下月兄等倘能來談，至樂也。聞仲純兄言，兄交友失人，心緒頗不佳，來函延年醫院寫作延壽醫院，亦心情不佳之一表現。旁方條下之注文為「周禮：牛助為牽徬」，來示□中為『牛助』二字。他有疑處，希早日示知，以便付印。此祝健康　建功兄同此不另　弟獨秀手啟十一月廿三日（《珍藏書札》頁七三、七四）

案：入川到白沙住柳馬岡富紳莊園，後有兩家朋友自北京來投奔，住進莊園，相處人多，產生糾紛。（詳後十二月條）。陳函稱「交友失人」，殆指此而言。

作〈瞻烏仰止於誰之屋〉，十一月廿二日刊重慶《新蜀報．新蜀副刊》二八九期，署名「釋耒」。卅五年十月合此篇及稍前所作〈跋後漢兩碑文〉，另作一節有關《黨錮列傳》事，構成〈黨錮史話〉，發表於上海《希望月刊》（見後）。本篇旨在表示後漢覆亡，由於黨禍。郭林宗在「網羅高懸」時代，猶發憤慨之語，其未被黨禍，乃屬僥倖。大要如下：

一、知道後漢怎樣亡掉的，就用不著去讀的漢代史，但翻一翻《後漢書》的〈黨錮列傳〉和〈宦者列傳〉兩相對照，便可知其大概。這話我在上文已說過了，如〈黨錮列傳敘〉云：「大考鉤黨，轉相誣染，凡稱善士，莫不離被災毒。」而〈宦官列傳敘〉云：「海內塗炭，二十餘年，諸所蔓衍，皆天下善士。」單看這寥寥數言，似范蔚宗為此兩傳時，猶懷顫慄而含痛惜，而漢之覆亡，亦明若觀火。

二、在離被災毒的生活以外，還可以看出一種遠引避禍的生活方式。《後漢書》卷八十三〈陳留老父傳〉云……陳留老父顯然是楚狂接輿一流人物，既知「網羅高懸」，故主張龍要隱鱗，鳳要藏羽。然其時亦有「龍不隱鱗，鳳不藏羽」而能遊羽於網羅之外者，一代高名的郭林宗便是。范書稱「林宗人倫，而不為危言覆論，故宦官擅政而不能傷也。」蔡邕〈郭有道碑〉亦云「將蹈洪崖之遐跡，紹巢許之絕軌，翔區外以舒翼，超天衢以高峙。」看來林宗處亂世似真能「危行言遜」者。然在陳留老父一流人看來，林宗的處世法仍有不足。

三、徐稺加林宗以諷勸，范冉對林宗以鄙視，是林宗雖為後世史家所推尊，而其行跡實不足以比類隱淪。蓋林宗雖未被黨禍，亦時露火氣也。如《後漢書．郭太傳》云：「建寧元年，太傅陳蕃、大將軍竇武為閹人所害，林宗哭之於野，慟，既而嘆曰：『人之云亡，邦國殄瘁，瞻烏仰之，不知于誰之屋耳。』」「網羅高懸」為猶發此憤慨，其未被黨禍，已屬僥倖。試觀鄭康成一生孜孜於五經，未嘗交接名流，互相品題，而終被黨錮中人，此郭林宗之所以僥倖而被諷勸被鄙視也。（《文集》頁一三一——一三五）

案：此篇標題爲節取自《後漢書郭太傳》中語。唯「之」作「止」，刪「不知」兩字。「仰」實應作「爰」，《詩．小雅正月》篇：「瞻烏爰止，於誰之屋」。疏：「此視烏之所止，當止於誰之屋乎？以興視我民人所歸，亦當歸於誰之君乎？」用此隱晦標題，又以別名發表，疑另有用意。是時中共在延安另立政府，國共兩黨雖一致抗日，實則明爭暗鬥，共黨分子在重慶被逮捕、關押，因而遇害者亦不少，國民黨爲安內以攘外，實逼處此。然當時一般知識分子多同情共黨，批判國民政府，此篇之作，或寓有此意。

柳馬岡莊園兩家友人從北京來居，眷屬相處不睦，因有意移居黑石山。十二月八日陳獨秀寄來明信片，以為黑石山交通不便，以不遷為是，時陳已搬遷至江津城大西門外，康衢街

四十八號延陵別墅。

靜農兄：弟已移居大西門外，出城只數十家，離仲純處甚近。（一）建功兄病如何？（二）兄等何日能來？（三）拙稿何日可以寄出付印。均乞早日賜知！昨晤燮康兄，他言擬堅留兄仍住柳馬岡，因黑石山交通不便也。鄙意亦以為□□□能見機而作，兄仍以不遷為是。……此祝健康　弟獨秀手啟十二月八日（《珍藏書札》頁七八）

案燮康姓鄧，與其叔蟾秋，皆江津白沙名紳。即柳馬岡臺先生所住莊園主人。

十二月十日前後，遷居黑石山，十三日致函陳獨秀，告以編譯館擬自行石印書稿。十七日陳復函稱，希望首先寫印「拙稿」（《識字教本》）。又稱明春三月決計遷往黑石山。

靜農兄：十三日手示誦悉。拙稿由館中自置石印印出，極好。惟宜乘霧期早日裝齊開工，並希望首先寫印拙稿，以免明春有警報時工作困難也。石印廠宜離場五、六里，決不至被炸之地。最好在黑石山。倘確實決定石印，應即行招工謄寫。因石印須先用特用之紙寫好始能付印，最好是寫仿宋體之字，以上所云，均望代達陳館長。來函所云禚老之屋，不知即校旁前梁漱溟所住之屋。或由校舍再往前禚老之莊屋？鶴山坪之房子並未退租，因遷居他處傢俱成問題也。本擬來春仍返鶴坪，惟近以該處治安無把握（蜀人所謂強盜痱土老二），有他遷之意，不知黑石山一帶治安狀況如何？倘治安無虞，弟決計明春新曆三月中遷往。乞以此意告知禚老，房屋幾間，廚房公用或獨用、房租押租各若干？同居何人？（旁注：孫子多否？）有無一間窗子大，光線足可做書房者？房間高有若干尺？有無天篷？吃水用水距離若干遠？均乞問明示知，倘距兄之新居不甚遠，兄能親去看一下，則更好也。曹姓有遷渝意否？弟甚望兄及建功兄新曆年能來此一遊，此祝健康　建功兄同此不另　弟獨秀手啟十二月十七日

案：據此函可知數事：（一）希望先石印其所撰《識字教本》，（二）陳有意遷往黑石山，（三）十二月十三日函陳獨秀時，已遷居黑石山，而是月八日陳函勸不遷黑石山爲是，臺先生未接受其意見，推其搬遷日期當在八日至十一日間，時北大哲學教授梁漱溟，曾居白沙黑石山。

臺益堅〈追悼先父臺靜農〉云：

……住進白沙鎮一當地富紳的莊園不久，又有兩家父親在北京的朋友投奔來，莊園變成大雜院，各種糾紛也就發生了。一氣之下，父親將全家遷去鄉下，住進黑石山中一茅草屋。……（《紀念文集》頁一〇二、一〇三）

案：廿九年十二月廿七日，陳獨秀致函臺先生有云：「兄新移居，諸事想尙未停妥」（《珍藏書札》頁九三），知是時臺先生移居黑石山未久。又十二月二十日，陳函云：「弟仍回鶴山坪，或遷居黑石山，尙未能大定……不知鄧府莊屋如何？不知距聚奎學校若干里，倘離校過一里以外，孤露荒郊，亦不可居也。弟只需住屋二間及火房一榻之地，即

租鄧府莊屋，只正房二間是矣。建功兄亦已遷去否？建功兄舊居膏渥居之房屋，不知比黑石山鄧府莊屋如何？諸希賜知，此祝健康，建功兄同此」（《珍藏書札》頁八七）。可知陳有意租住黑石山鄧府莊屋，而臺先生時已遷居黑石山，其所以住茅屋，未住莊園，推想當係難以支付租金。又臺先生自北京來的朋友，魏建功係廿九年五、六月間來白沙，據陳函知魏原居白沙膏渥居，似未居白沙莊園。所謂「北京的朋友投奔來」，當另有其人，待後考。

黑石山僻處鄉間，離白沙約八、九里。臺先生仍任職白沙國立編譯館，入不敷出，是「舉家嚼菜根的日子」。臺先生往返兩地，極為辛勞，自題其居日「半山草堂」，並書一聯云：「芝草終榮漢，桃花解避秦」。陳獨秀為題居室日「一曲書屋」。臺益堅〈追悼先父臺靜農〉記黑石山一段生活云：

我記得最清楚的，是抗戰初期舉家嚼菜根的日子。剛入川第一年，由老友幫忙，住進白沙鎮……父親當時在編譯館工作，收入根本不敷家用。姊姊入國立中學就讀，其實也就是國難期間的收容所。我和妹妹輟學在家，每天步行二十里去鎮上打油背米，下午至山中挖菌、尋野菜。偶爾我還下水田去拾田螺、抓黃鱔。次年弟弟出生，母親更為辛苦。（父親追念先母詩句：「相看兒女催人老，柴米商量累汝多。」當指此期也。）

我還記得那間泥牆泥地的小「堂屋」中，掛著父親以紅紙寫的對聯：芝草終榮漢，桃花解避秦。門口掛的是白紙寫的「半山草堂」。父親經常不在家，一兩週才返家一次，總是提著幾兩白乾酒。有時想寫字時就以紅土漿為墨。近年偶提及此事，父親笑說是魏晉人生活。我那時大約八、九歲光景，父親見我無書可讀，有一次帶了一本國文教科書回來。我的啟蒙第一課古文就是父親教我的，文章題目為「荔枝」，開端第一句是「荔枝生巴峽間……」，不過印象較深的還是一篇白話文，題目叫做「燐火」，大意是描寫一個夜間行路的人，遙遙閃爍著一點燐火，似乎越走越遠，越亮也越閃爍。……（原載一九九〇年十一月二十五日「中國時報」收入《紀念文集》）

案：臺益堅民國廿一年生，八、九歲，時當廿八、九年，居黑石山，在其九歲以後。陳獨秀以篆體爲臺先生書「一曲書屋」四字，原藏中研院文哲所，今藏臺大圖書館。圖影見《珍藏書札》（頁三一四、三一五）。後臺益堅又作〈身處艱難氣若虹〉一文記黑石山環境及山居生活，謂：黑石山「距鎮中心約九里。……環境極爲清幽。……山上奇形巨石甚多，均爲黑色，故以之得名。……石上多有前人銘刻，諸如『一夫當關』『函谷』等。山頂側面尚有一池塘，池邊一巨石刻有『頑石點頭』，除松林外，有梅樹六百株。……這段時期，因山路難行，父親經常住在辦公處，三五天才回家小住，山居幽靜，時常練字，兼習畫松梅，偶爾畫石。鄧老先生所創聚奎中學校園即在山頭，改建校門時，四個大柱頂上各置一巨石，父親以隸書寫成『聚奎中學』四字，刻在此四方大石上。……鄧先生所辦的女中。……是建在一瀑布附近，大門是牌樓式的『新本女中』四字，也是父親所書。」（《名家翰墨》卅三期，頁一〇〇—一〇二）。臺先生〈懷詩人寥音〉謂：「鄧家在白沙是大姓，禝仙先生早年留學日本，回國後一心從事地方教育，創辦聚奎中學。……後又創辦新本女中，這兩所學校都在白沙八里外黑石山上。」（《龍坡雜文》頁一二五—一二六）據此，則黑石山乃一風景勝地，有兩所中學，亦一文化重鎮。與臺益堅前文所記，頗有差異。

致函陳獨秀，談及石印《識字教本》及租屋事。二十日陳復函稱如自辦石印不成，可否派人來江津交石印店包印。

靜農兄：日前奉手示言石印及鄧府房屋事。隨即復上一函諒已達左右。館中籌備石印，不知已進行至何程度？昨日偶步此間通泰門大街，見有石印業二處，詢之該處工人，據云：人工除火食外，月薪須一百元，一人寫，一人上石，一人印（印供需有一助手，其月薪佰元）日印八十版（每版四葉），月薪佰元，討價如是，當可稍減。大約工資火食四人月須四百元以上。出書可九千六百葉，是否合算，可告館中人計算之。倘在白沙自辦石印不成，可否派人來江津城交石印店包印？開年江津城自不可居。弟仍回鶴山坪或遷居黑石山，尚未能大定。以朋友往來之樂，借書之便，鶴坪遠不如白沙。而鶴坪房東相處甚得，諸事便當，且有土有農具可藉以種菜蔬。鄧府莊屋則無此便利。至於治安或有魯衛之政。鶴坪房屋稍矮，雖有棲板，而距屋頂過近。天氣大熱時殊難受。不知鄧府莊屋如何？不知距聚奎學校若干里？倘離校過一里以外，孤露荒郊，亦不可居也。弟只須住屋二間（一臥室、一書房）及火房一榻之地，即租鄧府莊屋，只正屋二間足矣，廂房則不需也。據仲純言拙稿已託嫂夫人帶上，諒已收到。其中有增加一紙條，已由象器用「丰」（音蓋）下移至象屮木「丰」（音封）下，想已見過。此外二副本，亦望照樣改正。所加之紙條上亦有改正，望留意照改。建功兄亦已遷去否？建功兄舊居青渥居之房屋，不知比黑石山鄧府莊屋如何？諸希賜知，此祝健康　建功兄同此　弟獨秀手啟十二月二十日（《珍藏書札》頁八四—八七）

案：函中所謂鄧府莊屋，不知是否即鄧蟾秋、燮康叔姪所有，抑或另一鄧姓人家。鶴山坪有聚奎第一中學，此聚奎學校在黑石山，當指另所中學。又據此函知陳之《識字教本》稿，六月中旬完成交卷後，迄今半年仍不斷修改。

陳獨秀閱《識字教本》稿，發見錯誤二條，二十四日來函，希為增改並云書稿如石印不成，希用油印寫五百份。

靜農兄：昨日閱拙稿，發見錯誤二處，希為增改如左……

此書石印如不成，用油印寫五百份，挑選清楚者裝訂成三百份，亦聊勝於擱置也。望以此言代達陳館長，此祝健康　弟獨秀手啟十二月廿四日（《珍藏書札》頁九〇—九一）

二十七日，陳又函請增補《識字教本》二條。

靜農兄：拙稿尚有應增者二條如左：（一）逆字條。……（二）屰字條……前兩函一言石印及租屋事，一言拙稿增改二條事，諒均已收到。兄新移居，諸事想尚未停當。建功兄病恐亦未全復原，來遊城中之舉，諒必推遲矣，此祝健康　弟獨秀手啟十二月廿七日（《珍藏書札》頁九三）

案：前二函指十二月二十、二十四日致臺先生二函。臺先生十二月十日左右移居黑石山至今僅十餘日。

二十七日，致函陳獨秀，二十九日陳收到。三十日陳復函稱，《識字教本》稿又加改正一條。請陳可中館長給商務印書館王雲五一信，詢問可否提前即時鈔印《識字教本》稿。

靜農兄：拙稿加字二條（逆字條、屰字條）前日寄上，諒已收到，茲又加字一條如左：斤字條……廿七日來書昨讀悉。鉛印石印恐都渺茫，商務既積壓館稿數十種未印，焉能提前印拙稿？弟與王雲五無深交，且此人但認得權勢，不認交情，弟雖函託，亦未必發生效力。鄙意想請陳館長發稿後特給王雲五一信，問其可否提前即時鈔印。倘回答是個否字，仍望由館中油印二三百份，分散各省，以免川亂將原稿散失。拙稿雖未臻完善，而弟頗自珍貴也。……弟獨秀啟」，函前書「十二月卅日」（《珍藏書札》頁九五）

是年前後，陳獨秀應臺先生之請，為書一首七絕與對聯一幅。

日進江鷗落照邊，遙知風雨不同川，此中有句無人識，送與襄陽孟浩然。（同前，頁三三〇）

坐起忽驚詩在眼，
醉歸每見月沈樓。

上聯注：上為祝枝山詩，下為余在杭州的舊句。

案：詩與對聯題款：「靜農學兄屬書即正」，「靜農兄屬書」，知係應臺先生之請而書，唯不詳年月，茲姑繫此年。

據《中州先哲傳第二十三文苑傳》，抄錄王覺斯卒之前與弟鑨書。書前大字隸體書寫〈王覺斯寄弟書〉。書後題記云：

覺斯有《擬山園文集》十六卷，《擬山園詩集》十卷，乾隆時《擬山園集》列禁書中，行世益寡，覺斯嘗曰：書法之始也，難以入帖，繼也難以出帖。（《存輯遺稿》頁二〇七、二〇八）

案：王鐸（一五九二—一六五二）字覺斯，號嵩樵，河南孟津人，清初書法家，天啓年間進士，官至禮部尚書。書法獨標風骨，用筆遒勁，其〈草書杜詩卷〉長二丈有餘，爲其名作。（見七十二年）。此用「國立編譯館稿紙」知其爲二十八年至卅一年在白沙任職編譯館時抄錄。二十八、九年始臨摹王覺斯書帖，卅年受沈尹默影響，改學倪元璐書法。

（詳後卅年）

陳獨秀六十二歲：仍居江津鶴山坪。

胡適五十歲：到美各地演講。一月十三日謁羅斯福總統，商談借款事，五月三十日訪羅斯福討論遠東局勢。十二月二十日參加杜威八十生日會。

張大千四十二歲：束裝赴甘肅，禮佛敦煌。因二兄病逝重慶，倉促返渝。長子心亮病逝。

民國三十年　一九四一　四十歲

讀《史記．留侯世家》，作札記標題〈黃石老人〉。認為留侯少年時黃石老人授書事，應是真實。黃石老人顯是六國遺民，不堪暴秦統治，想推毀其政權之地下活動者，看出少年張良的才具，授以太公兵法，本無神異，然經太史公渲染，成為神話，宋人葛慶龍、陸文量，元人蕭永崖有詩詠其事，皆不信其神異。（文集未收，見《遺稿》頁一五四─一五六）

案：此則札記，係隨手筆錄，篇幅僅二頁又四行。言黃石公授書事，太史公渲染成神話，瞞不了後人，引宋元三家詩後，不見下文申述、亦無結語，知其爲未完成之札記稿。此札記二頁用印有「一曲書屋」標記稿紙。臺先生以二十九年十二月中自白沙柳馬岡移居黑石山，自題其居日「半山草堂」，稍後陳獨秀題其居室日「一曲書屋」，時約在卅年初（見前）。札記撰寫年不得早於卅年，然亦可能撰於卅一年十一月後任教於白沙女師院時。茲姑繫此年。

撰〈談木簡書〉、〈簡牘用之於政府文書〉、〈帛書〉、〈紙書〉共四節。第一節篇幅最長，其餘皆一兩百字小段。（見《遺稿》頁一五七—一六四）

案：第一節分九項目：（一）前代木簡書之發現，（二）近代木簡書之發現，（三）木簡之名稱，（四）簡牘之用法，（五）簡牘之編次，（六）古書木簡之尺寸，（七）私家著述皆以木簡，（八）檢署與盛書囊，（九）名刺以木簡。考察本年所作〈兩漢簡書史徵〉要目：一、簡牘書：（一）簡牘之名稱，（二）簡牘書之長短，（三）簡牘之用法（四）簡牘之編次，（五）簡牘之行款，（六）簡策尺牘之書體，（七）簡牘用之於政府公文，（八）簡牘用之於文人著述，（九）名刺以簡牘。二、檢署與盛書之囊。三、帛書。四、紙書。（見後）與前者標目幾乎相同，由是可知本文應是〈簡書史徵〉原始標目及簡要內容，換言之，即〈簡書史徵〉爲〈談木簡書〉各節的引申擴充。本文寫作應在〈史徵〉撰寫之前。

作〈談漢代美術字〉一文，未發表。（見《遺稿》頁一六五—一七六）。緒言中提出一主要論點，即殷商時代銅器上的鑄刻文字是一種美術體的字，是製造家運用智慧將定型的字體變化成為美的形象。漢代器物上的美術字，承秦制而來，實際上早在殷商時代就有。全文分四節：

一、緒言

二、秦書八體：（一）大篆，（二）小篆，（三）剖符，（四）蟲書，（五）摹印，（六）署書，（七）殳書，（八）隸書。自剖符以下六體亦稱六技。

三、王莽時六書：（一）古文，（二）奇字，（三）篆書，即小篆。（四）左書，即秦隸書。（五）繆篆，所以摩印也。（六）鳥蟲書，所以書幡信也。

四、結論：（一）秦之「八體六技」大概是李斯統一文字時的規定。漢承秦制，至王莽時始略為六書。靈帝時竟有人以鳥蟲書得官，此種美術字流行於漢一代，其時自紀元前三世紀初至紀元後兩世紀。（二）秦漢兩代這樣的規定，既保存正統字體，如大小篆，又使文字美術化合於器物的應用。由此可以想像秦漢人對於工藝品的重視。（三）此種美術字，不只用於各級政府機關，亦流行於民間。（四）由定型的字體變作美術形象，用之於器物上與工商業發達有重要關係。

案：此文用「一曲書屋」稿紙撰寫。知其時間在卅年以後，在白沙任職編譯館或任教女師院時期。下限約在卅四年抗戰結束以前。此一時期，臺先生頗重視漢代文史之研究、撰寫，及社會史料之收集。如三十年前後留存〈兩漢簡書史徵〉稿，收集〈漢代奴隸制度史徵〉、〈兩漢社會史料〉、〈談木簡書〉等。此文當爲同一時期所寫。

撰寫〈漢代奴隸制度史徵〉初稿，未發表。整理分類章節條目如下：

第一官私奴婢之社會地位

一、奴婢不列於齊民。二、奴婢等於家畜。三、漢律與奴婢。

第二官奴婢

一、官奴婢的來源。二、官奴婢之引官及其所在官。三、官奴婢之任務。四、官奴婢之轉為私奴婢。

第三私奴婢

一、私奴婢及其來源。二、地主商賈利用私奴婢從事生產事業。（遺存資料）

案：題下注：「代鈔複寫本：兩漢社會史料，奴婢篇總目。」所用乃國立編譯館稿紙。據是可知此編爲臺先生任職編譯館時所鈔錄。自二十七年九月至卅一年七月歷任編譯館委員、特約編譯、專任編譯、編審等職務。此殆其任職編譯館四、五年期間，所爲工作項目之一。以年代無考，茲姑繫此年。

抄錄〈兩漢社會史料〉未發表。條目分為：

史記（一）宗教與信仰（鬼神妖怪交感異異），（二）賓客，（三）貴族之享用，（四）豪強，（五）服制。

前漢服制

後漢服制

三國志：豪強、服飾（「遺存資料」）

臨金農墨梅，並書其題詩，《墨戲集》（頁卅五）著錄。

驛路梅花影倒垂，離情別緒繫相思，故人近日全疏我，折一枝兒贈與誰。

款識：遯夫。

鈐印二方：伯簡、臺靜農

案：遯夫，羅聘字，金農弟子（見卅年）。金農字壽門，號冬心，題詩見《冬心題畫記·畫梅題記》（頁三八）。「贈與誰」題記作「寄與誰」。《八怪精品錄》（頁二五四、三九一圖）著錄金農《梅花冊之七》梅畫圖，有此金農題詩，款識署「曲江外史小筆並題二十八字」。「曲江外史」亦金農別號，另又有「金氏壽門」鈐印，此幅所臨爲金農作品無疑。「遯夫」當是一時誤書，又此幅未署齋名及姓名，所鈐「伯簡」印、來臺後未見用。此當是早期臨摹之作。疑與臨金農梅畫，款識題「金牛山人」者同時。

直幅畫墨梅，繁枝茂華。《墨戲集》（頁廿五）著錄。

款識：靜農

鈐印：靜農無恙

案：此幅未題詩句，亦未鈐齋名，疑爲早年之作。與臨金農梅畫，可能約略同時。姑繫此年。

臨繪金農（金牛山人）多枝繁花墨梅，並書其題辭，《墨戲集》（頁二三）著錄。

西湖西溪之西，野梅如棘，溪邊人往往編而為籬，因憶而畫之，恍若在酸香埜墅中也。

款識：金牛山人。

鈐印：臺靜農

案：此所謂金牛山人指金農。金農號冬心，亦號稽留山民（見六十六年）。據金農《荷塘憶舊圖題記》後自署「金牛」（見《八怪精品錄》頁二七三），可知此幅所題「金牛山人」指金農。《八怪精品錄》著錄金農梅畫作品計二十六幅，其中一幅題辭與此小同而大異。（見《精品錄》頁二五六，梅花之十，北京故宮博物院藏），「西湖」作「吾杭」，「編而爲籬」下作「若屏障然，余點筆寫之，前賢辛貢，王冕之流，卻未畫出此段景光也。」二十五字與此十四字不同。又款識：「曲江外史記」與此「金牛山人」亦異。惟枝多花茂，構圖大略相似。臺先生所臨，殆係金農另幅梅畫圖，題作「金牛山人」者。此幅亦不署年月，疑與臨羅聘（見下）者，殆一時先後之作。

臨繪羅聘老榦疏枝墨梅，並書其題詩，《墨戲集》（頁二二）著錄：

一畫肖無真，再畫斂吾神，三畫筆在手，劃然天地春。老樹紙上拜，自稱草莽臣，臣心若逝水，南北大江濱。

款識：羅聘詩畫。

鈐印：臺靜農

案：羅聘（一七三三—一七九九）清歙縣人，寄寓揚州。字遯夫，號兩峰，別號花之寺僧。師金農，工詩善畫，尤擅長人物，摹仙佛像，筆致極精，作鬼趣圖，意在諷世。與其師金農及黃慎、鄭燮等合稱揚州八怪，著有《香葉草堂詩存》。金農《畫梅題記》云：「以詩為贄遊吾門者有二士焉：羅生聘、項生均皆習體物之詩。……二生見予畫又復學之。聘放膽作大幹，極橫斜之妙；均小心作瘦枝，盡蕭散之能。可謂冰雪聰明，異乎流俗之趨向也。……」（《冬心臺先生題畫記》頁四二）。金農評羅聘墨梅大榦「極橫斜之妙」，此幅所臨正是如此。惟實際上羅聘此幅原跡墨梅（今藏日本東京國立博物館，見《八怪精品錄》頁四四九徵引），乃粗榦曲枝向上，題詩亦直行而書。臺先生臨摹乃取其筆法作意而變其構圖，看似襲取，實則格調生新。此幅不著年月，僅鈐姓名印，未依慣例書以地名及齋名。揣其用意，殆自認此是臨摹習作，不宜簽名作為自己作品。故友莊申教授嘗著文稱所見臺先生最早的梅畫是民國六十三年甲寅所畫孤枝梅花。（見〈且當放懷去，行行沒餘齡〉文，《墨戲集》頁一六），實則可見最早之梅畫是五十六年贈賀女弟子陳燕女士結褵，所畫一幅紅梅（見前）。臺先生嘗云：「學畫梅是早年的事」。（見莊文《墨戲集》頁一五引）。案二十七年臺先生入川居白沙，卅年移居黑石山，有畫梅詩云「為憐冰雪盈懷抱，來寫荒山絕世姿」（見前）。據此知臺先生在抗戰期間，四十歲時已有梅畫作品

（今不傳）。此幅臨摹作品，殆在抗戰期間（或更早）所畫。茲姑繫此年。

讀元遺山「四十頭顱半白生」句，有感賦詩云：

端居每有遺山感，四十頭顱半白生。鉤黨最憐烹五鼎，陳兵爭欲墜三城，書空未信天能補，畫鬼翻嫌佛有情。青史三千何擾擾，怕聞鶴唳到華亭。（《龍坡丈室詩稿．白沙草》）

案：據「四十頭顱半白生」句，疑此詩亦四十歲－民國卅年作。《詩集》注引羅孚〈老去空餘渡海心〉一文稱「鉤黨烹五鼎，是譴責國民黨以清黨名義濫殺無辜。」國民黨清黨時在民國十六年。抗日期間，國共聯合抗日，並無所謂「清黨」之事。此詩似非追述十多年前往事，羅孚所言未妥。

作〈讀史〉一詩。

敢批逆鱗者，荊卿豈酒人，至今易水上，變徵有餘嗔。（《龍坡丈室詩稿．白沙草》）

案：荊軻刺秦王，史記荊軻傳記載最詳盡。此〈讀史〉當指讀《史記》而言。自廿七年九月至卅一年七月任職編譯館期間，嘗編寫《漢代奴隸制度史徵》初稿，《史記》、《漢書》殆必涉獵之書，疑此詩即此期間作。以作年不能確定，姑繫此。

臨摹王鐸（覺斯）書帖，沈尹默見之，以為「傷雅」。後見倪書影本，又獲張大千贈以倪書雙鉤本及真蹟。覺其格調生新、為之心折。之後遂專書倪字，成一大家。大千嘗稱其學倪書「為三百年來第一人」。《書藝集序》云：

抗戰軍興，避地入蜀，居江津白沙鎮，獨無聊賴，偶擬王覺斯體勢，吾師沈尹默先生見之，以為王書「爛熟傷雅」，於胡小石先生處見倪鴻寶（元璐）書影本，又得張大千兄贈以倪書雙鉤本及真蹟，翫其格調生新。為之心折。

案：臺先生廿七年秋入川至白沙，沈尹默廿八年秋自上海至重慶，廿九年居成都，又再至重慶受于右任邀請，聘爲監察委員。時年五十八歲。卅一年卜居於重慶靜石灣，名其室曰「石田小築」，（見《論書叢稿》附〈年譜簡編〉）。臺先生在北大嘗受業於沈尹默，廿八年沈至重慶及其後二三年間，臺先生應有機緣謁見沈氏。臨王書攜之以見，沈戒之以「爛熟傷雅」，估其年代當在三十年或其前後。臺先生臨摹王書殆始於廿八、九年任職於白沙編譯館後不久。「爛熟」一語，出自沈氏贈吳湘帆所作四首七絕第二首。七十二年秋臺先生嘗書其前二首，置於《書藝集》首頁，作爲學書者箴言（見後）。張大千民國三十年一至四月在成都賦詩作畫，三月初嘗將近作運至重慶展覽，五月自成都動身再赴敦煌，卅二年十一月返抵成都。（見《全傳》）。臺、張分處兩地，似未見面，張贈倪書眞蹟，疑係託人轉贈，以無年月可考，茲姑繫於卅年。

畫老松樹與小秋菊。《墨戲集》（頁三六）著錄：

鈐印二方：淮南　臺靜農

案：此幅未署名，亦不記地名與齋名，疑爲早年臨繪揚州八怪之作。

是年前後著《西漢簡書史徵》一文，約二萬三千餘字。內容敘簡牘、帛書、紙書之來源、使用狀況，抉發幽微，據史實論證。其於簡牘之名稱、形製、用法、編次、行數、書體等論之尤詳。以未與漢簡實物比證對勘，故遲未發表。然文獻資料盡在此中，可供研究漢簡者參考，因於隔四十七年之後整理收入《靜農論文集》。七十八年十月出版。〈附記〉云：

斯篇草成之確實年月，已不能記憶。大概在一九四〇—一九四二年間。原想看到漢簡實物，與之比證，以致擱置至今，未曾發表。然文獻資料大都盡於斯篇。或尚能供漢簡研究者之參考。一九八八年一月靜農記。

案：此文作於一九四〇至四二年間，時當民國卅年前後，臺先生居四川江津白沙鎮黑石山，任職國立編譯館期間。卅五年九月攜稿來臺，藏之篋中近半世紀方整理公之於世。可謂久矣！文集出版後一年，臺先生逝世，讀者得見此篇亦可謂有幸。

居江津白沙鎮黑石山，山上梅花方盛，臺先生畫梅作詩云：

皁帽西來鬢有絲，天崩地坼此何時，為憐冰雪盈懷抱，來寫荒山絕世姿。（《龍坡丈室詩稿．白沙草》）

又〈移家黑石山山上梅花方盛〉、〈山居〉二詩，皆為一時先後作。詩云：

問天不語騷難賦，對酒空憐鬢有絲，一片寒山成獨往，堂堂歌哭寄南枝。

山深玄豹隱，風急冥鳴高，坐對梅花雨，呑聲誦楚辭。（《龍坡丈室詩稿．白沙草》）

案：臺先生移家黑石山約在廿九年十二月十日前後（見前），此三詩不著年月，然皆詠梅之作，疑爲移居黑石山後作。卅年十二月十日時居鶴山坪江津縣城中陳獨秀致函臺先生有云：「白沙梅花勝（盛）開在何時，弟很想屆時可往一遊也。」（《珍藏書札》（一），頁一八三），據此推測黑石山梅花盛放時節約年底或翌年初。

又：臺先生卅一年十一月應聘爲白沙女子師院國文系教授，並移居師院宿舍，居黑石山前後僅二年。三首寫作時間應不出廿九年底至卅一年初（農曆卅年冬末），茲姑繫此年。

舒蕪〈憶臺靜農先生〉：「他（臺先生）告訴我，有一天從白沙鎭的街上，買了一口袋米，提著回到幾里路外的山居，日暮獨行山路上，得了「一片寒山成獨往」之句，這給我印象很深。因爲日暮山路上這樣提著米口袋或菜籃子踽踽獨行，是爲當時那裡窮教師生活的一個很典型的片段，……他這句詩寓情於景，象徵著一種人生道路，於是，我作了一首詩送給他：『問姓已心驚，稱名憶未名，淵源從越國，肝膽變秦聲，見塔功長在，銜泥志待成，寒山詎獨往，迢遞只神京』。」（《詩集．附錄》頁七）

案：舒蕪、方管筆名，其所謂「山居」自指黑石山而言。據此可知，〈黑石山梅花方盛〉詩乃是回山居半山草堂道路上，先得「一片寒山」句，後寫成此詩。又臺先生來臺灣後嘗畫紅梅一幅，題云：「偶憶黑石山梅林」（《墨戲集》頁四五），其五十歲後好畫梅花，與其先前居黑石山梅林環境有關。

春，同魏建功到重慶訪老舍，老舍高興得「破產請客」。〈我與老舍與酒〉記其事：

三十年春天，我同建功兄去重慶，出他意料之外，他高興得「破產請客」。雖然他更顯得老相，面上更加深刻著苦悶的條紋，衣著也大大的落拓了，還患著貧血症，有位醫生義務的在給他打針藥。可是，他的精神是愉快的，他依舊要同幾個朋友支援著「文協」，單看他送我的小字條，就知道了，抄在後面罷：

看小兒女寫字，最為有趣，倒畫逆推，信意創新，興之所至，加減筆劃，前無古人，自成一家，至指黑眉重，墨點滿身，亦具淋漓之致。為詩用文言，或者用白話，語妙即成詩，何必亂吵架。

下面題著：「靜農兄來渝，酒後論文說字，寫此為證。」（《文集》頁一四五、一四六）

一月八日，陳獨秀函要修改《識字教本》稿「象器用類鑿字條」，並詢問「拙稿付印事，如何辦理？建功兄亦已移居否？」（《珍藏書札》頁九七）

九日，陳來函請設法關說李宗荃入大學先修班肄業。

建功、靜農二兄：茲特懇者：李宗荃君，湖北人，九江同文高中畢業，現擬入大學先修班肄業，請二兄設法輾轉託熟人向此校當局關說，期能入學為感。此祝健康　弟獨秀手

啟一月九日（《珍藏書札》頁一〇〇）

十一日，有函致陳獨秀，二十日陳復函請轉告陳可忠館長付印《識字教本》稿。並請推薦談錫山之妹任教聚奎。

靜農兄如晤：十一日賜書誦悉。拙稿館中自印決無可能，商務如不能提前排印，仍望吾兄代弟轉告陳館長付油印，油印雖不佳，聊勝於無也。舊年後兄果能來遊否？尊翁倘回白沙，亦望其同來，以久未晤面也。資澤兄往聚奎教書事，不知如何？談錫山君之妹（現住仲純處）上海美專圖工科畢業，曾任過中學教員。倘聚奎新年需圖畫及勞作科教員，兄可推薦之。薪金決不計較，倘能延聘，她即可前往。此祝健康　弟獨秀手啟一月廿日（《珍藏書札》》頁一〇二）

二月八日，陳來函請刪改《識字教本》稿「宮室城郭類餘字條」，並詢「拙稿油印事，已有決定否？」（《珍藏書札》頁一〇四）

十三日，陳函談及「令妹轉學九中之事」，並詢問「拙稿油印事，已決定否？」（同前，頁一〇八、一〇九）

案：臺先生妹名傳欣、傳鳳。此言轉學事或指其次妹。函末署：「弟獨秀手啓二月十三日」。

三月十日，陳函詢問「拙稿已否寄商務付印，油印何時動手？」（同前，頁一一一）

二十日，〈讀《日知錄校記》〉，載重慶《抗戰文藝月刊》七卷二、三合期，署名孔嘉。收入《文集》。內容大要謂今本顧亭林《日知錄》經過刪改，而刪改者為亭林高弟潘次耕。旨在揭示顧書真本含有民族意識而潘氏刪改，乃因「懲於史禍，有屈志而為之者。」其要點如下：

一、黃侃據清雍正時抄本顧炎武《日知錄》，校以今刻本，而成《日知錄校記》一書。此書為其弟子龍沐勛教授校刻。

二、章太炎序文云：「昔時讀《日知錄》，怪顧君仕明至部郎，而篇中稱明與前代無異，疑為後人改竄，又『夷敵行乎夷敵』一條，有錄無書，亦以為乾隆抽毀也。後得潘次耕初刻與傳本無異，則疑顧君真跡已然，然結檣不作者久之。去歲聞有人張繼得亡清雍正時寫本，其缺不書者故在，又多出胡服一條，灑灑千餘言，其書明則曰本朝，涉明諱者則用之字，信其為顧君真本，曩之所疑，於是砉然凍解也。」

三、除章氏所舉者外，其中「戎狄」、「夷」、「虜」、「胡」等字皆被改去，或作「戎瞿」，或作「外國」，或作「寇」，「四夷」則作「四裔」，即刪夷之「夷」字，亦必改作「刪」或改作「略」。其刪易文句者如卷二「惠迪吉從逆凶」條之「夷狄之種亂於中國無猾華之防」而改為「朔漠之姓，染於諸夏失氏族支源」；又如卷四「吳楚夫君書大夫」條之「聖人之心，無時而不在中國也，嗚呼」，而改作然在必刪之列了。

「聖人之心，蓋可見矣」。又如卷七「管子不死子糾」條，「此一強為之說」下竟刪去「夫子之意，以披髮左衽之禍，尤重於忘君事讎也。」這深刻的民族意識，當然在必刪之列了。

四、此外便是藉史實而指時事的，如卷四「納公孫甯儀行父於陳」條，被刪去七十七字，父云：「有盜於此，將劫一富室，至中途而其主為僕所殺，盜遂入其家殺其僕曰：吾報爾仇矣。遂有其田宅貨財，子其子，孫其孫，其子孫亦遂奉之為祖父。嗚呼，有是理乎？春秋之所謂亂臣賊子者，此非而誰邪？」顧亭林此段文章，何以竟被刪去？又刪者不是官府而是亭林高弟潘次耕，即初刊《日知錄》者，此又何故？太炎先生序云：「頗怪次耕為顧君徐昭法門下高材，造膝受命，宜與恆眾異，乃反剟定師書，今面目不可全睹，何負其師之劇邪？蓋亦懲於史禍有屈志而為之者也。」太炎先生此論，甚為通達。蓋次耕為清初橫被莊氏史禍的潘檉之弟，自然不敢再蹈阿兄的覆轍，即亭林亦不願其如此。其有寄潘節士之弟耒詩云：「筆削千年在，英靈此日論，猶存太史弟，莫作嗣書人；門戶終遺汝，男兒獨重身，裁詩無寄處，掩卷一傷神。」這詩是相當沈重的。故及次耕刊印師書時，不得不從而刪定之。（《文集》頁二六二—二六六）

案：此文亦寓有借古諷今之意，如云：「盜劫富室，古今多有，不足爲奇。所奇者，富室子孫，將錯就錯，以有奶便是娘的辦法，馬上擁戴起新的祖宗來。曠觀古今竟不乏其人。斯所不解耳。」抗日戰爭期中，實多「認賊作父」之徒。此文之作實有感而發。

四月十日，致函陳獨秀。十一日陳自江津城延陵別墅移回鶴山坪。十六日陳覆函，詢問沈尹默在重慶住址，函中論及書藝謂沈字功力甚深，然字外無字。

> 靜農兄：十日手示敬悉。館中諒無意將拙稿付印，弟已不作此想矣。字一條增寫後，尚望將原稿條寄回，以弟處稿一份尚未加入此條也。弟已於十一日移回鶴山坪，晤瑜兄時，望告之。尹默先生住渝何處？弟不知，兄如知之，乞將答詩轉去為荷。尹默字素來功力甚深，非眼面前朋友所可及，然其字外無字，視卅年前無大異也。存世二王字，獻之數種近真，義之字多為米南宮臨本，神韻猶在歐褚所臨蘭亭之下，即刻意學之，字品終在唐賢以下也。尊見以為如何？此祝健康　弟獨秀手啟四月十六日（《珍藏書札》頁一一三—一一四）

十九日，致函陳獨秀。五月二十日陳覆函請增改《識字教本》稿「樂字」條，寄尹默詩。又提及老舍約稿事。末云：「《識字教本》倘自己油印，當然由我出貲也。」（《珍藏書札》頁一二二）

案：據卅日陳函，陳寄回尹默詩乃四首絕句。詩題內容待考。

廿二日，陳來函改正《識字教本》稿「象器用古字」條，其中所引漢書、國語、後漢書有

五月五日，陳獨秀來函稱《識字教本》稿出版無望，已停止續寫。「頃寫古音陰陽入互用例表，已成三分之一，份量不多，擬自買紙，由館中代為寫油印。」望刪改《教本》稿「服飾類朋字條」。（《珍藏書札》頁一一八、一一九）

三十日，端午日，陳來函修改增刪《識字教本》稿多處。（《珍藏書札》頁一二四、一二五）

六月著成〈南宋小報〉，卅二年九月卅日載重慶《東方雜誌》半月刊卅九卷十四期。七十八年收入《靜農論文集》。意謂小報始源於邸報，邸報猶近世政府之公報。小報消息得自採訪，且係私人經營，其性質實近世報章之先導。內容概要如下：

一、邸報始於唐代，內容條報朝廷大事與官吏之授除。近世之政府公報，擬諸昔之邸報，實極相似。

二、南宋初，邸報外，有所謂小報者，消息得自採訪，係私人經營，迥異乎官報。觀其性質，實近世報章之先導。

三、小報之始，即淵源於邸報。小報消息大抵為邸報尚未發表者，其來源為進奏院，其採訪者即邸吏。

四、先是小報消息，僅為進奏院之漏泄、邸吏之傳遞，後變本加厲，使臣及進奏者，皆忘其職守，以此等事為生，而中樞省院，一變為此輩漁利之藪，此因當時官吏之穢濁，亦見小報消息網之周密。

五、朝廷對此，曾屢加禁止，然高宗初年至光宗朝五十載，均未能阻止小報之流行。

案：篇末署「一九四一年六月於白沙白蒼山莊」。白沙白蒼山爲國立女子師範學院所在地。該院成立於民國二十九年（一九四〇），二年後，卅一年（一九四二）十一月臺先生受聘爲師院教授。本年尙任職於白沙編譯館。其所以著此文於白蒼山莊，殆因利用師院圖書館藏書作參考。或暫住於山莊友人處以作此文。時師院英語系主任李霽野，國文系主任胡小石，皆與臺先生有厚交。

著〈關於《西遊記》江流僧本事〉，六月十六日刊重慶《文史雜誌》一卷六期。七十八年收入《靜農論文集》，內容論述吳承恩《西遊記》據元人吳昌齡《西遊記雜劇》演化出來，而雜劇又是來自宋末元初周密《齊東野語》所記江流僧本事。大要如下：

吳承恩《西遊記》第九回「陳光蕊赴任逢災，江流僧復讎報本」，其故事完全與玄奘少年身世不符，而所以有這一回者，大概是為唐僧西行經過的八十一難下一註腳，以見唐僧後來雖成正果，卻命定不得不經過那許多劫難。但這一回故事，據元人吳昌齡《西遊記雜劇》，則知吳承恩的小說是根據雜劇演化出來的。今據周密的《齊東野語》卷八所記「吳季謙改秩事」看來，又知吳昌齡的雜劇亦有所據。由資料顯示，《齊東野語》所記，即為江流僧本事，似屬可信，且《野語》作者周密是宋末元初人，《西遊記雜劇》

作者吳昌齡又是元人，江流僧故事，流傳民間，收入雜劇中，大有可能。

案：民國卅年任職四川江津白沙國立編譯館。時居白沙黑石山。

六月，有函致陳獨秀。十五日陳覆函稱要刪改《識字教本》稿三條：(一)月字條，(二)日字條，(三)去字條。末云：「聞兄等痛飲，弟未能參加，頗為惘然。」(《珍藏書札》頁一二七─一二九)

七月十三日，陳致函稱：「拙稿如能真付印，望能就近在白沙石刻，萬勿木刻，書名亦望勿改。」(《珍藏書札》頁一三五)

十九日，致函陳獨秀。二十二日陳函稱「切望即在白沙石印。鉛印、木刻均河清難俟。」(《珍藏書札》頁一三六)

廿四日，致函陳獨秀。

八月六日，陳函稱要油印《古韻表》二十份，不擬正式付印。《識字教本》仍未付印，不知其癥結究竟何在。(《珍藏書札》頁一三七)

八日，陳又函稱「拙著……倘無開雕之意，下卷不必續寫矣。」又稱：「前日被竊，艸稿失去，倘尋不回，下卷寫時亦覺困難，館中若無心付印，弟更無心續寫矣！」(《珍藏書札》頁一三八)

案：本年五月五日陳函稱《識字教本》稿，已停止續寫(見前)。此稱「艸稿失去」，可知《教本》稿下卷，實際仍在繼續撰寫。並未間斷。

十日，陳函詢《古韻表》何時寫印，如編譯館不能印，望託白沙農工銀行帶至江津，以便在江津覓地付印。（《珍藏書札》頁一四〇）

十一日，陳函稱「前接建功兄書云，拙稿已停止抄寫，開雕想更不必談起矣！」又稱：「日來耳聾，需先赴重慶南岸診治。」（《珍藏書札》頁一四一）

案：「拙稿」指《識字教本》稿。

十三日，致函陳獨秀。二十日陳覆函仍詢問「音韻表已動手寫否？」（《珍藏書札》頁一四二）

二十七日，陳函稱「寄上音韻表自序六紙……希望建功兄之序能同時一並印出。」又：「望即印二十份，兄等處留八份，以十二份託農工銀行寄弟可也。」（《珍藏書札》頁一四四）

九月四日，陳函推介三高中畢業生，入國立師範學院女子部肄業。「希將鄙意代達謝寅初校長，請為鼎力圖之。」（《珍藏書札》頁二四八）

案：白沙國立女子師範學院成立於二十九年九月，卅一年五月廿七日陳獨秀逝世，此函只署月日，不記年，疑卅年九月作。

九月初，臥病不出，作〈題畫〉詩：

閉門三日臥，入牖數峰青，江上盈盈柳，依稀故國情。（《龍坡丈室詩稿．白沙草》）

案：「閉門三日臥」，當是因病閉門而臥。據陳獨秀卅年九月十六日來函稱：「久未接手示，不知日來無恙否？」廿七日函又稱：「九月八日、十六日、十八日、廿一日四示，均於近一星期中先後讀悉。……前以久未得兄書，疑兄有病。今得書，果然，未知現已全好否？」（見後）知臺先生臥病不出，殆在是年九月初。又據詩意觀察，所謂「峰青」「江柳」應是臥病半山草堂所見風景。稱〈題畫〉，似是當時所見牖前如畫之天然景物，疑非人工畫軸。

五日，陳函稱〈音韻表〉「倘不能印，望兄等暫時代為保存黑石山兄等寓中，勿寄江津，因江津城及白沙場最近均有被炸危險也。」（《珍藏書札》頁一四五）

案：臺先生以去年十二月十日前後移居黑石山，此函同致建功，據此可知魏建功亦已移居黑石山，其移居時日或在去年十二月稍後。

十六日，陳致函詢〈音韻表〉是否動手油印。又詢顧頡剛主編之《文史雜誌》，是否為中央黨部組織部所辦？請告知。

靜農兄左右：久未接手示，不知日來無恙否？十日、十三日由江津郵局寄建功兄一信，十四日又託人帶白沙交郵一份，內均有韻表改稿，未識均已收到否？韻表油印已動手否？蠟紙及印紙價共需若干？急盼示知。前重慶有人託陳館長為某雜誌覓文稿於弟，不知即顧頡剛近日主編之文史雜誌否？此雜誌是中央黨部組織部所辦？或朱騮先私人所辦，兄如有所知，並希示知。此祝健康　弟獨秀手啟九月十六日（《珍藏書札》頁一四八、一四九）

案：據信封，此函於十七日自鶴山坪寄國立編譯館。

廿七日，陳來函稱〈音韻表〉由編譯館代印。希望檢一份送胡小石，徵求其批評。又望向館中借《中國音韻學》一讀。

靜農兄：九月八日、十六日、十八日、廿一日四示，均於近一星期中先後讀悉。〈韻表〉由館代印且用其蠟紙，陳館長如知之，乞代為道謝。胡小石君不知將寄我何物？不知是否好久以前請其所寫之小斗方？前以久未得兄書，疑兄有病。今得書，果然，未知現已全好否？編譯館之困難，想仍係教【部】陳之必欲據為己有也。〈韻表自序〉是否已照弟迭次所改者寫之，全部寫成約在何時？（旁注：希望能加緊寫成）不知雙十節邊能訂成寄江津否？家姊靈柩將於下月（即十月陽曆）二十日由油爐運至江津城安葬，弟必進城一行。如無警報，或提前於十五日即動身，並擬在城小住一星期或十天；即有警報，十九日亦必進城，住二、三日。望在此期間，〈韻表〉能訂好寄至江津城也。建功兄前有動身赴滇前來江津一晤之言，倘能來，可在十九、二十、廿一這幾日韻表能帶來更好。兄及建功夫人能同來一遊否？〈韻表〉寫好不必訂，望印檢一份送與小石，並徵求他的批評，我料他必大不以為然也。漢譯高著《中國音韻學》望向館中借來一讀。此祝健康　弟獨秀手啟九月廿七日　建功統此。（《珍藏書札》頁一五〇—一五一）

案：據此函知下列數事：（一）是年九月八日、十六日、十八日、廿一日，臺先生共有四函致陳獨秀。（二）胡小石已來白沙，（三）此期間，臺先生得病，（四）九月十五日陳將至江津城小住。即使有警報，十九日必進城住二、三日，如無警報或提前於十五日即動身，並擬在城小住一星期或十天。〈韻表〉寄至江津城，最好由魏建功帶來。（五）〈韻表〉檢一份送胡小石，請其批評。（六）望向館中借讀《中國音韻學》。

又案：二十九年九月江津白沙鎮成立國立女子師範學院，卅一年十一月臺先生應師院國文系主任之聘，任國文系教授。是年九月胡小石來白沙當係應聘就任師院國文系主任。

卅日，陳函告訂於十月廿日或廿一日，自鶴山坪進江津城，居石牆院楊明欽宅。約臺先生來此一聚。

靜農、建功二兄：廿六日寄靜農兄函已收到否？家姊安葬之期，乃改在陰曆九月初三（陽曆十月廿二日），弟擬於陽曆十月廿或廿一日，始進城，建功兄動身赴滇之期未必能遲至此時以後，江津城晤會之約，恐不可能。……兄等亦能同時來此一聚否？來時坐木船至龍行灘。登陸八里即到弟寓，石牆院楊宅。坐滑竿單趟十元即夠也。如何？希即賜

知。韻表不知已寫成若干？此祝健康　弟獨秀手啟九月卅日（《珍藏書札》頁一五三）

案：九月廿七日陳致函，此云廿六日，恐一時誤記。石牆院楊宅，指楊明欽宅。石牆院距江津城區二十華里。自白沙前往需先乘木船再坐滑竿。

秋，雨中往返白沙、黑石山，行走泥途，有感作〈泥途〉詩云：

煙雨濛濛巴國秋，泥途掉臂實堪羞，何如怒馬黃塵外，月落風高霜滿韝。（《龍坡丈室詩稿．白沙草》）

案：廿九年十二月中旬自白沙遷居黑石山住茅屋，臺先生任職白沙編譯館，必須徒步往返。巴蜀多雨，山中道途泥濘，〈泥途〉詩，一作〈泥中行〉當指白沙往返黑石山道途而言。卅一年八月編譯館遷巴縣北碚，十月底辭編譯館職。居黑石山前後不到二年。此詩言「巴國秋」，應在卅年秋。李猷〈臺靜農先生遺詩〉解釋云：「重慶一帶，秋冬之間，一雨之後，泥濘深陷數尺，舉步維艱。臺先生居鄉，雨後路途亦苦，而思躍馬塞外，亦無可奈何的想法。」（中華詩學十卷四期）。李猷嘗任臺灣銀行秘書，善為古體詩，與臺先生時有來往。其所謂「遺詩」指七十三年手抄本二十六首。未見六十四年四十五首及七十八年六十九首鈔本。

自白沙返黑石山草堂，有詩題稱〈薄暮山行霧作〉：

千年霜槎蛟龍影，穿霧真同蹈海行，腳底群山翻雪浪，叩閽我欲挽紅輪。（《龍坡丈室詩

稿．白沙草》）

案：詩題「霧作」六十四年《詩鈔》作「霧起」。居黑石山草堂任職編譯館前後不到二年，即二十九年十二月至卅一年七月。據詩題，當是自白沙編譯館下午結束公務後，回黑石山途中所見之作。時不出卅、卅一兩年，李猷〈臺先生遺詩〉評論云：「蜀中多霧，霧中行路之苦，不曾居蜀者不知。此詩首二句絕妙，而第二句『穿霧眞同蹈海行』，確是實景，第三句翻騰有致，第四句迸力出之，力具萬鈞，皆爲好句。」（同前）

九月卅日，致函陳獨秀謂〈韻表〉尚未寫印。十月五日，陳回函云「殊為著急」。〈韻表自序〉望寄來以便自定最後改正稿。

建功、靜農二兄：昨日寄建功兄函論半鼻音，諒可與此函同時到達。昨函發後收到靜農九月卅日手書。知〈韻表〉此時尚未動手寫印，殊為著急。因此表倘不能在建功兄動身前印好，將來寫者如有疑問處，難於指示之也。弟意此時不必俟謄清本寫完再交書記寫蠟版，可隨謄二三紙隨交書記，如此可以縮短時間，並且原稿中有清楚部分，即可將原稿交寫，不必謄寫也。〈自序〉改稿多係增加，依弟記憶，改正處很少。即有改處，亦是原文錯，予始改，自當依改稿付印，當無問題。茲讀靜農兄信云：改文數事中有一二條與原序文略有不合。殊不可解，不知不合者是哪幾點？將其不合者附於文末，不是辦法，望將序文印出者，或原稿同迭次改稿，即時一並寄下，以便弟自定一最後改正稿，再寄上付寫印，較為妥善。惟不必以此停止寫印正表。因序與表不相連。表寫印好再印序文合訂無妨也。建功兄如跋文過長，此時趕不及，暫不加入也可。如何？望即復知。此祝

健康　弟獨秀手啟（《珍藏書札》頁一五七）

弟決於陽曆月之十八日進城，自序稿如於此時寄到江津，弟即可在江津改好奉上也。又及。

案：函未署時日，惟信封署「中秋日」，卅年中秋日，陽曆應爲十月五日。

十月八日，陳函云：「十八日至廿四這一星期，住高語罕處，弟大概在城中，韻表自序倘不能寫印，望將原稿及迭次改稿於此期間寄至江津城。」（《珍藏書札》頁一五九）

案：此函未署時日，惟信封書「拾月捌日」。（《珍藏書札》頁一六〇）

十二日，陳致函稱十三日赴渝治病，十日內回江津。（《珍藏書札》頁一六一）

十一月一日，陳來函問疾及夫人分娩等事，又《識字教本》增加二處：（一）象地類石字條，（二）象宮室城郭類行字條。（《珍藏書札》頁一六三）

案：臺先生第二子名益公，是年十一月生，正當陳函詢問之後不久。又函末記十一月不記日，信封則署十一月一日。（《珍藏書札》頁一六四）

三日，有函致陳獨秀，此前十月廿八日寄高著《中國音韻學》內附函件。十三日陳函稱

《韻表》及〈自序〉代寄陳覺玄一份，並送胡小石、沈尹默、沈兼士各一份。（《珍藏書札》頁一六二）

十一日，教育部長陳立夫致函陳獨秀，建議《小學識字教本》，改題《中國文字基本形義》。（《珍藏書札》（二）頁二七〇）

十三日，陳獨秀覆函陳部長以為《小學識字教本》「意在便於訓蒙」，「乃為教師參考而作」，「絕無高深之可言」。不同意改書名。

案：陳獨秀函，臺先生用國立編譯館稿紙抄錄。末署「三十年十一月十三」。見《珍藏書札》（一）頁二七一。

陳獨秀又致函編譯館館長陳可忠云：「聞拙著行將付印」，「望即在白沙石印」，「出版時擬請贈我五十部」。

案：此函亦經臺先生用國立編譯館稿紙抄錄。末署「三十年十一月十三日」。見《珍藏書札》（一）頁二七二。

陳來函稱：「三日手示誦悉後，又收到高書一大冊，內有重陽日手示（原注：重陽為十月廿八日，遠在三日手示之前）。」又稱〈韻表〉及〈自序〉寄一份與陳覺玄教授，裝訂後請送胡小石一份，並代寄沈尹默、沈兼士各一份。（《珍藏書札》頁一六六）

案：函末及封套並署「十一月十三日」。高書，指高本漢《中國音韻學》一書，即九月廿七日陳函要求向編譯館代借之書。高本漢，瑞典漢學家，其書羅常培譯爲中文。陳覺玄時任成都華西壩金陵女子文理學院教授。沈尹默時在重慶任監察委員。沈兼士北大教授，七七事變後，沈任北平國民黨地區書記，從事抗日工作。後逃至重慶任職。戰後任故宮文獻館館長。

二十日，陳致函稱《識字教本》尚有應修改之處，即「象器用類古字條」，又《韻表自序》中「蚩」改為「蚩」。其下括弧中字句刪去。（《珍藏書札》頁一六八、一六九）

案：函末署「弟獨秀手啓十一月二十日」。據信封陳發函地爲鶴山坪。

二十二日，陳來函稱「倘兄已將印好的韻表送交楊（惠卿）小姐，望即索回，仍託農工銀行帶下」。（《珍藏書札》頁一七二）

卅日，陳函云：韻表六冊，建功寫本一冊均收到。廿一日、廿六日手書亦均讀悉。尹默君處望寄韻表三份，一贈他自己，一託他轉交章行嚴，一請他設法寄兼士。（《珍藏書札》頁一七三）

案：函末信封均署十一月卅日。

卅一日，陳函云：望即將尹默通信處示知，以便由此直接寄去。（《珍藏書札》頁一七五）

案：月日見函末。

十二月一日，陳又函稱：倘郵費每份過一元，尹默處萬勿郵寄。（《珍藏書札》頁一七六）

冬，作詩寄北平李霽野。題曰〈寄霽野北平〉：

荒村夜折摧殘夢，東海揚塵絕故知，心事荊榛期小定，又因寒月起相思。（《龍坡丈室詩稿．白沙草》）

案：李霽野（一九〇四—一九九二）小臺先生二歲，同是安徽霍邱人。從事翻譯、寫作。民國十四年魯迅發起組織未名社，李與臺先生、韋素園等均為社員。廿六年七月二十日臺先生自青島回北平為李霽野證婚（見前）。二十九年十二月中旬臺先生自白沙鎮移居黑石山，卅一年十月辭編譯館職，十一月轉任白沙女師院教職。過二年，卅三年三月李霽野自北平來白沙任女師院英文系主任（見後）。臺先生自廿六年七七事變後翌月離開北平，即未與李通訊息，故詩有「東海揚塵絕故知」之句。據詩題及詩句「荒村」、「寒月」語推測，殆移居黑石山後，卅年冬月寄懷之作。

〈夜起〉詩亦是年冬月作：

大圜如夢自沈沈，冥漠難摧夜起心，起向荒原唱山鬼，驟驚一鳥出寒林。（《龍坡丈室詩稿．白沙草》）

案：詩無確年可考，惟據「荒原」、「寒林」語以推，當為移居黑石山後，是年冬月與寄李霽野詩，一時先後作。

賦詩寄懷前輔大同事牟潤孫。〈寄注史齋〉詩云：

苦憶山東虬髯公，久無尺素到荒居，料應注史齋中坐，白雪紅粧好著書。（《龍坡丈室詩稿·白沙草》）

案：虬髯公指牟潤孫（一九〇七—一九八八）。「注史齋」，其書室名。牟氏，山東福山人。民國廿一年燕京國學研究所畢業，獲碩士學位。卅八年來臺任教臺大中文系、歷史系。四十五年赴港任教新亞研究所。五十五年起歷任中文大學、香港大學教授。牟氏自廿一年至廿二年約有一年時間與臺先生在輔大共事（見廿四年）。二十六年七七事變後，翌年臺先生入川至白沙，牟猶在輔大。二十九年十二月十日前後臺先生自白沙柳馬岡富紳莊園移居八里外黑石山，居住茅屋名曰「半山草堂」（見前）。詩曰「荒居」，當指半山草堂而言，應為二十九年移居黑石山後作。茲姑繫此年。

十二月，陳來函稱：「奉上油印近作短文一篇，兄閱後俟老舍回渝時，請轉交給他。」「《識字教本》尚有二處修正」（《珍藏書札》頁一七七）又云：「以上三條望加入《識字教本》」（《珍藏書札》頁一七八）

案：函末及信封署「十二月七日」。

十日，陳函稱：「四日惠書及韻表七本均已收到。前收到六本，現收到七本，共計十三本。兄處留八本共二十一本也，弟處十三本略夠分配，光午兄一本可留用，殘頁倘能湊足一本，即送編譯館可也。……（《珍藏書札》頁一八〇）

案：函末、信封均署「十二月十日」。

二十八日，陳函稱：「十七日手教讀悉，望改《識字教本》三處。即（一）象數類七字條，（二）象地類六字條，（三）象器用類古字條。末附曰：「高本漢的《中國音學研究》，尚未讀完，再延期一、二月寄還如何？白沙梅花盛開在何時？弟很想屆時前往一遊也。」（《珍藏書札》頁一八二、一八三）

案：《中國音學研究》即十月廿八日寄與陳獨秀之《中國音韻學》。此書名稍異，當是陳氏一時誤記。時臺先生寓白沙黑石山，黑石山有梅林，所謂「白沙梅花」當即指黑石山梅花。函末及信封署「十二月二十八日」。

本年，五子益公出生。

陳獨秀六十三歲：仍居江津鶴山坪。致表弟濮德治（西流）；最後一封信，將自己思想列成一公式：民主科學↓社會主義；民主科學↓共產主義。

胡適五十一歲：仍任駐美大使，在美各地演講十餘次。十二月八日到白宮見羅斯福總統，中午羅斯福來電告日本海空軍襲擊珍珠港。即急電國府報告，認為太平洋局勢大變，我國家民族可鬆一口氣。

溥心畬四十六歲：次子毓岑患傷寒病卒。

張大千四十三歲：再赴敦煌，歷時兩年七個月。潛心臨摹自元魏迄西夏之壁畫二七六幅。

莊嚴四十三歲：奉命將故宮博物院自南京運來，原屬南京古物保管所所藏之唐玄宗「投紫蓋洞檢記」一件，移交安順縣民眾教育館。

民國三十一年　一九四二　四十一歲

一月七日，陳獨秀自鶴山坪寄來〈漫遊詩〉一首。

峰巒出沒成奇趣，勝境多門曲折開，蹊徑不勞輕指點，好山識自漫遊回。（《珍藏書札》頁三一四、三一五）

案：詩末題記：「錄近作一絕以寄靜農兄，民國卅一年一月七日獨秀於蜀之江津鶴山坪。」其後有二行臺先生附記：「先生逝世於五月廿七日，距是詩之作才四個月又二十日耳。農記。」卅八年間臺先生嘗出示陳之遺作於胡適、董作賓、沈剛伯等觀覽，三人均有題記或題詠（詳後）。附記當係來臺後作，時或在卅八年前後。

九日，陳來函問疾，談及《識字教本》尚有二處須修改。商務印《識字教本》事，請陳可忠館長要求教部陳部長力與王雲五交涉，始可望提前付印。「希兄代達鄙意於陳館長。」「弟方開始續寫《識字教本》。黑石山看梅，恐又成虛願。」自「中央圖書館來函，謝贈韻表，內附有蔣復璁君一函，自稱學生，不知是何人？在中央圖書館任何職？望示知，他

亦北大同學乎？」（《珍藏書札》頁一八五—一八七）

案：去年十二月廿五日、廿七日，及本年元月三日均有函致陳獨秀。蔣復璁（一八九八—一九九〇）進北大讀哲學系時。陳已自北大文科學長離職，自不認識蔣復璁其人。函末及封套均署「元月九日」。

一月，編譯館由教育部長陳立夫兼任館長，陳可忠改任副館長。人事變動，臺先生恐不能繼續任職，陳獨秀擬薦其去武漢大學任教，徵詢意見。十五日來函云：

十八日、廿一日、廿三日來示均誦悉……拙稿油印二十餘份過少，只（至）少要印五十份。弟要廿份送朋友，館中大約也要二、三十份也。請將此言轉達館中……編譯館內部有變更，兄或不能繼續下去，頃與仲純商擬向武大方面設法，兄謂如何？弟前曾介紹陳鍾凡去教普通國文，月薪二百八十元，撫五已來信應允，而陳君未就。」（《珍藏書札》頁一九九—二〇一）

案：函末署「舊除夕日」，蓋指舊曆三十年十二月三十日。新曆爲卅年一月十五日，「拙稿油印二十份」當指《識字教本》稿。「編譯館內部有變更」殆指陳立夫兼任館長，陳可忠改任副館長事而言。

廿五日，陳來函，言付印《識字教本》及寄韻表給傅孟真諸事。……「《識字教本》編譯館必不能印。轉舊稿與商務事，兄可否即時代表弟託陳可忠向王雲五一商？天氣頗寒，行動不便，決不能赴黑石山看梅矣！建功兄處兩寄航空信，均未得覆，不知收到否？通信時可便望詢之。前寄韻表給傅孟真，竟未收到，兄寄尹默者，收到否？……」（《珍藏書札》頁一八九、一九〇）

案：函末及封套均署「元月廿五日」。傅孟眞即傅斯年，時在四川南充縣李莊主持中央研究院史語所所務，亦兼任國民參政會參政員。

二十五日，受聘為編譯館編審。時教育部長陳立夫兼編譯館館長，陳具名發聘書。文云：

茲聘臺端為國立編譯館編審，除呈請教育部聘任外，敬希吾兄擔任為荷。此致

臺靜農先生（遺存資料）

案：臺先生爲專任編輯，聘請日二十九年七月起至三十年六月止。（見前），此時受聘爲編審，當是自編譯改聘。三十年六月聘約期滿後，似當有續聘文書，惟今「遺存資料」未見。

二月一日，陳來函云：「廿六、廿七兩日手書均收到。酈君畫頗簡潔，字亦不俗，請兄代為道謝。」《識字教本》加一段，另紙錄上。（《珍藏書札》頁一九二）

案：函末及封套均署「二月一日」。

五日，陳來函，言及武漢大學國文系人事，又稱：「令妹務於本月十二日以前來津，以便與該校當局接洽。」（《珍藏書札》頁一九六、一九七）

案：臺先生大妹傳欣，二妹傳鳳。函中有「插班當不成問題」語，疑指二妹傳鳳來江津插班就學事。

二十日，陳來函稱《識字教本》尚有二處增加：（一）象宮室城郭類，（二）象器用類方字條。（《珍藏書札》頁二〇二）

案：函末署「二月二十日」。

二十六日，陳獨秀致函陳可忠，請臺先生面交。函稱「望能於足下在館期間，油印五十份，分寄全國。」五十份下夾注：「弟處要二十份，分贈朋友」。（《珍藏書札》（一）頁二七三）末署「二月廿六日」。

案：此函經臺先生用國立編譯館稿紙抄錄（見《珍藏書札》（一）頁二七四），信封書「請靜農兄面交陳可忠館長，獨秀拜託二月廿七日」。

三月六日，陳獨秀來函修改《識字教本》十一條，約二千餘字。（《珍藏書札》頁二〇五—二一二）

案：函末及信封套並署「三月六日」。

八日，再來函修改《識字教本》二條。教本油印好「望至少能給我十份」，末云：「《識字教本》中之古文與篆文，寫油印者，恐不甚了了，務求吾兄特別分神指導一下。」（《珍藏書札》頁二一三）

案：函末署「三月八日」。信封郵戳有「四川白沙，卅一年三月九日」字可辨。蓋八日自江津寄出，九日即到白沙國立編譯館。

十五日，陳來函修改《識字教本》二條。其一，象器用類且字條云：

「祖俎非一字……猶之以今為妣也」。改為「俎祖非從同一之且。俎字，甲文金文均象肉在几上。篆文移肉於左，右旁遂作且。祖妣字之且，甲文作[illegible]或宜，金文作[illegible]、[illegible]或宜、[illegible]，下象供神主之龕。晚周金器始加示作，古說文訓祖為始廟，與象俎几之且為異字。篆隸之變乃同為且耳！」……（《珍藏書札》頁二一五）

案：此釋俎祖之且，非同字，實具卓見。其他精義紛陳，不勝列舉。陳書流傳不廣，今講文字學者，多無所知。函末、信封均署「三月十五日」。

到重慶，十五日致函陳獨秀，十八日陳覆函云：「甚盼兄由渝返白沙時過江津一晤。……」（《珍藏書札》頁二一八）

案：函末及信封均署「三月十八日」。

廿三日，陳來函修改《識字教本》三處。附言「前借用歐陽志先生之《廣韻》及《說文通訓定聲》，今歐陽索還，兄能為弟借得此二書用數月乎？」（《珍藏書札》頁二二〇—二二四）

案：函末、信封均署「三月廿三日」。

廿七日，致函陳獨秀。二十九日陳來函請修改《識字教本》二處。四月一日陳覆二十七日

函。言請加入《識字教本》字條。（《珍藏書札》頁二二六—二二九）

案：日期見函末及信封署。字條下約千餘字。

四月，陳獨秀在鶴山坪錄〈對月憶金陵舊遊、辛巳秋作〉一詩寄臺先生：

匆匆二十年前事，燕子磯邊憶舊遊，何處漁歌驚夢醒，一江涼月載孤舟。（《珍藏書札》頁三一〇）

案：詩末題記：「壬午暮春寫寄靜農兄，獨秀自鶴山坪。」辛巳為民國卅年、卅一年歲次壬午、農曆暮春，當在四月間，「二十年前事」當為民國十年陳氏四十二歲以前事，據陳獨秀年譜，民國八年四月十日，被迫離去北大文科學長，六月十一日，以散發〈北京市民宣言〉被捕，九月十六日釋放，任國史館編纂，九年一月自北京到上海，再赴湖北演講，二月中旬由李大釗護送至天津、轉上海。八月與李達、李漢俊、施存統、陳望道等發起成立共黨組織，擔任書記，十一月制定〈中國共產黨宣言〉。十二月十六日赴廣州，十年七月廿三日，中共第一次全國代表大會在上海召開，陳獨秀在廣州被推為書記，八月回上海，十月四日被法國巡捕房逮捕，二十六日獲釋，滬、寧非遙，民國九、十年陳獨秀在上海任共黨書記，自有機緣與其黨徒赴南京遊覽。

作〈讀知堂老人的《瓜豆集》〉，載四月五日重慶《文壇半月刊》第二期，署名孔嘉；收入《文集》。本文將知堂老人的《瓜豆集》與老人的現實表現作了對照，從而嚴正批判漢

奸周作人的令人「欲嘔」的「醜鬼臉」。其要點如下：

（一）《瓜豆集》出版於二十六年三月，「下距七七抗戰才三個多月」；素雅的封面，秀勁的自題簽，「一種隱士的風趣，正適合於那樣恬淡的知堂老人的風度」。「然而知堂終於以隱士的身分出現於所謂華北政權的舞臺上了。」（二）不過，《瓜豆集》中，「卻有許多好的識見」，如說日本「現在所有的幾乎全是卑鄙齷齪的方法」，留給我們的「只有怨恨與輕蔑」；又說日本的現時所作所為「醜惡愚劣」，「既非真善亦併無美的。」「但是知堂老人呢？竟瞠目於自己的蹂躪者的自焚而為之殉葬！」（三）但《瓜豆集》中似乎也有老人的自我寫真，如說老人的「私慾深，世味濃」，「戴了老醜的鬼臉」、令人「看了欲嘔」；又如知堂老人欣賞的《老老恆言》中的「呼牛呼馬，亦可由人，毋少介意」的舔不知恥的心態，似乎正是知堂老人的自我「注釋」。（四）總之，追思昔年，比照今日，老人變化之大，真是「從何說起」！「只有埋怨戰爭洪流的無情，將巖石化為污泥耳！」

夏明釗評論：「此篇同後篇〈老人的胡鬧〉（見下六月十三日）的取材和題旨，基本相同；但情感有別：此篇斬截，後篇『悵惘』。本篇只寫現時的感受，而後篇則縷述著者聞悉知堂老人附逆後之全部心情的起伏與變化、且復上升至人生之層面。」（手稿）

四月五日，陳函云：收到廣韻五本，通訓定聲兩函，及油印稿十葉，其中有旁注誤作正

文，「遂至文義上下不屬，只有請兄細心看一遍，可依文義斷知其為正文或旁注也。」（《珍藏書札》頁二三一）

八日，陳再函修改《識字教本》三處，千餘字。（《珍藏書札》頁二三四—二三六）

案：日期見函末。

十六日，陳函修改《識字教本》稿三處，數百字。又改十一條『』號中字為雙行旁注字。（《珍藏書札》頁二三八—二四二）

二十日，陳又函改一條，刪二條。（《珍藏書札》頁二四四）又附改為旁注字十一條

五月五日，陳致鄧仲純函稱稿子一卷「請交靜農兄帶交編譯館」。（《珍藏書札》（二）頁二七六）

案：此當是《識字教本》油印稿，陳校對後交還編譯館。

十九日，鄧仲純致函臺先生稱陳獨秀「因食物中毒而起急性腸胃炎，十七日晚曾一次暈厥，頗形危險。」（《珍藏書札》（二）頁二七八）

二十日，鄧仲純又函稱陳獨秀「呼吸已平穩，精神亦稍覺安寧矣！仲兄囑轉達吾兄者，以後教本印稿，不必寄來校對。逕可付印。蓋因此次一病，必須數月之修養，方能恢復健康，決無精力校對，以免徒延日期也。」（《珍藏書札》（二）頁二七九）《識字教本》油印本五十本出版，當在陳獨秀逝世前後。

案：二十日仲純函稱校本印稿，逕可付印。知油印本出版，當在此後不久，即陳逝世前後。油印本僅印五十冊，分贈有關人士，未對外發行。時散文作家梁實秋供職編譯館，分得一冊，民國卅八年梁攜油印本來臺，任師院英語系教授，廿二年後，民國六十年經校訂，改名《文字新詮》，由臺北中國語文中心出版。（詳後）此書上篇釋字根及半字根，下篇釋字根所孳乳之字。上篇約自民國二十九年春開始寫作，廿九年六月中初稿完成，卅一年五月付印，迭經修訂，前後費時二年。其間臺先生投注不少精力，爲此書增訂、修改處抄錄，其「自敘」亦經臺先生過錄。（原稿先存文哲所後移存臺大圖書館。影稿見《珍藏書札》（一）頁二八〇—二八二。六十年校訂本未印「自敘」。）陳寫作此書原委經過，臺先生後爲文紀之云：

「抗戰中，獨秀寄居四川江津縣，專力撰寫「小學識字教本」一書，他爲減少兒童認字的痛苦，取習用之字三千餘，綜其字根及半字根凡五百餘，是爲一切字之基本形義，熟習此五百多字後，其餘三千字乃至數萬字，皆可迎刃而解，因一切字皆字根所結果而孳乳出來的。是書上篇釋字根及半字根，下篇釋字根所孳乳之字，每字必釋其形與義，使受學者知其然且知其所以然。此不獨使學者感興趣助記憶，且於科學思想的訓練植其基礎。所以名爲「教本」者，是爲小學教師用的。」

「獨秀晚年患血壓高，經常不食鹽，猶能深思著述，完全由精神支援。尤其當血壓過高時，不能伏案執筆，則不吃東西，硬將血壓餓下去。鄉居無醫無藥，只此一法，如是者不止一次，他終於完成了他的著作十分之九而去世了。」（《早期三十年的教學生活》讀後，《龍坡雜文》頁一六四）

五月，陳獨秀誤飲蠶豆花水中毒，又與友朋飲宴過度引發心臟病，二十七日晚，九時四十分逝世。得年六十四。（《陳傳》頁二五〇）

作〈老人的胡鬧〉載六月十五日重慶《抗戰文藝月刊》第七卷第六期，署名孔嘉，收入《文集》。本文「以悵惘的意緒」，寫出著者在得悉周作人附逆後的複雜心情，始而不解，繼而質疑，終於發出了嚴正的批評和譴責。同時伴有惋惜、遺憾、憂傷、憤怒、沈痛等複雜的「悵惘」意緒。本文約分四層：

（一）聽說知堂老人最近又「高陞」了—由「偽北平大學的什麼長」「成了華北教育的長官了」；又聽說他「在北平廣播電臺出現了」，還說什麼他之現在所以這樣，是「為了東亞文化不得不出來云云」。對此，「我還不能夠即刻相信」，因為老人曾就著文批評過日本軍閥搞的忠君教育，並結論說，這將給日本人民帶來悲劇，並使日本「為世人所憎惡」；「豈意知堂老人竟以憎惡者的身分，而串演於此悲劇之中呢？」（二）記得老人於抗戰前一年還曾著文說，「目下中國對於日本只有怨恨，這是極當然的。二十年來在中國面前現出的日本全是一副吃人相」；想不到「抗戰的第二年」，「大家盛傳知堂老人參加了敵人的什麼座談會並且還有照片為證」，這使我感受到「一種窒息的痛苦」；又「如墜在五里霧中」。又曾想過，以敵人之「兇狠而且卑鄙」，老人「難保不上敵人的當」；及至讀其答胡適之詩，復又為此老詩中的「拖泥帶水」而憂慮。（三）記得抗戰前三年，老人還曾發表過似題〈投筆〉的文章，「意思是說政府究竟同日本打不打呢？我在預備著投筆呢！」可是現在呢？「知堂老人不『投筆』而投降，這從何說起呢？」要說是「為了東亞文化而出來云云」，就「更不可解」了，因為老人早在《瓜豆集》裡的有關文章中便說過，正是「日本法西斯」滅絕日本的文化、蹂躪著中國的文化和東洋的文化；老人又說過，「中國是我的本國，是我歌於斯哭於斯的地方……」；而「知堂老人此時扛出的一面東亞文化旗幟，未免與前言大相逕庭」；說穿了，其實質是要「日本人是主子，中國人是奴隸而已」。（四）「我想，我不必再寫下去了，這有什麼用呢？」淵雅沖淡的知堂老人已「過去了」；「《瓜豆集》也黯然無色」；剩下的只是老人站在「強盜中間」的影像和《瓜豆集》裡的「一個適當的題目」：〈老人的胡鬧〉。

夏明釗評論：「本文文情並茂，元氣淋漓，彷彿是著者以血淚和墨寫就，讀者還清楚地看到了作者一顆強勁有力、卻又受了傷害的心靈。作者顯然曾十分欣賞過知堂老人的『智者』形象，而今卻發現他原來是『戲臺上的打諢者』；作者也顯然曾醉心於知堂老人的『淵雅沖淡』，而今才知道他『竟混跡於其平日所怨恨與輕蔑的敵人群中』、是個賣國求榮的『錢牧齋一流人物』；作者還曾那麼珍惜過知堂老人的著作，《瓜豆集》曾伴其輾轉『流離』，而今才覺出它的『黯然』、它與老人的『大相逕庭』……。這不只是對一個漢奸的失望和譴責，也是對人與人生的深長思索和感喟！」（手稿）

秋，作〈夜行〉詩云：

佛火依山靜，秋星觸眼明，獨行悲道遠，未解夜如酲。（《龍坡丈室詩稿．白沙草》）

《詩集》編者案：「廖蔚卿見告：這是臺公到鎮上典當衣服回家路上的感受。從黑石山到鎮上有十多華里，須走一兩個小時，來回三、四小時，已經『夜如酲』。」

案：詩有「秋星」句，知為「秋夜山行」後作。臺先生居黑石山，經歷卅、卅一年兩秋。依廖氏所稱，此詩之作，不出此二年秋。卅五年五月以辭職抗議白沙女師院遷校事，無以維生，嘗典當衣物作〈典衣〉一詩（見後）。此〈夜行〉詩，無一語涉及典衣事，往返夜行是否為典當，似有可疑。惟廖氏白沙女師院畢業，嘗受業於臺先生，所言或非虛語。茲姑存以參考。

九月二十七日，編雙鉤臨摹王鐸（覺斯）〈杜詩〉帖、張旭狂草〈肚痛〉帖、顏真卿〈裴將軍詩〉帖及倪元璐《題畫詩冊》四種為《雙鉤叢帖》。封面題云：

三十一年中秋後二日記於白沙之膏渥居，時將去此間矣，簡人。

案：三十一年農曆八月丙寅朔爲國曆九月十日，中秋後二日壬午當九月廿七日（據《年曆簡譜》）白沙膏渥居爲國立編譯館所在地，是年八月編譯館將遷巴縣北碚。十月底辭編審職。十一月就任白沙女師院教職。九月廿七日殆已洽妥應聘任教事。故云「時將去此間矣。」臺先生字伯簡，故自稱簡人。《叢帖》今藏臺大圖書館。

以人事、工作環境有所變動，作〈深秋〉一詩抒感：

秋深驚落木，語默涕無端，難得枯禪隱，呑酥鏤肺肝。（《龍坡丈室詩稿．白沙草》）

案：據舒蕪〈憶臺靜農先生〉文，稱此詩與〈山居〉、〈夜起〉等詩「還是在編譯館時作的」（《詩集．附錄》頁七）。廿九年十二月臺先生移居黑石山仍任職編譯館。卅一年一月教育部長陳立夫兼編譯館館長，原館長陳可忠降爲副館長，陳獨秀恐臺先生不能續任，嘗有意推薦其任教武漢大學，五月廿七日陳獨秀逝世，八月編譯館遷巴縣北碚，臺先生不願隨往，十月辭職（皆見前）。十一月方受聘爲白沙女子師院教授，並移居白蒼山女師院宿舍（見後）。是年一月至十月，人事職位變動頗大，心理、生活各方面，自有所衝擊。自「驚落木」、「涕無端」、「枯禪隱」、「鏤肺肝」諸語考察推測，疑此年十月辭編譯館職後，仍居黑石山時作。「秋深」時爲農曆九月，約當國曆十月。

十月卅一日，白沙國立女子師範學院發聘書聘臺先生為國文系教授，聘期自民國卅一年八月一日起卅二年七月卅一日止。每月薪俸國幣肆百肆拾元，臨時研究費四十元，授課時數

每週以九小時至十二小時為準。（遺存資料）

十一月初，國立編譯館遷重慶北碚，離職。應胡小石之聘，就任白沙女師院國文系教授，六日到校，九日上課，講授歷代文選、各體文習作兩課程。同時，並移居新橋白蒼山上之學院宿舍。有〈日札〉一則記其事：

民國卅一年十一月

二日編譯館木器下船，余之行李搬至女院。四日館中同人下渝。當日回山寓，六日下山到校，即寓教員宿舍中。先是決意不隨館往，擬將家移江津德感垻，並就食九中。謀且定，胡小石先生堅留來女院任教授，以家得不動，遂就聘。院致月薪四百四十元，研究費四十元，自八月起薪，計八月至十月領到一千四百四十元（旁注：「扣所得稅三元六，印花一元八」）。還雪曼百元，靖桂百元，寄北碚。九日到校上課，所任課為歷代文選、各體文習作。（《輯存遺稿》頁五六）

案：此文首行右旁鈐「靜農」印。文前另頁書隸體「日札」二字，其下二行小字云：「三十一年十一月於白沙新橋。國立女子師範學院宿舍靜農」。胡小石時為女師院國文系主任。【尹】雪曼、靖桂皆編譯館同事，兩人皆隨機構至新址北碚。

國立女子師範學院係二十九年九月由教育部在江津縣白沙鎮成立，由心理學家謝循初擔任校長。初設國文、教育、英語、史地、理化、音樂、家政七學系及一體育專修科。三十年秋起，增設初級國文科，後改稱國文專修科。國文系主任初為胡光煒（小石），後為黃淬伯，均為語言學家。臺先生在女師院任教共四年，專任國文系教授，後曾兼任國文專修科主任，再兼國文系主任。院中交稱莫逆的同事，先後有魏建功、吳徵鑄（白匋）、王振華（李何林夫人）、金瓊英（女）、柴德賡、羅志甫、李霽野、方管（舒蕪）等。

陳獨秀六十四歲：五月中因高血壓，誤飲蠶豆花水中毒，二十七日晚去世。翌年安葬於故鄉安慶北門外。

胡適五十二歲：一月十七日在美國國會演講，此後至九月五日到美國各地演講七次，並作政論文數篇。九月八日，獲准辭美大使，恢復研究工作。十月作〈中國思想史綱要〉，英文稿刊美《亞洲雜誌》，十二月政論文四篇，刊美各期刊雜誌。

溥心畬四十七歲：作〈壬午秋懷雪齋從兄〉。

民國三十二年　一九四三　四十二歲

撰《梁啟超學術簡表》（《輯存遺稿》頁二三三—二六五）以年譜形式概略記梁氏一生事蹟及其著作撰寫年月。自清同治十二年（一八七三）出生至民國十五年（一九二六）止。梁卒於十八年（一九二九），享年五十七歲。最後三年略而未記。譜中提及光緒二十七年（一九〇一）李鴻章卒，梁廿九歲作《李鴻章傳》，為開傳記文學先聲。民國十年一月《中國歷史研究法》出版，風行一時，影響甚大。「任公字學」節，十二年引蔣百里言，有「我國楷法線美之極軌」、「字為心畫」、「書道不能磨滅於天地間」諸語，皆為本譜之可注意者。

案：題稱《簡表》，實爲《簡譜》，蓋非表格形式。表後另頁書云：「光緒廿九年，李鴻章死，任公撰《李鴻章傳》，又名《中國四十年大事記》，實開傳記文學先聲。」二十九年（一九〇三）歲次癸卯，李卒，梁作《傳》已見前光緒二十七年辛丑（一九〇一），此誤書。又本譜自出生年至光緒卅一年甲辰（一九〇四）任公卅二歲皆以年繫事（著作），自光緒卅一年己巳（一九〇五）至民國十五年（一九二六）五十四歲，則以事（著作）繫年，前後體例不一。此表用「一曲書屋」稿紙，知爲卅年以後撰寫。卅一年十一月應聘任教白沙女師院，卅四年九月繼爲國文系主任，直至卅五年二月下旬。此稿或爲任教女師院時編寫，作爲教學講義用。茲姑繫卅二年。

撰王國維事蹟及學術編年，以年歲繫事。自十六歲（光緒十八年，一八九二）始讀書，至卅六歲（民國元年，一九一二）寫成《宋元戲曲史》止。是後至民國十六年五月自沈於頤和園昆明湖，事蹟及學術均缺略。文中提出「靜安內心之矛盾」引其自序云：「余之性質，欲為哲學家，則感情苦多，而知力苦寡；欲為詩人，則又苦感情寡而理性多，詩歌乎？哲學乎？他日以何者終吾身，所不敢知，抑在二者之間乎？」（《輯存遺稿》頁二六八）。文末附錄五家八則有關王國維學術之評價，以彰顯其學術之偉績。（《輯存遺稿》頁二七三—二八一）。

一、羅振玉〈海寧王忠慤公傳〉：「公既居海寧，乃盡棄所學，乃寢饋於往歲予所贈諸家之書，予復出大雲書庫藏書五十萬卷，古器物銘識拓本數千通，古彝器及他古器物千餘品，恣公搜討。」

二、〈觀堂集林序〉：「蓋君之學，實由文字聲韻、以考古代之制度文物。並其立制之所必然。其術皆由博以反約，由疑而得信，務在不悖不惑，當於理而止。」

三、同前《本朝學術源流概略》：……略……

四、同前《集蓼篇》：「……乾嘉以來，多分類考究，故較密於前人。予在海東，與忠慤論今日修學宜用分類法。故忠慤撰〈釋幣〉、〈胡服考〉、〈簡牘檢署考〉皆用此法，予亦用之於考古學。」

五、蔣汝藻〈觀堂集林序〉：「……蓋君於乾嘉諸儒之學術方法無不通，於古書無不貫串。其術甚精，其識甚銳，故能以舊史料釋新史料；復以新史料釋舊史料，輾轉相生，所得乃如是之夥也。」

六、梁啟超〈清華國學論叢紀念專號序〉：「……以今人創殷虛書契，是正商周史蹟及發現當時社會制度之特點；使古文書豁然改觀，並治宋元戲曲史，蒐述曲錄，使樂劇成為專門之學，斯二者實為空前絕業。精校水經注，別有發明；校讀蒙古史料，校漠北及西域史實，多所懸解，此則續前賢之緒，而卓然能成一家之言。」「先生之學，從宏大處立腳，而從精微處著力。具有科學的天才，而以極嚴正之學者的道德貫注而運用之。」……「雖好從事於個別問題，為窄而深的研究，而常能從一問題與他問題之關係上，見出適當之理解。絕無支離破碎專己守殘之蔽。……」

七、陳寅恪〈王靜安先生遺書序〉：「……能開拓學術之巨宇，補前修所未逮。故其著述可以轉移一時之風氣，而示來者之軌則也。……其學術內容及治學方法：可舉三目以概括之：一曰：取地下之實物與紙上之遺文，互相釋證。……二曰：取異族之故書與吾國之舊籍互相補正。……三曰：取外來之觀念與固有之材料，互相參證。」

八、顧頡剛〈悼王靜安先生〉：「他把龜甲文、鐘鼎文、經籍、實物作打通的研究，說明古代的史學，……是新創的中國古史學……是建設真的古史。」

附、臺先生按語：「靜安與容庚書云：今人勇於疑古，與古人之勇於信古，其不合論理正復相同。此弟所不敢贊同者也。」

案：此亦用「一曲書屋」稿紙書寫，當與撰〈梁啓超學術簡表〉同一時期，此姑次於卅二年梁表之後。

啟功追記臺先生抗戰期間在白沙女師院執教時，學書臨帖「是以體味古代名家的精神入手」。其〈談靜農書藝集〉云：

我記得五十多年前，他寫一些瘦勁，並不多似古代某家某派，完全是學者的行書。抗戰時他在四川江津白沙女子師範學院執教，餘暇較多，一本本地臨古帖，傳到北京的一些自書「字課」，我見到一本臨宋人尺牘，不求太似，又無不神似，得知他是以體味古代名家的精神入手的。稍後又見到用倪元璐、黃道周體寫的詩，真是沈鬱頓挫，與其說是寫倪、黃的字體，不如說是寫倪、黃的感情，一點一劃實際都是表達情感的藝術語言。

（《啟功叢稿．題跋卷》頁三六五、三六六）

案：一九八五年啟功稱五十多年前見臺先生行書瘦勁，則時應在民國二十多年、抗戰前五六年間。臺先生自稱少年嘗習顏魯公〈爭座位〉，論者謂魯公行書「遒勁舒和」，可知「瘦勁」，蓋得自魯公。〈書藝集序〉自稱「求學北都……不復習此，然遇古今人法書高手亦未嘗不流覽低徊。」可知到北京後臨帖書字並未間斷，啟功此文可以佐證。臺先生抗戰期間卅一年十月始受聘為白沙女師院國文系教授，是年九月編雙鉤臨摹王鐸、張旭、顏眞卿及倪元璐《題畫詩冊》四種為《雙鉤叢帖》（見前）。是臨摹倪元璐字體在應聘女師院之前，乃在白沙任職編譯館時期。張大千贈以倪字雙鉤及眞跡亦在卅年前後。（繫卅年，見前）。啟功稱臺先生在白沙女師院執教時，並臨倪元璐、黃道周二家字體，不分先後，似不甚確。黃道周（一五八五—一六四六）明漳浦人，字幼平，號石齋，天啓進士，崇禎時官至禮部尙書。南都亡，在福建擁立唐王，率師抗清，兵敗被俘，不屈而死。黃學問宏博，工書畫，明史有傳。倪元璐崇禎時自縊而死，倪、黃約略同時。倪殉國在黃之前（倪事蹟見五十七年），臺先生序自稱臨倪字，未及黃道周，啟功文以倪、黃並稱，可補臺先生自序文之不足。又臺先生序亦未及臨摹宋人尺牘，啟文補充，於瞭解臺先生習字過程至為重要。

四月間，遊女師院附近小山谷，作〈遊李花谷〉詩。

油菜花黃壟麥青，李花落盡柳成蔭。當溪頑石沈沈睡，晞髮狂歌太古情。（《龍坡丈室詩稿．白沙草》）

詩集編者引廖蔚卿云：「李花谷，在國立女子師範學院附近的小山谷。鄉下人在兩面山坡栽滿李樹，臺公常到此地遊玩，呼此地為『李花谷』。」

案：據詩首二句，時節當在春末，國曆四月間。卅一年至卅五年春皆任教白蒼山女師院。詩當在此四年作，確年不可考。茲繫此年。

五、六月，作〈夏日山居〉詩。

蕉葉插天綠，蒼鷹掠地飛。橫空虹飲水，雷雨隔山威。（《龍坡丈室詩稿．白沙草》）

案：卅年及卅一年夏居黑石山半山草堂。卅二年至卅五年夏日居白蒼山女師院宿舍。此寫山居夏日景色，兩地應皆可見，難斷作於何處。然居黑石山，已作有〈山居〉一詩，疑此詩殆作於寓居白蒼山時。作年亦不能確定，茲姑繫此年。

六月廿三日致林辰函，大略云：「豫才師遺文，弟處僅有所輯〈後漢書序〉一小文，容後抄奉。……承囑為豫師寫回憶錄，雖有此意，然苦於生事，所憶復不全，故終未能動筆也。」刊一九九一年五月二十二日北京《新文學史料》第二期。後收入《回憶臺靜農》。

案：魯迅原名梓壽，入學後改名豫才，再改為樹人，魯迅乃一九一八年，寫〈狂人日記〉時始用筆名。自本年至卅五年七月二十三日共致林辰六函（詳後），均任教白沙女師院時及其後所書。林辰殆在女師院任職，時正撰寫《魯迅先生傳》（見第三函），事蹟待考。

七月一日，獲頒教授證書。由教育部部長陳立夫具名頒發，格式如下：

姓名：臺靜農　　性別：男

年齡：四十一歲　　籍貫：安徽霍邱

該員經本部依大學及獨立學院教員資格審查暫行規程，審查認為合於教授資格。

此證

教育部長陳立夫

中華民國三十二年七月一日（遺存資料）

案：卅一年十月底辭編譯館編審，十一月任白沙國立女子師院國文系教授（見前）。

八月六日，致林辰函，稱附手抄魯迅〈謝承後漢書序〉一紙，云：「此序係景宋夫人於二

十八年抄寄靜農者。……未編入全集。」 函刊一九九一年五月二十二日北京《新文學史料》第二期。後收入《回憶臺靜農》。

案：魯迅夫人景宋女士，名許廣平。廿八年當指一九二八年（民國十七年）。景宋女士一九二六年（民國十五年）六月作有〈魯迅先生撰譯書錄〉一文，其中提及魯迅從《史記漢書注》及唐宋類書中輯錄謝承《後漢書》的佚文爲《謝承後漢書輯本》，序即此輯本之序。輯本未印，序，《全集》未編入。

講授《中國文學史》，撰寫講義，今見第四講〈春秋戰國諸子散文〉（《輯存遺稿》頁一三五—一五三）當為其中之一。內容論述諸子散文產生背景，各家散文文體風格、特色、影響。全文分十六段，不立節目。其中甚多獨見卓識；如云農業經濟轉為商業經濟，產生新思想，促進文體的演變與發展，而其主要特徵是語、文合一。論語是語錄體散文的鼻祖，左傳文章風格是「繁而能簡，簡而能賅」，「復能充分運用口語。」結論中指出戰國時代是文體解放後的新文體。而修辭的進展，使後世文學流為修辭主義。諸如此類，精義紛陳，不勝列舉。茲分述各段大意如下：

（一）第一段論述諸子散文產生背景。引《漢書．貨殖傳》說明由於生產力進步，從農業經濟變而為商業經濟，新思想勃起民間，一種新文學形式因而產生。

（二）第二段論述新文體特徵是口頭語言和紙上語言合而為一，如「之」「乎」「者」

「也」等口語，運用入文，足證當時文學的劇變。

（三）第三段以下至十四段敘述儒墨名法道各家諸子生平事蹟及其散文風格特色。首論孔子及其論語，認為孔子評詩「興、觀、群、怨」四字，道出詩的真諦。論「詩三百」曰「思無邪」三字可與評樂「樂而不淫，哀而不傷」相映證。論文稱「質勝文則野，文勝質則史」，即主張文質均稱。其所謂「言之無文，行之不遠」一節可與「文質均稱」作一注解，不能以後來修辭主義去曲解。

（四）四段謂論語為語錄體的鼻祖：所記皆精要之言，記事不乏神采之筆，記言特色便是用口語產生字的應用，是當時文體的變化，接近口語的一種進步現象。

（五）五、六兩段論左傳及其文章：據梁啟超《要籍解題》以左傳為戰國初期作品，上距孔子卒百年左右。左傳文章記事記言「繁而能簡，簡而能賅」。「復能充分運用口語。」「其特徵便是能夠將歷史上的情事生動的表現出來。」

（六）第七段論述孟子善解詩，「『知人論世』是『以意逆志』客觀條件，兩者合而用之，則成因果，詩人之真意始可得之」。孟子之文以宏肆明快勝，為當時解放一種文體，非模擬而來。有似莊子之浩瀚而非詼詭；有似蘇張之詭辯，而推王道不重利害。形式論者以孟子為宗，但讀其文「波浪壯闊」，而忽視其內容。

（七）第八段略敘荀卿生平行事與孟子不同：孟汲汲於世，荀則怡靜不為世用。不矜才、不使氣、慎思明辨、謹嚴醇厚，處處流露恂恂老儒氣象，其文重詞藻、多複筆，開修辭主義之路，其〈成相〉篇，將崇高儒術用通俗語調表現，揚雄稱其具「羽翼六經」大師精神。

（八）第九、十兩段論述道家散文作者：老子與莊周。老子生平事蹟應存疑。其文不尚修辭，嘗云「信言不美，美言不信；善者不辯，辯者不善」。主張「大辯若訥」、「正言若反」，微妙深曲『與孔子所謂『言之無文，行之不遠』相反」。莊周生平亦不甚了了。他主張「任性自然」，故其文「洸然自恣」。司馬遷謂其「著書十餘萬言，大抵率寓言也」。寓言成為文學中之一體。

（九）十一段論墨子：認為其文學、思想別出一格。以文字為宣傳學說思想之工具，故文樸素而切實，注重辯理之術，以辯術推行其思想。

（十）十二段論述名家：名家為「別墨」一派，「以堅白同異之辯相訾，以觭偶不仵之辭相應」。惠施、公孫龍子為此派代表。兩人學說略見〈天下篇〉中，公孫龍子書今有六篇，非完帙。

（十一）十三段論戰國末期人物韓非子：韓非「喜刑名之學，而其歸本於黃老」。法家主正名，目的為治術，此與名家正名意在窮理不同。其文長於說事論理、重修辭，風格華麗壯大，有類蘇張。

（十二）十四段論縱橫家：代表人物蘇秦、張儀，其言論見《戰國策》。逞權變遊說諸侯，「屬詞比事，翻空易寄」為其文學特色。

（十三）十五、十六兩段為總結。認為春秋時代是接近口語解放文體，以論、孟、左傳等為一系；戰國時代是解放後的新文體，以荀卿、戰國策、韓非為一系。兩種文體的特色是修辭的進展，因而流為「翻空易奇」。後世文學流為修辭主義，縱橫派作品已開先聲。其次漢以後文學內容為儒道兩家互相消長，相互為用。儒家思想適應於封建社會，當為歷代封建主（指帝王）所用，文學之士得緣儒術以取富貴。文學作者視儒術為上達工具，猶如封建主視儒術為統治工具。相互為用結果，即所謂「君臣契合」、「君子能行其道」。文起八代之衰，以道自任的韓愈即此派代表。

案：此講稿用印有「國立編譯館稿紙」標誌。據此可推知臺先生係在白沙任職國立編譯館時撰寫。卌一年十月辭職，十一月轉任白沙女師院教職。第一學年講授歷代文選及各體文習作。第二學年卌二年九月起疑改授或加開「中國文學史」課程，因利用剩餘編譯館稿紙，寫此講義。其時當在卌二年九月以後至卌三年間。又臺先生《中國文學史》稿，今已整理出版，其中第五章不僅標題與此篇相同，節次內容亦無甚差異。文學史稿當是據此篇講義稍加修訂而成。

胡適五十三歲：任美國會圖書館東方部名譽顧問，開始研究《水經注》。五月三十夜，有函致王重民〈論治學的方法〉。七月廿二日作〈兩漢人臨文不諱考〉寄王重民。七月卅一夜有〈讀陳垣史諱舉例論漢諱諸條〉。九月十五日夜寫定〈易林歸崔篆的判決書—考證方法論舉例—〉（卅七年刊六月刊《中研院史語所集刊》第二十本上冊）。十月在波士頓中國學生聯誼會演講《易林》作者為崔篆。十二月七日夜作〈戴震對江永的始終敬禮〉。

張大千四十五歲：敦煌壁畫臨摹工作結束，返四川。是年冬，出版「大風堂臨摹敦煌壁畫」。

民國三十三年　一九四四　四十三歲

某月十八日，致林辰函云：「上月所託之事，至今猶無頭緒。……尊著《魯迅臺先生傳》精審，至足欽佩。」函刊一九九一年五月二十二日北京《新文學史料》第二期。後收入《回憶臺靜農》。

案：據此知林辰爲撰寫魯迅傳，托臺先生尋找有關資料。函所謂「上月所託之事」殆有關謀職事。又據此函及卅五年元月函，知林所撰魯迅傳部份已完成，臺先生閱讀後認爲寫作精審。所謂「至足欽佩」，殆非虛語。

作五言長詩寄重慶沈兼士。題作〈寄兼士師重慶〉。（《龍坡丈室詩稿．白沙草》）

案：此詩卅四句，百七十字。爲詩作中最長的三首之一。沈兼士（一八八五－一九四七）浙江吳興人。一九〇五年赴日留學加入同盟會，民國六年至十三年歷任北京大學國史編纂處編纂員，北大國文系教授、北大研究所國學主任。民國十四年主持故宮博物院文獻館。十八年以後歷任博物院副館長、館長、清華大學國文系教授、輔仁大學文學院院長等職。抗戰期間沈與英千里同在輔仁大學任教，組織秘密團體，從事抗日活動。英千里被捕，沈兼士逃亡重慶。臺先生自十一年至十四年在北大就學期間嘗受業於沈氏。十八年又受沈拔擢，任輔大教職，師生關係相當密切。據詩所謂「去年師入蜀，虎口脫身還……迴車入三秦，憂危更拳拳。」「重蹈嘉陵道，汲江耕石田，春秋魯史筆，好付名山傳。」知沈逃出北平，先至重慶，再轉往西安（三秦）。又回到重慶。據沈氏年譜，民國卅二年沈在西安任戰地黨務幹部訓練班主任（沈爲國民黨黨員）。詩題云「重慶」當是沈自西安回重慶後所寄之作，應在卅三年。

三月，李霽野來校，任英語系主任。住臺先生宿舍後面，相距不過二十步。

九月，散文〈我與老舍與酒〉，載重慶《抗戰文藝》月刊九卷三、四期合刊，收入《文集》。

秋，女師院增設國語專修科，由魏建功兼系主任。

秋冬，感慨時事，作詩抒憤，題曰〈孤憤〉：

孤憤如山霜鬢侵，青燈濁酒夜沈沈，長門賦賈文章賤，呂相書懸天下瘖，萬里烽煙縈客夢，一廬風雨證初心，推尊將欲依山鬼，雲亂猿愁落木森。（《龍坡丈室詩稿．白沙草》）

舒蕪〈憶臺靜農先生〉：「他自己解釋第二聯『呂相書』是指蔣介石的〈中國之命運〉，呂不韋作《呂氏春秋》，懸之國門，說是有能易一字者賞之千金，其實誰敢去易其一字呢？當然天下啞然無聲了。『文章賤』指當時一些學者，爭著把著作送呈蔣介石，恃得其稱譽以為榮，猶如司馬相如賣〈長門賦〉一樣，這是天下最賤的文章。」（《詩集附錄》頁二〇、二一）

李猷〈臺先生遺詩〉評釋：「此詩應作於抗戰期中，「如山霜鬢」，「濁酒青燈」；是其生活寫照，長門賦賤，指待遇菲薄，呂相書懸，當別有所指，萬里烽煙，一廬風雨，慨干戈未息，生活艱難，結句「雲亂猿愁落木森」，極寫出胸中蕭颯之意。」

案：舒蕪，方管筆名，字重禹，桐城人。能詩，少臺先生廿一歲，卅三年秋末來白沙女師院任教，與臺先生相處甚相得，時相往來，有詩唱和。其稱臺先生自言「呂相書」為指《中國之命運》一書，而〈長門賦〉乃指當時學者著作，獻於當道。此皆舒氏親自聞知，應是可信。李猷以為「長門賦賤」指「待遇菲薄」乃推測之辭，不達其意。《中國之命運》署蔣中正著，實乃陶希聖執筆。詩聯上句似指執筆獻書者，下句當指受書署名者。兩句所稱為一事，皆指此書之撰寫人與署名者。借典實以託諷諭，溫婉而不刻露，甚得傳統詩教之旨。舒蕪回憶所記，不夠清晰，似略有差誤。此書卅三年三月十日重慶正中書局出版，共八章。內容大要在肯定中國倫理道德之價值，認爲四維八德是「中華民族固有的德性」是「中國立國的綱」。宣稱三民主義是「推之四海而皆準的眞理」。而「中國之命運，完全寄託於中國國民黨」。反對共產主義，認爲中共「組織武力，割據地方，企圖破壞抗戰，妨礙統一。」並暗示兩年內解決共產黨。此論一出，自然引起中共及左派人士之反感。臺先生前因參與共黨嫌疑，受三次縲紲之災，其孤憤不免因此而生，遂有〈孤憤〉之作。《中國之命運》以是年三月出版。詩作當在此書問世後不久。詩有「落木森」語，茲定是年秋冬作。

任教白沙女師院期間，曾與胡小石、魏建功等舉行書畫聯展。臺益堅〈身處艱難氣若虹〉一文記其事：

父親辭去編譯館編審職，重續舊業任教於國立女子師範學院，得有機會與來自四方各處的文士時相往來。……記得在白沙鎮上，父親和幾位好書畫製印的文友，還曾舉辦過一次金石書畫聯展，參加者包括胡小石、魏建功、吳白匋、柴德賡、尹雪曼等，也是小鎮一時之盛事。（《名家翰墨》卅三期、頁一〇一）

案：胡、魏、吳等皆臺先生白沙女師院同事，彼此時有聚會，或作詩文往還。（見前後年）臺先生自卅一年十一月至卅五年四月任教白沙女師院前後凡三年半。書畫聯展當在此期間。茲姑繫卅三年。

胡適五十四歲：仍任名譽顧問。一月二十六日有讀書筆記一條，稱唐人所謂「時世」乃今人所謂「時髦」、「時尚」之意，二月七日有〈給趙元任的信〉，六月卅一日有函致楊聯陞，希望獲博士學位後到北大教書。十一月六日在哈佛大學開講〈中國思想史〉。十二月與楊聯陞以舊體詩唱和。

溥心畬四十九歲：季春，《實報》主編管翼賢，為心畬出版所作《凝碧餘音》詞集，共收詞九十三闋。

張大千四十六歲：一月「四川美術協會」舉辦「張大千臨摹敦煌壁畫展覽」，轟動一時。

莊嚴四十六歲：奉命將故宮博物院存黔文物緊急運蜀。抵四川省巴縣鄉間一品場石油溝之飛仙岩。

民國三十四年　一九四五　四十四歲

春末（約四月底）與舒蕪等談論李商隱〈無題〉詩，提議擬作。一時興會所至，翌日遂成〈無題〉七律一首云：

望斷芳洲杜若殘，茫茫銀燭感無端，楝花風細尊初滿，子夜歌沉淚已闌。夢裡淩波驚照影，月中消息誤鳴鸞。分明恩甚成輕絕，惆悵何因寄佩蘭。（《龍坡丈室詩稿．白沙草》）

舒蕪〈憶臺靜農先生〉文稱：「有一次，我們談起李商隱的無題詩，大家稱賞之餘，靜農先生忽然提議：『我們也來模仿作一首無題詩，好不好？』我說：『從來都說「無題是有題」，我們憑空怎麼作呢？』他說：『沒關係，就叫〈擬無題〉好了。』第二天他就作成這一首。寫給我們看，我覺得風華綿渺，和他平日冷寂森寒的詩境很不相同，表示很欣賞。他說：『也只是第五句「夢裡淩波驚照影」，還空靈，第七句「分明恩甚成輕絕」，翻「恩不甚兮輕絕」之意，也還有點意思。』」（《詩集附錄》頁九）

案：舒蕪，方管筆名，字重禹，以卅三年秋末下學期開學後（約九月、十月間）到女師院任國文系副教授，年僅二十四歲，兩人從認識到熟稔聚會談詩，必經若干時日，估計應在翌年－卅四年。考宋羅願《爾雅翼．釋木篇》，謂楝木高丈餘，三四月開花，紅紫色，芬香滿庭。又考《宋詩鈔》何夢桂《潛齋詩鈔．再和昭德孫燕子韻》云：「處處社時茅屋雨，年年春後楝花風。」春後指春末穀雨節前。楝花風，指最後一節花信風，亦即穀雨前一段五天。古代認爲應花期而來之風，稱花信風，由小寒到穀雨共八節氣、百二十日、每五日爲一候，計二十四候。每候應一種花信。小寒節三信爲：梅花、山茶、水仙。……穀雨節三信爲：牡丹、酴醾、楝花。（詳宋程大昌《演繁露．花信風》條）。據《中國日曆簡譜》推算民國卅四年穀雨爲農曆三月十九日，當國曆四月三十日。詩第三句有「楝花風」語，大約可定爲是年四月底作。

抗戰勝利。八月十四日，日本正式投降。

國民政府邀毛澤東到重慶共商國是，八月十四日，胡適之在美國紐約致電毛澤東，託重慶王世杰轉交。文稱：「宜察世界形勢，愛惜中國前途，瞻望將來，痛下決心，放棄武力，準備為中國建立第二政黨。」（《胡適年譜長編》第五冊，頁一八四九—九五）

九月，有和莊嚴〈步若俠夫人見贈原韻〉一首云：

羨爾公牡（母）倆，深山好養真，庋藏雖敵國，貧乃到柴薪。少飲三杯酒，流亡百劫身，明年出巴峽，依舊老宮人。（《莊集》頁一九三）

和篇，《白沙草》未錄，《臺靜農詩集》排印版據《莊集．適齋詩草》補《白沙草》後，題〈和莊慕陵步若俠夫人詩〉（頁三八）。

案：莊詩及其夫人原韻，見《莊集》，頁同前。莊詩題下自署，作於「卅四年九月」。卅四年八月日本投降，云「明年出巴峽」，當在卅四年九月後不久作。莊時負責保管故宮文物，卅四年八月自安順護送文物至四川巴縣鄉間飛仙岩中。臺先生時在四川江津白沙女子師範學院任國文系主任。莊嚴原名尚嚴，字慕陵，號默如。民國十二年臺先生在北大求學及任職期間與莊訂交。（詳見前）

六日，受聘為白沙國立師範學院國文系主任。院長謝循初發聘，聘書（卅四）字第一〇七

號。（遺存資料）

二十五日，北大老同學董作賓來函稱：「命書聯，茲奉上。」（遺存資料）。

案：董作賓（一八九五—一九六三）字彥堂，號平廬。民國十二年至十五年與臺先生同學於北大研究所國學門。抗戰期間董氏隨中研院史語所播遷至四川南充縣李莊。以交通不便，似不常來往。董氏以研究甲骨文名家，並善書甲骨文。臺先生請其書聯，當是書甲骨文對聯。

十月二十日，致陳垣函：

滄桑以來，久廢過庭。吾師以魯殿靈光，當陽九之會，默持風教，表率人倫。想望龍門，曷勝仰企。（《陳垣來往書信集》頁三八二，《陳譜長編》頁四九五引）

秋冬，友人林逸來書問以戰後計，賦詩答云：

風波如此欲安歸，窮鳥投林敢擇棲，久矣磨礱英氣盡，只將白眼看鯨鯢。（《龍坡丈室詩稿．白沙草》）

案：《龍坡詩稿》題「答林逸來書問以戰後計者」，六十四年抄本作「友人來書問以戰後計者寫此答之」。《詩集》編者案：「舒蕪見告：臺公想回北京，但沒有確實機會。」李猷〈臺先生遺詩〉評釋：「當時有識之士，多憂未來。臺先生亦復如是。所謂窮鳥投林，蓋所謂不擇木而棲也。三四兩句，自道心境，八年抗戰，英氣盡矣。」是年八月十四日日本投降，抗戰結束，內陸後方各機關、學校紛紛遷回原地。〈苦蘗〉詩有「去欲歸燕市，逡巡少故人」之句，可知臺先生實有意回北京，然缺少故人援引，未遂所願，心境難免徬徨不安。林逸為樓適夷別名，亦稱林逸夫。其人待考。林來書，賦詩以答，時當在「戰後」不久，殆為本年秋冬之作。

戰後，出處未定，甚感徬徨，作〈去住〉詩云：

去住難為計，棲遑何所求，獲麟傷大道，屠狗喜封侯，月落千山墨，商飆四野秋。天雲看舒卷，長劍照雙眸。（《龍坡丈室詩稿．白沙草》）

李猷〈臺先生遺詩〉評釋云：「抗戰勝利，居蜀之人，都有此種心理。有攀附方面赴各地任官接收者，獨任教師如臺先生者多惶惶然，欲留原校乎？欲另覓（原誤覺）枝棲乎？所以有去住之作，臺先生亦為出處舉棋不定也。」

案：卅四年八月十四日日本宣佈投降，抗日戰爭結束。戰後政府復員，臺先生去住未定，有意回北平，但苦無機會。詩有「商飆四野秋」句，知當作於九月或十月間，與答林逸詩同一意旨，應為一時先後之作。

有意歸燕市，苦無故人援引，有「英雄大澤老」之嘆。賦〈苦蘗〉詩云：

驚波久已慣，苦蘗亦比親。聞笛悲良友，棲心問影神，英雄大澤老，豎子河山新。去欲歸燕市，逡巡少故人。（《龍坡丈室詩稿．白沙草》）

李猷〈臺先生遺詩〉評釋：「此詩亦甚深晦，當係寫時事，其時應在三十八、九年（一九四九、一九五〇）間，思歸不得，且故人已少，故言之甚哀。」

葉嘉瑩〈臺先生詩稿序言〉：「在《白沙草》中他所寫的思鄉懷友之情，如其〈苦蘗〉一詩之『去欲歸燕市，逡巡少故人』，及〈寄兼士師重慶〉一詩之『何年出巫峽，問字懷槧鉛』，與〈孤憤〉一詩之『萬裏烽煙縈客夢，一廬風雨證初心』諸句，其間都引含有一種『歸燕市』和『出巫峽』的期待，與一種『懷槧鉛』和『證初心』的志意。……」

案：李氏以此詩作於三十八、九年間，時在臺先生來臺灣以後。蓋所據爲《輯存遺稿》中影印七十三年二十六首手稿本，不分《白沙草》、《龍坡草》，未見七十八年《龍坡丈室詩稿》本六十九首。其中分《白沙草》、《龍坡草》兩部分，此首既見《白沙草》，自是在白沙作，李氏憑意測而誤。葉氏將此詩與卅二年所作〈寄兼士師重慶〉、〈孤憤〉二詩相提並論，以爲所寫乃「思鄉懷友之情」，似認爲同作於抗戰期間。而不察此詩爲卅四年八月以後作，亦即戰後出處未定，顯示惶惶不安心情。「英雄大澤老」，即戰後〈答林逸〉詩所謂「久矣磨礱英氣盡」之意；「豎子河山新」，與戰後〈去住〉詩所謂「屠狗喜封侯」大旨相合。「豎子」、「屠狗」當指戰後政府當局派遣至光復地區接收要員。「逡巡」，即「去住誰爲計」（見前）之意。要旨在「去欲歸燕市」一句，而苦無機會。此與其他兩首皆作於卅四年秋，抗日戰爭結束後。葉氏所云，似未達詩義。

十一月二日，陳垣復函：

久別為念。本月二日回青峰信時適接到十月二十日來函，未暇即復。曾將寐叟一箋托青峰轉上，信皮照來信寫重慶白沙，未知能收到否？念念。（《陳垣來往書信集》頁三八三，《陳譜長編》頁四九六—四九七引）

女師院同事吳白匋為繪「半山草堂」圖，題五古三十六句紀事並抒感。

案：臺先生詩七十五首，多爲五七言近體律絕。長篇古詩衹二首，此其一。詩〈題白匋爲繪半山草堂圖〉（《龍坡丈室詩稿．白沙草》），自「少陵棲江濱」起至末「龍性非能馴，餐霞良足悅」，共三十六句，百八十字。視另首五古長篇〈寄兼士師重慶〉（見卅三年）猶多二句。吳白匋（一九〇六—一九九二）原名徵鑄，號陶甫。擅長詩詞戲曲，江蘇儀徵人，金陵大學歷史系畢業，抗戰期間任教白沙女師院國文系。臺先生廿七年入川居白沙，詩云：「自我來蜀江，八載驚波瞥」，又云「橘柚蔚蒼煙，翠竹聳寒節」，應爲卅四年抗戰勝利後，是年冬作。又卅一年十一月受聘爲女師院教職，從白沙黑石山「半山草堂」移居白蒼山女師院宿舍。女師院校址在白蒼山上，校舍依山建築，寓所位於白蒼山半山腰。詩云：「借得半山居，風標土鑿穴」。知白匋所繪「半山草堂圖」爲指白蒼山女師院宿舍而言。與黑石山居所「半山草堂」名同而實異。注者引臺益堅〈熸火〉文，以爲此草堂即黑石山草堂，未得其實。廿九年十一月嘗作〈瞻烏仰（爰）止於誰之屋〉文，時國、共兩黨明爭暗鬥，寓意有同情中共，暗批國府之意（見前）。此詩有「瞻烏悲爰止」語，殆悲嘆抗戰後，國共不能合作，猶在爭鬥，人民無所歸往。詩又云：「雖猶溷風塵，懷抱凜冰雪，非無稷契心，網羅彌天掣，秦火燼詩書，楚坑築賢哲」意在批判國府焚燒馬列書籍，戕害共黨份子，而自已有志不得申，認爲「餐霞良足悅」，「豹隱」是最好歸宿。抗戰期間，避地江津，心懷鬱結，故賦詩爲文，常借題發揮。

十二月十五日，美國特使馬歇爾（George C. Marshall）來華抵滬，欲調停國共關係，國府要員紛往迎接。作〈迎神曲〉以諷諭：

冉冉雲旗動，靈車下大荒，千官爭警蹕，列宿拜堂皇，帝篆風雷護，民冤虎豹狂。霜威凜咫尺，伐鼓奠椒漿。（《龍坡丈室詩稿．白沙草》）

案：此詩七十八年稿本題〈乙酉冬馬歇爾來華作迎神曲〉，六十四年稿本題〈乙酉冬觀迎神〉，七十三年稿本題〈乙酉迎神曲〉。「帝篆風雷」作「帝象風雲」。李猷〈臺先生遺詩〉評釋云：「此迎神曲，不知係何神？乙酉係民國卅四年。此詩運用楚辭語，似述抗戰勝利事，然頗覺深晦，跡近西崑，亦律法之正體。」李氏指出作於卅四年，但以未見七十八年稿本標題，不知寫作背景，而「頗覺深晦」。舒蕪則認為是一首諷刺詩。其〈憶臺靜農〉云：「這其實是一首政治詩。諷刺抗戰勝利後馬歇爾以美國總統特使的資格來華，國民黨要人奔走逢迎。……柴德賡先生和韻一首……題為〈卅五年一月一日和靜農迎神韻〉，題下自注道：『時馬歇爾來華至滬，冠蓋往迎。』已經把本事說清楚了。」（《詩集．附錄》頁八、九）。馬歇爾以卅四年十二月十五日來華，柴氏和詩作於翌年元旦。可知臺先生此詩寫作時日在卅四年十二月十五日馬來華後不久。

又案：馬歇爾來華調停，或謂實來壓迫國府接受停戰協定，助長共黨聲勢，前臺大歷史系杜維運教授有一簡要客觀敘述：「馬歇爾為中共所迷惑，不瞭解中國實情，一味脅迫國民政府與中共停戰，共組聯合政府，否則停止對華經濟援助，時我國值八年艱苦抗戰之後，經濟困難，通貨膨脹，因此被迫接受，與中共成立停戰協定，中共借此機會，整補軍隊，擴張佔領區，一再破壞協定，國軍如還擊，美方則加阻止。如此情況，維持了一年，馬歇爾終於失敗。於民國卅六年一月八日黯然賦歸，國共和談。於是終止，而劇戰隨之而起。」（杜維運著《中國通史》二十九章第三節，頁六二五、六二六）。

作〈蜀江岸行〉詩，自言此詩境在一「冷」字。

戚戚無悰惘惘行，一尋去夢已無痕。荒墳狐穴黃花冷，廢殿烏棲泥馬尊，此際江空愁帝子，當年草綠送王孫。前村日落騰蕭鼓，誰遣巫陽下九閽。（《龍坡丈室詩稿．白沙草》）

案：六十四年抄本題作〈行腳〉，殆是原題。「惘惘行」作「任所之」；「荒墳」作「頹墳」；「黃花冷」作「黃花老」。七十八年龍坡本「冷」字旁書「老」。舒蕪〈憶臺靜農先生〉文，謂「任所之」出韻，「第一句末三字，我記得是『擁短轅』」當是早期白沙本如此。「惘惘行」蓋七十八年手抄時改訂。舒文又稱：「有一天，靜農先生和我在學校附近的山路上散步，大約是看到路旁荒塚的緣故，……忽然舉出他這首詩中『頹墳狐穴黃花老，廢殿烏棲泥馬尊』一聯來，問我覺得怎樣？我說好，卻沒有說出好在哪裡，他說：『我自己也很喜歡，冷！』他這個『冷』字給我很大的啓示。……覺得看到了他的溫潤寬和的風貌之下的內心世界的矛盾。……在詩學方面，我從靜農臺先生受到最大的教益是，第一次知道晚明詩，特別是明遺民詩的價值，知道有卓爾堪選編的《明四百家遺民詩》這麼一部書。……他常對我說起明遺民詩。……後來我看到了《明四百家遺民詩》，才知道他的詩境的『冷』是從明遺民詩來的。《遺民詩》有宋犖序云：『予讀其詩，類皆孤清凜冽幽憂激楚，如對空山積雪，寒氣中人。』也正是強調一個『冷』字。」（《詩集．附錄》頁十二、十三）據此知臺先生愛好明代遺民詩，其「冷寂森寒」詩境，深受遺民詩「孤清凜冽」風格之影響。臺詩用「冷」字及其與相關字組合成詞句者爲數不少。如「春寒料峭」（無題）、「血冷孤懷」（金陵病中書感）、「冰雪盈懷抱」（畫梅）、「桂魄寒」（丙【戊】寅中秋）、「寒月」（寄齋野）、「寒林」（夜起）、

「一片寒山成獨往」（移家黑石山）、「魂招冷不歸」（丙戌元宵）、「翠竹聳寒節」（題半山草堂圖）、「芳荃寂寞高丘冷」（次清峰見懷韻）、「雲日寒」（登阿里山歸戲示）等，均約略可見其詩境之特色。又魯迅舊體詩境以「冷冽」著稱，有所謂「橫眉冷對千夫指」之句，臺先生好其詩，二十六年八月嘗兩抄魯詩卅五首爲長卷（見前）。冷冽詩境或亦受魯詩影響。臺好遺民詩，尤愛惲南田（一六三三—一六九〇）作品，嘗將其所藏南田詩集《甌香館集》，民國六十一年交臺北學海出版社印行（見後）。又常取其詩書寫，其《書藝集》三種，即有行草書南田詩八幅（見後）。此可證舒氏所記頗眞實可信。

是冬，賦〈感事〉七律一首，旨在諷刺女師院附中校長某女士，後認為屬辭刻薄，遂與前詩併稱〈無題〉，次其後。詩旨轉為抒情，去除諷諭之意。（詳七十八年）

玉靨（一作壓）雲鬢絕世姿，凝眸飛笑最嬌癡，偶拈紅豆佯羞意，戲喚鸚哥薄醉時，要負今宵天豈許，欲尋往事夢難期，依依謝傅池邊柳，來歲春風屬阿誰。（《龍坡丈室詩稿．白沙草》題從舊本）

舒蕪云：「事緣國立女子師範學院謝循初院長（一八九五—一九八四）提拔其女弟子任女師範學院附屬中學校長，這位女校長三十歲左右，長得頗漂亮，女師學院跟教育部鬧風潮時，教育部派督學（？）劉英士來，謝院長站在學生一邊，與劉對立，而女校長與劉原係舊識，此時倒向劉一邊，並暱稱劉爲『英士哥』，詩中「戲喚鸚哥」語意雙關；『謝

傳』暗喻謝院長，附中所在地，名『紅豆樹』。詩中『偶拈紅豆』亦雙關語也。」（《詩集．白沙草》頁三〇，註五）

案：舒蕪所云，係當時親自聞見，詩為諷刺某女士而作，自是可信。又據七十二年書此詩以贈丁邦新夫婦自注：「此昔年所作諷刺詩，視作無題可耳。」又書以贈施淑，自跋云：「昔人謂無題詩皆有諷諭，此玉谿一首，確有所指，當時友人見之，且賞其切合實事，今頗悔屬辭刻薄，直視作抒情可耳。」（並見《詩集》頁三〇、三一引）益可證此詩原意在諷刺。直至六十四年抄本，仍題作〈感事〉，是三十年後，原意猶未變。大抵自七十年以後，轉變詩旨，視為抒情之作。七十八年抄本列為無題詩之二，次於第一首無題後（詳下七十八年）。再據舒蕪所云，可知感事諷刺詩與女師院學潮事有關。以學潮未能平息，院長謝循初撤職。卅五年二月下旬女師院解散，逼遷至重慶九龍坡。教部成立「院務整理委員會」派伍俶儻主其事。卅四年八月抗戰勝利後，中央政府各機構及學校紛紛復員東遷，女師院師生要求東遷未果。遂引起罷教罷課風潮，教部派劉英士來女師院，應是來疏解學潮，時當在伍俶儻之前。亦即女師院學潮發生之後，解散搬遷之前。估算其時日，殆在卅四年冬或卅五年初，〈感事〉詩，既與學潮人事有關，寫作時日亦當在其時。

著〈南宋人體犧牲祭〉，載《四川國立女子師範學院學術集刊》第一期。七十八年收入

《靜農論文集》。內容大要謂南宋高宗以下四朝，為時五十年、十二世紀後半期，湖南北路諸蠻夷及廣南西路、兩浙路諸州風行人體犧牲祭，此種野蠻風俗，與巫覡有關，戰國時代河伯娶婦、春秋時代殺俘釁鼓，殷商時代殺人祭祀皆此風之源。文分四節：（一）人體犧牲流行之地域，（二）被作犧牲者，（三）所祭之神，（四）政府之禁令。摘要如下：

人體犧牲為野蠻民族殺人祭祀的風俗，在中國已經有很高文化時代，猶不免存其遺風。文字中的「巽」字初作「丌」形，「丌」是祭案，「巳巳」是兩人相次跽形，字又作「顨」是祭案上放著兩顆人頭形。這是象形古代的殺人祭。根據《宋史．高宗本紀》、《宋會要．刑法二下》所載，歷高宗以下四朝，為時五十年，正當十二世紀後半期，這五十年中可說是人體犧牲祭最風行的時代了。至於地域，則以湖南北路諸蠻夷，流行此風為最劇。其次是廣南西路的廣源州，兩浙路的臨海諸州，川路的產鹽區，最後才是淮南東路的廣德軍，及江州建安郡的吳興縣，長江流域的東部西部南部，都傳染了此種人體犧牲的野蠻風俗。被作犧牲者有小兒、婦女，也有男子，且有慫恿之，使之自殺的方式。兩湖路是殺人祭最風行地，甚至發生有組織的獵人網。人體犧牲祭的發展，與巫覡是有直接關係的。遠在戰國時代已有河伯娶婦的故事，北宋以前已有生人祭鹽井之事，而人體犧牲尤盛於閏月的時候，或許是出於對天時的一種恐怖心理。再者所祭之神，似乎應有一種叫做殺神的。總之，此種殺人祭祀與巫術有關，則神鬼亦是多方的了。至於南宋政府對於人體犧牲的態度，據現有史料看來，當時是非常嚴厲的，如朝臣的申請，朝廷的禁令，幾乎歷朝均有，足見事態嚴重，可是雖然一再嚴申禁令，此風並未因之禁止，如周密《癸辛雜識》中所記，雖在南宋末年此種野蠻風俗猶不絕於民間也。

案：「巽……是祭案上放著兩顆人頭形」句後，夾注云：「見陳仲甫《小學識字教本稿》。」仲甫，陳獨秀字，《教本稿》完成於三十年，陳死於卅一年（見前）。其文字新詮，首爲臺先生引用以證殷商時代殺人祭祀之風。

胡適五十五歲：仍在哈佛大學講中國思想史，至五月三十日止。三月二十七日奉命出任聯合國大會代表。四月十日在哈佛大學演講〈中國人思想中的不朽觀〉，刊《哈佛大學神學院年報》。九月六日受命任北大校長，未回國前，由傅斯年暫代。十一月為中國代表出席倫敦聯合國教育科學文化組織會議。受贈牛津大學名譽法學博士。是年作讀書筆記及中國典籍題跋凡七條。

張大千四十七歲：借寓成都昭覺寺，完成四屏丈二大「荷花」，八屏「西園雅集」等巨幅。

莊嚴四十七歲：五月，與馬衡、顧頡剛二教授，及傅振倫、何遂、梅健鷹、楊家駱等人共組大足石刻調查團，考察歸來，作〈三十四年五月大足縣永昌寨懷古詩〉，詩有序。

民國三十五年　一九四六　四十五歲

一月，作〈乙酉歲暮〉詩云：

歷劫灰飛鬢已秋，舉杯無語照凝眸，胸中芒角依稀見，夢裏雲山汗漫遊。師友十年埋碧血，風塵一劍敝霜裘，滄江臥恐蛟龍笑，落日烽煙暗九州。（《龍坡丈室詩稿．白沙草》）

舒蕪〈憶臺靜農先生〉云：「此詩手寫詩卷中無之，大概是忘了。當時我和柴德賡先生議論不知『師友十年埋碧血』中的『師』包括魯迅否？魯迅總算是善終，似不在『埋碧血』之內，柴先生說，他認爲應該包括魯迅在內，魯迅……也是以生命殉民族，也是個烈士，我覺得這樣解釋也有道理。」（《詩集．附錄》頁十一）

案：七十八年手稿本此詩次於〈苦蘗〉詩後，〈寄兼士詩重慶〉詩前。舒蕪未見此稿本，以爲佚詩，遂取首句兩字題作「歷劫」，不知原題作〈乙酉歲暮〉。時爲農曆卅四年十二月，當國曆卅五年一月。舒蕪姓名方管，字重禹，一九二二年生，安徽桐城人，卅三年秋到白沙師院與臺先生同事，能詩，時相唱和。柴德賡字青峰白沙師院文史兩系副教授，與臺先生亦有詩唱和（見前）。此詩首句「歷劫」，殆指民國十七年四月、二十一年十二月、二十三年七月被捕下獄事而言。「師友十年埋碧血」，當指廿二年六月共黨份子楊銓（杏佛）、廿四年六月瞿秋白等遇害而言。魯迅卒於廿五年十月，至「乙酉歲暮」首尾十年。「埋碧血」包括魯迅，有其道理。抗日戰爭勝利，國共戰亂加劇，卅四年十二月美國特使馬歇爾來華調解，未成，卅六年奉召回國。所謂「烽煙」當指剿共之戰，二字原作「妖氛」。晚年重抄或感用字欠妥，因改爲「烽煙」。

讀陳垣新著《通鑑胡注表微》三篇後，一月五日致陳垣函云：

> 師新著〈通鑑胡注表微〉三篇，頃已捧讀，精深博大，合王伯厚、顧亭林為一手。身之潛德，六百餘年後得吾師發之，然師之寄意亦深遠矣！（《陳垣來往書信集》頁三八三，《陳譜長編》頁五〇〇引）

案：陳垣〈胡注通鑑表微〉二十篇，共二十餘萬言。歷時三年，於民國三十四年（一九四五）七月完成，前十篇刊於是年十二月輔仁學誌十三卷一、二合期。後十篇刊於三十五年十二月輔仁學誌十四卷一、二合期。（見《陳譜長編》附錄二，頁八九九），臺先生所讀三篇，當是未刊稿本，時當在三十四年十二月任教於四川江津白沙鎮女子師範學院期間。陳氏小引云：「……一日讀後晉紀開運三年胡注有曰：『臣妾有辱，唯晉宋爲然，嗚呼痛哉！』又曰：『亡國之恥，言之者痛心，矧見之乎！此程正叔所謂眞知者也，天乎人乎！』讀竟不禁淒然者久之。因念胡身……宋亡隱居二十餘年而後卒，顧宋史無傳，其著述亦多不傳，所傳僅鑑注及釋文辨誤，世以是爲音訓之學，不之注意……自考據學興，身之始以擅長地理稱於世。然身之豈獨長於地理已哉，其忠愛之忱見於鑑注者不一而足也，並表而出之，都二十餘萬言。庶幾身之生平抱負及治學精神，均可察見，不徒考據而已。」（《陳譜長編》頁四九〇引）據此可知函中所謂「精深博大」、「寄意深遠」洵非虛語。

二月二十六日，元宵節與友人談近事，有感賦詩，詩題〈丙戌元宵友人談近事奮筆書之〉：

天驕玄龜死，地坼其何依。魔舞翩為厲，魂招冷不歸，窮鵶逐琬晚，神物自光輝，太白高高在，揮戈大獵圍。（《龍坡丈室詩稿．白沙草》）

案：所謂「近事」，殆指二事：一爲國事。指去年十二月美國馬歇爾來華事；一爲校事，指白沙女師院遷校引起學潮事。前者見卅四年〈迎神曲〉，後者據柴德賡詩題稱：〈丙戌正月廿五日，志甫、靜農、重禹邀往江邊看花，以事不赴，偶感時事，即呈三君〉。丙戌正月廿五日爲國曆卅五年二月二十六日，與臺先生此詩相隔十日。柴所謂「時事」，殆即臺先生所謂「近事」。臺先生詩所謂「友人」當指女師院同事：柴所稱志甫（羅孚字）、重禹（方管字，筆名舒蕪）等人。女師院學潮，據舒蕪〈憶臺先生〉文稱抗戰勝利後，教育部命白沙女師院遷至重慶附近九龍坡交大遺址，女師院師生希望遷南京或其附近，要求教育部收回成命，未成，學生教師宣言罷課罷教，風潮不能平息，教部下令解散女師院，院長謝循初撤職，若干教師解聘，柴爲其中之一。臺先生不接受新聘書，拒去九龍坡。時由教部成立「整理委員會」指派伍俶儻主持。（《詩集・附錄》二十二、二十三）又據〈行狀〉解散女師院事，時在卅五年二月下旬。（《詩集・附錄》頁七五）

又與女師院同事：羅孚（志甫）、方管（重禹）邀柴德賡同往江邊看花。柴未赴，感事作詩。有和韻一首。

擁絮頹然強閉關，誰知吾道屬辛艱，雲中風嘯高人隱，轅下車（六十四年本作駒）慚壯士顏，未必豐林成長（一作獨，仄聲應從之）往，且隨永夜待春還，虞卿自有書千卷，把筆擎杯仔細刪。（《龍坡丈室詩稿．白沙草》）

案：青峰，柴德賡（一九〇八—一九七〇）字。浙江諸暨人。北平女師大歷史系畢業，前在輔仁大學與臺先生同事。抗戰期間在白沙女師院任國文歷史系副教授，二人再度共事。柴能詩，時與臺、舒蕪等唱和。柴詩原題作〈丙戍（當作戌）正月廿五日，志甫、靜農、重禹邀往江邊看花，以事不赴，偶感時事，即呈三君〉（《詩集》二七和韻附）。丙戌正月廿五日爲國曆卅五年二月二十六日。志甫，羅孚字，北平師範大學畢業，時亦在女師院歷史系任教。重禹，方管字，筆名舒蕪（已見前）。均與臺先生交厚，時相唱和。柴詩題所謂「時事」殆指女師院遭解散事。此前十日，二月十六日臺先生有奮筆書「近事」一詩一首。（見前）時日相近，疑指當時同一事件而言。

四月下旬以前，臺灣省國語推行委員會主任委員魏建功，向臺大校長陸志鴻推薦臺先生來

臺大任教。

案：魏建功，民國十一年至十五、六年北大研究所國學門與臺先生同學，抗戰期間在四川江津白沙編譯館、女子師院與臺先生共事。卅四年八月臺灣光復，魏來臺任職於國語推行委員會，卅五年四月廿四日啓程回滬，廿六日抵達。其向臺大校長陸志鴻推薦臺先生來臺大任教，應在是年四月下旬回滬之前。年表定於秋初推薦，似未確。

四月，仍在白沙師院。廿六日魏建功抵上海後，有函致臺先生稱「二十四日出塞基隆港，小有風浪，廿六日清晨近黃浦下碇。」（遺存資料）

五月一日，女師院移至重慶九龍坡交通大學舊址復課。臺先生與其他同事多人辭職抗議教部處理失當，搬離學校宿舍，但仍住白蒼山上。嘗典當衣物以維生。五月二十二日致林辰函稱「弟為抗議教部處理失當，已自動引退，現擬暫住白沙，再定行止。……至於目前生活，則變賣衣物（反正要賣去的），尚可支援些時，友人亦有接濟也。」（一九九一年五月廿二日北京《新文學史料》第二期，收入《回憶臺靜農》，據《詩集》注（一）引）。

案：此爲四年來致林辰第五函，卅四年八月抗日戰爭結束，卅五年二月下旬白沙女師院解散，遷遷至重慶九龍坡，女師院師生罷教罷課抗議，未果。臺先生與同事方重禹等辭職抗議，仍居白蒼山師院宿舍，臺先生書此函時在辭教職二三個月之後，正靠變賣衣物或友人接濟維持生活。林辰，待考。林有〈懷念臺靜農先生〉文（見陳子善編《臺靜農散文選》代序之一）其中引錄臺函言及變賣衣物事。

舒蕪〈憶臺靜農先生〉：「信中說的變賣衣物以維生計，我親眼看到，有時快到吃午飯，碰著臺師母還在慢慢向後山走（那裡有一兩家山家小店），問她去幹什麼？她輕言悄語地說：『去賣一件衣服，買米回來做飯』。」（《詩集附錄》）

接前女師院同事柴德賡，在浮圖關賦詩二首寄懷，五月十一日夜，作〈次青峰見懷韻〉一首：

芳荃寂寞高丘冷，夏木陰陰晝亦昏，雲鶴故人天際去，最憐猘犬吠豪門。（《龍坡丈室詩稿．白沙草》）

案：柴德賡，字青峰。本年二月二十六日有〈和青峰韻〉（見前），此首柴原題〈丙戌（當作戊）五月十一夜浮圖關望月，有懷靜農、志甫、重禹三兄〉（《詩集》頁二五附）。丙戌為卅五年五月，羅志甫、方重禹，女師院遷校後與臺先生仍寓白蒼山女師院舊居，浮圖關地名待考。柴戰前任教北京輔大歷史系。戰後復員，柴或仍回輔大任教，「故人天際去」殆指乘舟東下。「猘犬」意謂瘋狗，其「吠豪門」應有所指，但不知所指為何？柴原詩二首，此次其第一首韻。柴詩云：「點綴空山成往事，尚餘心力指天昏，從今寥落驢溪月，無復論詩夜打門。」（見《詩集》頁二五附）

五月二十二日，為林辰某事，又致函說明，略謂「兄事弟曾託人進行……然竟無結果。

當再為留意。」「尊稿搜集之勤，解釋之細，實為佩服，弟已細讀。」函刊一九九一年五月廿二日北京《新文學史料》第二期，收入《回憶臺靜農》。

案：據此函林辰撰《魯迅傳》，臺先生稱「已細讀」，則可知傳已完成。

作〈典衣〉詩云：

檢典春衫易米薪，窮途猶未解呻吟，君看拾橡山中客，許國長懷稷契心。（《龍坡丈室詩稿．白沙草》）

案：李猷〈臺先生遺詩〉評釋云：「此詩題曰典衣，此抗戰時期艱苦生活中常有之事。全詩婉轉，無絲毫怨懟之意，所以爲高致也。」據前述此詩寫作背景，乃因辭職停薪，無以維生而典衣，所云「抗戰時期……常有之事。」未中肯綮。

五月，周光午自重慶來訪，有詩贈之。

淑世固應艱去住，波翻海譎悵浮沈，多君意氣未相問，老我空山夜雨心。（《龍坡丈室詩稿．白沙草》）

案：詩題〈贈周光午〉下注：「時寓白蒼山莊。」六十四年抄本題作〈學校遷走與重禹留白蒼山，光午兄來視次重禹韻〉，當是原題如此。據廖蔚卿教授稱：周光午，湖南人，清華大學畢業，抗戰期在重慶私立清華中學任國文教師。（見《詩集．附錄》頁三六引）「來相問」一作「遠來問」，可知周氏當是自重慶來白蒼山。又據臺益堅稱，五月

女師院搬遷後，臺家窮居山中，生活甚苦，周氏單身，經濟較充裕，於臺家生活有所資助。（同前引）

夏（五、六月），作《葉廣度詩集》序，後收入《文集》。引陶淵明「人生實難」語，發其詩中「弗獲之情」。

吾友葉廣度，少有奇節，壯歷憂患，喪亂以來，憩影沙頭。問樊遲之稼，學東陵之瓜，似樂放逸，與世相忘。而骨鯁橫胸，芒角在喉，發為歌詠，多見慷慨，是豈如淵明所云「人生實難」有弗獲之情乎！丙戌之夏，余困舊院，槐陰蔽道，鼯鼠當街，昨猶弦歌，今若敗刹，環誦斯集，感喟不勝，恨無藻翰如吾廣度，以抒憤懣於萬一耳。（節錄，文見舒蕪〈憶臺靜農文〉引，《詩集》附錄頁二六、二七）

案：丙戌為民國三十五年。是年夏約當五、六月。舒蕪記作序始末云：「有一個晚上，靜農先生邀我散步，我們走到過去的圖書館一帶……不料學院遷走才二十天，無人收拾，滿階亂草，抬頭不見夜空。……我們吃了一驚，……頗有點『大觀園月夜驚幽魂』的味道。當時有一個大學先修班也在白沙，那裡一個教師葉廣度先生，是臺先生的好友四川大學葉教授之弟，靜農先生應他之請給他的詩集作了一篇序，……文中所寫『……昨猶弦歌，今若敗刹』，便是那晚我們散步所見的情景。文中所引陶潛〈自祭文〉『人生實難，死如之何』這『人生實難』四字，原出《左傳》，靜農先生這篇序裡這麼一用，給我的印象很深。……後來，我讀到靜農先生……《龍坡雜文》又發現有兩處引用『人生實難』，更加深了印象。」（〈憶臺靜農先生〉見《詩集》附錄頁二六、二七）女師院遷校解散時在卅五年二月下旬（見前），據舒氏所記可知臺先生作序時在女師院解散後若干時日之後，序云：「丙戌之夏」正當卅五年女師院解散後五六月間。葉廣度詩知者不多，其人待考。臺先生此序，附見葉氏詩集，未另行發表。著作目錄亦未著錄，故不為人知。序中所謂「人生實難」一詞，常見於臺先生口語、雜文。於書藝（法書集（一）頁四六四）中，有「人生實難，大道多歧」八字贈方瑜。案陶淵明〈九日閒居〉詩云：「世短意常多，斯人樂久生」〈自祭文〉：「人生實難，死如之何」，生死相對成文，所謂「生」當指「久生」、「長生」而言。〈自祭文〉：前云：「今余斯化，可以無恨，從老得終，奚所復戀」，又〈神釋〉詩：「老少同一死，賢愚無復數……縱浪大化中，不喜亦不懼，應盡便須盡，無復獨多慮」。可知陶文本意非戀生畏死，亦無「不獲己之情」。陶澍注引張自烈云：「淵明非止脫去世情，眞能認取故我，如『奚所復戀』、『可以無恨』，此語非淵明不能道。」序引「人生實難」語以為葉詩「有弗獲之情」，與陶文本意似有差距。臺先生蓋借陶文引申，藉抒讀葉詩後一時感觸與憤懣。

七月二十三日，致函林辰謂「兄事仍無結果，今日教育派系之爭，在在皆是。……弟已就臺灣大學教授之聘。該校圖書設備充實，亦較少人事之紛擾，或可做點研究工作。」函刊

一九九一年五月廿二日北京《新文學史料》第二期，收入《回憶臺靜農》。

案：是年四月間臺灣國語推行委員會主任魏建功，向臺大校長陸志鴻推薦臺先生來臺任臺大中文系教授。八月四日臺先生自白沙至重慶，買舟東下至滬，十月來臺，臺大校長聘臺先生函八月廿三日發出（聘期九月一日至卅六年七月，詳後）。此七月二十三日函云：「已就臺灣大學教授之聘」，時差一個月。疑此時應是事已談妥，口頭或信件表示應聘。並非正式收到聘書。

應聘將赴臺灣大學任教，檢出前鈔魯詩長卷贈同事方重禹，以作紀念。八月二日作〈跋自書魯迅詩卷贈方重禹〉；收入《文集》。此跋有感於抗戰時之「流離道途」和勝利後之「內戰四起」所加於民眾之困苦，復為友人的生離死別而心緒惘惘……。題跋云：

一九三七年七月四日，余自青島到平，寓魏建功兄處之獨後來堂。……時建功兄方輯魯迅師遺詩，抄寫成卷，余因過錄二卷，此一卷成於八月七日。明日，敵軍進城，又三日，余乘車去天津，由津海道南行，回憶爾時流離道途之情，曷勝感喟。今勝利將及一年，內戰四起，流民欲歸不得，其困苦之狀，實倍於曩昔，此又何也！今檢斯卷贈重禹兄，追尋往事，隨筆及之。禹兄與余同辭國立女師學院講席，復同寓舊院兩月有餘，後日東歸，此別不知何年再得詩酒之樂。得不同此惘惘耶！靜農記於白蒼山莊，一九四六年八月二日。

案：首敘自書魯迅詩卷的經過和與此相聯繫的個人在抗戰中的「流離道途之情」，及面對今日的「內戰四起」的狀況而有的感慨與迷惘；次敘與方在白蒼山相聚時的「詩酒之樂」及分別前夕的無限悵惘。文末有「靜農記於白蒼山莊，一九四六年八月二日」字樣；又有編者用括號標示的註記。（據臺靜農先生手跡編入）。

舒蕪（方重禹）〈憶臺靜農先生〉云：「靜農先生自己曾手寫魯迅全部舊體詩為一長卷，那時魯迅舊詩尚未有匯集出版，這個長卷我曾看過，表示過非常喜愛，臨行之際，靜農先生特地檢出來贈別留念，並且加題一個長跋……末句隱含難得再見的意思，竟成讖語，那一別之後眞的永無再見之日了。幸喜這個詩卷我因循著沒有付裝裱，就那麼一個紙卷夾在書箱的縫隙中，很不起眼，得以逃過十年浩劫。浩劫過後，我請了曹辛之先生裱好，又請了聶紺弩、蕭軍、鍾敬文、陳邇冬四位先生題跋，請了啓功先生署簽，現在還珍藏在我這裡，相信它今後將永存天壤吧。」（見《詩集》，又見《文集》）

夏明釗評論：「由一點而生發出無限的回憶及感喟，尺幅內自有春秋；哀生民之苦厄，傷家國之多難，大有李易安之風矣！」（手稿）

八月四日上午，自江津白沙至重慶，約是月中旬乘舟至上海。

案：卅五年八月二日跋魯迅詩長卷云「後日東歸」，則離白沙在四日。臺先生在重慶係乘船東下。或謂，臺先生以缺少旅費，難以動身，託人將寄存在友人處明版《金瓶梅》

出售，得款三百元，方得以順利成行，抵達滬上。（據《配圖傳記》，不詳所據，姑錄以待考）。惟據臺益堅稱：「聽父親說，得光午資助，始能離開四川來臺灣。」（《詩集》頁三六引）。又案莊申文稱，八月四日下午莊嚴、常惠自重慶至白沙訪臺先生未晤（見七十九年），是知臺先生離白沙應在四日上午。

廿三日，臺大校長陸志鴻函聘臺先生為文學院教授，薪俸臺幣五百二十元。聘期自卅五年九月一日起至卅六年七月止。（遺存資料）

案：十月十八日臺先生自上海抵臺北。臺大所發八月聘書，當在上海收到。

在白沙作〈黨錮史話〉，十月十八日載上海《希望月刊》二卷四期，署名釋耒，收入《文集》。文分三節，無標題。第一節新作，二三兩節係錄舊文。第二節原題〈瞻烏仰（爰）止於誰之屋〉，二十九年十一月刊重慶《新蜀報．新蜀副刊》（見前）。第三節以〈跋後漢兩碑文〉為題，載同年十月同一副刊（見前）。今年新作第一節題為〈黨錮列傳〉，旨在借黨錮之禍諷刺當前民主時代的專制主。

要點如下：

一、黨錮列傳敍論說：「太尉掾范滂等百餘人，皆死獄中，餘或先歿不及，或亡命獲免，自此諸為怨隙者，因相陷害，睚眥之忿，濫入黨中；又州郡承旨，或有未嘗交關，亦離禍（禍）毒，其死徙廢禁者，六七百人。」又云：「海內塗炭，二十餘年，諸所蔓衍，皆天下善士。」范滂一案，就株連了六七百人，而這命連（案）竟延綿至二十餘年，則被害者之多之慘，已為歷史家無法統計與想像的了。

二、輯本應劭《風俗通義》云：「延熹中，京師長者皆著木屐，婦女始嫁，至作漆畫展，五采為系。謹案：黨事始發，傳詔黃門北寺，臨時惶恐，不能信天任命，多有逃亡，不就考者，九族拘繫，及所過歷，長幼婦女，皆被桎梏，應木屐象矣。」此「謹案」為應劭的解釋，應劭者即曾向鄭玄自稱「故太山太首應仲遠」者。應仲遠的識見雖不如《論衡》作者王仲任，然尚不失為後漢的通達之士。

三、要讀〈黨錮列傳〉最好拿〈宦者列傳〉做參考，這兩者雖沒有五行相生的關係，卻有相為因果的關係，如云：「構害明賢，專樹黨類，其有更相援引，希附權彊者，皆腐身熏子，以自衒達。同敝相濟，故其徒有繁，敗國蠹政之事，不敢單書（單，盡也）。所以海內嗟毒，志士窮棲，寇劇緣閒，搖亂區夏，雖忠良懷憤，時或奮發，而言出禍從，旋見孥戮。因復大考鉤黨，轉相誣染。凡稱善士，莫不離被災毒。」同時不妨看看《後漢書》的〈逸民列傳〉，也可以藉此知道一下，在屠殺與被屠殺以外，尚有一種「裂冠毀冕，相攜持而去之者」的人生態度。

四、我之所以寫這篇文章，不外自家恭逢民主時代，而同情到未曾沾民主光的古人，只是自家讚了一遍，不禁失笑起來，這似乎在指明專制主的覆亡之路—像賈長沙的〈過秦論〉，這不僅無此必要，更如何可以？

案：文集目錄標題均作〈錮黨〉，據文引漢書〈黨錮列傳〉云云，「錮黨」係誤倒，今改正。舒蕪〈憶臺靜農先生〉云：「我知道他在抗戰初期，又曾動筆寫小說，發表過一個短篇〈電報〉，我勸他再寫些新文學方面的東西，結果，他寫了一篇雜文〈黨錮史話〉發表在《希望》雜誌一卷四期上，署名『釋耒』，是他以前常用的筆名之一。」據此，〈黨錮〉一文乃任教白沙師院時因舒蕪敦促而增補之作。是年五月一日臺先生辭教職，八月初，自重慶乘船至上海，旋接臺大聘書，十月來臺。是〈黨錮〉文殆五月以前作於白沙師院。九月至上海投此稿，至十月十八日刊出。臺先生已至臺北。